KB171263

양육기술 치료계획서

Sarah Edison Knapp, Arthur E. Jongsma, Jr. 지음
이소희, 이송이 옮김

Σ 시그마프레스

양육기술 치료계획서

발행일 | 2018년 4월 5일 1쇄 발행

저 자 | Sarah Edison Knapp, Arthur E. Jongsma, Jr.
역 자 | 이소희, 이송이
발행인 | 강학경
발행처 | (주)시그마프레스
디자인 | 송현주
편 집 | 이지선

등록번호 | 제10-2642호
주소 | 서울특별시 영등포구 양평로 22길 21 선유도코오롱디지털타워 A401~403호
전자우편 | sigma@spress.co.kr
홈페이지 | http://www.sigmapress.co.kr
전화 | (02)323-4845, (02)2062-5184~8
팩스 | (02)323-4197

ISBN | 979-11-6226-058-6

The Parenting Skills Treatment Planner,
with DSM-5 Updates

＊책값은 뒤표지에 있습니다.
＊이 도서의 국립중앙도서관 출판예정도서목록(CIP)은 서지정보유통지원시스템 홈페이지(http://seoji.nl.go.kr)와 국가자료공동목록시스템(http://www.nl.go.kr/kolisnet)에서 이용하실 수 있습니다.(CIP제어번호 : CIP2018009348)

역자 서문

이 세상의 일 중에서 부모 역할만큼 중요하고 어려운 일은 없다고 해도 과언이 아닙니다. 그만큼 여러 가지 이유로 부모 역할을 수행하는 데 어려움을 겪어서 전문적인 도움을 필요로 하는 사람들이 늘어나고 있습니다. 이러한 부모들을 도와주는 조력자들 중 상담가, 치료사, 아동복지 실천가 등은 다양한 특성을 지닌 부모들과 아동들에 대한 치료 방법을 발전시켜왔습니다. 하지만 이들을 돕기 위한 방법들에 대한 기존의 서적들은 특정 발달 단계에 초점을 맞추고 있거나 특정 문제 행동에 집중하고 있어 포괄적인 영역에서 도움을 주기에는 부족함이 있습니다. 또한 각 문제 행동에 대한 정의와 원인에 관한 내용만을 주로 다루고 있어 실질적으로 현장에서 활용할 수 있는 구체적인 실행 방법을 찾고자 하는 부모 양육 관련 전문가들에게는 아쉬움이 있었습니다.

이 책은 문제가 무엇인지 가시화할 수 있는 정의를 제공하고, 목적을 분명히 하며, 이러한 목적을 달성할 수 있는 구체적인 목표와 행동지침을 제시하고 있어 부모와 아동을 대상으로 상담하는 치료사를 포함한 실천가에게 큰 도움이 될 것이라고 봅니다. 뿐만 아니라 부모들이 겪을 수 있는 중요한 아동의 행동 문제들을 다루고 있어 관련 전문가들이 실제로 활용하는 데 기여할 수 있을 것입니다.

이 번역서가 현장에서 활동하는 전문가뿐만 아니라 부모와 아동에 관한 공부를 하는 학생들에도 좋은 지침서가 되기를 바랍니다.

이 책이 번역되어 나오기까지 오랜 기간 동안 도와준 숙명여대 대학원 박사과정 학생들에게 감사를 전합니다. 또한 이 책이 출간되기까지 애써주신 (주)시그마프레스 강학경 사장님과 편집을 맡아준 이지선 선생님께도 깊은 감사의 마음을 전합니다.

2018년 4월
이소희, 이송이

Practice Planners® 시리즈 서문

책임은 심리치료 실제에 있어 중요한 차원이다. 치료 프로그램, 공적 대행 기관, 클리닉, 임상가들이 서비스에 대한 환급을 받으려면, 치료계획을 정당화하고 문서화해서 외부 인증 기관에 제출해야 한다. *Practice Planners*® 시리즈의 책들은 임상가들이 이러한 문서화 요구를 효과적이고 전문적으로 충족시킬 수 있도록 돕기 위해 설계되었다.

Practice Planners® 시리즈는 광범위한 **치료계획서**들을 포괄한다. 여기에는 이 시리즈의 첫 번째 책인 *Complete Adult Psychotherapy Treatment Planner*와 *Child Psychotherapy Treatment Planner*(아동 심리치료 치료계획서, 제5판, 2015, 시그마프레스), *Adolescent Psychotherapy Treatment Planner*—현재 5판까지 출간됨—뿐만 아니라 다음과 같은 특수 임상 분야를 목표로 한 **치료계획서**들도 포함되어 있다.

- 중독
- 공병장애
- 행동의학
- 대학생
- 커플치료
- 위기상담
- 조기아동교육
- 근로자 지원
- 가족치료
- 게이 및 레즈비언
- 집단치료
- 소년 재판 및 거주 보호
- 정신지체 및 발달장애

- 신경심리
- 노인
- 양육기술
- 목회상담
- 성격장애
- 보호관찰과 가석방
- 정신약리학
- 재활심리
- 학교상담 및 학교사회사업
- 중증 및 지속성 정신질환
- 성 학대 피해자 및 가해자
- 사회사업 및 사회복지 서비스
- 특수교육
- 언어병리학
- 자살 및 살인 위험 평가
- 재향군인 및 현역 군복무
- 여성 문제

이에 더하여, **치료계획서**와 함께 결합해서 또는 독자적으로 사용될 수 있는 세 가지의 동반 도서가 있다.

- *Progress Notes Planners*(진행 노트 계획서)는 내담자의 증상 및 임상가의 치료적 개입에 관해 자세하게 설명해주는 진행 과정에 관한 진술문 메뉴를 제공한다. 이 책의 각 진술문은 동반 도서인 **치료계획서**의 행동상의 정의 및 치료적 개입과 직접적으로 통합된다.
- *Homework Planners*(과제 계획서)는 **치료계획서**의 각 장에서 다루고 있는 주제에 상응하는 임상적 문제(불안, 우울, 약물남용, 분노조절 문제, 섭식장애, 공황장애와 같은)를 위해 설계된 과제를 제시하고 있다.
- *Client Education Handout Planners*(내담자 교육용 자료 계획서)는 현행 문제와 정신건강 관련 주제 및 생활 기술 기법들에 대해 내담자를 교육하고 정보를 제공하는 브로슈어와 자료들을 제공한다. 자료에는 컴퓨터에서 쉽게 프린트할 수 있도록 CD-ROM이 제공되며 이 자료들은 정신건강 문제와 싸우는 내담자를 위한 프레젠테

이션, 뉴스레터 또는 정보제공용으로 사용하기에 매우 적합하다. 이 자료들이 포괄하는 주제들은 **치료계획서**에서 다루는 임상 문제들과 상응한다.

이 시리즈는 *The Psychotherapy Documentation Primer*(심리치료 문서화 입문) 및 *The Clinical Documentation Sourcebook*(임상 문서화 자료집)과 같은 보조 도서를 포함하고 있으며, 이 책들은 정신건강 실제의 관리에 필요한 양식 및 자료들을 임상가에게 제공한다.

이 시리즈의 목표는 심리치료와 관련된 책임의 문제를 감당해야 하는 임상가들에게 양질의 치료를 위해 필요한 자료를 제공하기 위한 것이다. 간단히 말해서 우리는 여러분이 서류작업의 시간을 줄여서, 내담자와 더 많은 시간을 보낼 수 있도록 도우려는 것이다.

Arthur E. Jongsma, Jr.

미시간 그랜드래피즈

차례

서론

이 책의 특징

이 책은 모든 성인과 가족치료사, 가족생활 교육자, 성직자, 소아과 의사와 간호사, 그리고 부모와 자녀에게 지도, 상담, 그리고 치료 지원을 제공하는 정신건강 전문가를 위해 만들어졌다. 자녀를 성인으로 양육할 때 가족들이 직면하게 되는 사회정서적·행동적·학업적·대인관계적인 도전에 대한 광범위한 설명들이 포함되어 있다.

부모가 긍정적인 훈련 기법들을 사용하여 자녀에게 한계를 설정하고 책임 있는 행동을 권장하는 반면에, 긍정적인 사랑의 방식으로 자녀와 관계를 갖는 부모의 능력을 향상시키기 위한, 다양하고 실용적이며 구조적이고 의미 있는 전략을 가족상담사들에게 제공하기 위해 개입이 구성되어 있다. 치료 문제의 유형들이 어떠한 것이라고 해도 항상 자녀의 독립심과 개인 역량을 강화시키는 데 강조점을 두었다. 개입은 가족, 사회적 배경, 그리고 공동체 안에서 부모와 자녀의 기능 수행에 목표를 두고 있다. 자녀로 하여금 사회적 기능 개발, 개인적 책임감, 자존감, 자제력, 학업적 성취, 그리고 미래 독립을 위한 준비를 할 수 있도록 해주는 부모의 역할을 강화시키기 위해서 현실에 기초한 치료 개입을 제공하고 있다.

욕구에 목표를 두고 특정한 것에 기초한 치료계획에 관한 저술은 사회정서적 도전에 직면한 부모와 자녀를 위한 의미 있고 효과적인 개입을 확인할 수 있는 필수적인 하나의 도구를 가족상담사에게 제공할 수 있다. 더 나아가 우리는 이 뒤에 나오는 개별화된 치료계획이 어려운 부모/자녀 관계와 훈육 문제를 효과적으로 극복할 수 있다고 믿는다.

역사적 배경

우리의 연구와 여러 가지 생각을 통해 소아과 건강관리사, 가족상담사, 가족생활 교육자, 성직자, 가족 정신건강 단체, 가족 법원, 입양단체, 아동보호 서비스, 어린이집 프로그램, 위탁부모 프로그램, 사립학교 프로그램, 그리고 부모와 자녀를 지원하는 수많은 정신건강 지도사가 긍정적 부모/자녀 관계를 발전시키는 기법에 초점을 맞춘 치료 안내서를 중요하게 살펴보아야 한다는 점이 밝혀졌다.

10년 이상의 부모교육 강의 동안 부모들은 자주 강의에서 가르치는 원리에 입각하여 일관된 치료를 제공하는 상담자들에게 계속 활용할 수 있는 지침이나 혹은 권고를 요청해 왔다. 우리는 긍정적 훈련, 제한 설정, 효과적 의사소통, 관계 형성, 성격 발달, 양육 모형화, 그리고 전 세계적 헌신적인 부모교육자들이 만든, 가장 대중적이고 효과적인 몇몇의 육아 프로그램 속에 포함된 책임감 훈련을 위하여 가족상담사로 하여금 동일한 긍정적이고 효과적인 전략을 제공할 수 있는 많은 치료 개입을 포함시키기를 열망하였다. 이렇게 추천하는 몇몇 부모 프로그램에 대한 참고자료는 부록 A에 실려 있다.

치료계획의 유용성

구체적으로 기록된 치료계획들은 부모 및 자녀와 더불어 긍정적인 부모/자녀 관계, 효과적인 훈련, 가족 단위의 기능적 작용을 방해하는 문제들을 밝히는 작업을 하는 가족치료사와 정신건강 전문가에게 도움이 될 수 있다. 계획은 치료과정의 초점인 문제들을 규정하기 때문에 부모에게 도움이 된다. 치료계획서는 목적을 향해 나아가려는 부모와 자녀를 위해 필수적인 치료적 개입의 초점을 구조화하는 하나의 안내서이다. 문제는 가족의 환경이나 욕구의 변화에 따라 변화될 수 있기 때문에 치료계획은 모든 주요 문제, 규정, 목적, 목표, 혹은 개입의 변화를 반영하여 업데이트될 수 있고, 반드시 그렇게 되어야만 하는 하나의 역동적인 문서로 보아야만 한다.

부모와 정신건강 서비스 제공자에게는 치료계획이 유용한데, 그 이유는 치료계획이 희망하는 치료 결과에 관하여 주의 깊고 직접적인 고려를 하도록 해주기 때문이다. 행동적으로 명시된, 관찰 가능한 목표는 명백하게 치료 노력에 초점을 맞춘다. 부모는 더 이상 상담이 성취하려고 하는 것이 무엇인지에 대해 궁금해할 필요가 없다. 또한 명백한 목표는 부모로 하여금 문제해결이라는 장기적인 목적 그리고/혹은 기능개선으로 이끌어줄 구체적인 변화에 노력을 쏟도록 해준다. 부모와 상담사 모두는 그러한 목표를 성취하기 위해 주의 깊게 조직된 개입을 사용하여 구체적으로 명시된 목표에 집중하게 된다.

효과적인 치료계획을 발전시키는 과정은 정신건강 전문가들로 하여금 부모의 목적달성에 가장 적합한 치료적 개입에 대해 분석적이고 비판적으로 숙고하도록 도와준다. 목적은 발전되고 개입은 각각의 부모/자녀 관계와 가족역동성의 독특한 특성과 환경에 대한 전문적인 서비스 제공자의 관심에 근거하여 시행된다.

문제와 개입 정책을 명백하게 규정하는 잘 짜여진 치료계획은 부모 개인 혹은 부모와 나머지 가족 구성원과 공동으로 함께하는 개인 혹은 집단 상담 회기 동안 정신건강 제공자들에 의해 수행되는 치료과정을 용이하게 해준다. 어떤 접근 방법이 시행되고 누가 개입에 책임을 질 것인지에 관한 부모, 자녀, 그리고 나머지 가족 구성원과의 훌륭한 의사소통이 중요하다. 철저한 치료계획은 설정된 목표와 다양한 개입의 세부사항 작성에 대해 규정하고, 누가 그것을 실행할 것인가를 확인시켜줄 수 있다.

가족생활 교육자, 상담사, 그리고 그 외 가족치료사는 부모, 자녀, 그리고 그 외 가족 구성원 간의 성공을 평가하기 위한 더욱 정확하고 측정 가능한 목표를 사용함으로써 이익을 얻을 수 있을 것이다. 세부적인 치료계획이 출현하게 되면, 구체적인 목적 성취에 효율적 개입을 위한 결과 자료는 더욱 용이하게 수집될 수 있다.

치료계획 수립

치료계획을 발전시키는 과정은 하나의 집을 짓는 것과 같이 서로를 세워가는 논리적인 일련의 단계들을 포함한다. 모든 치료계획의 기초는 종합적인 평가 안에서 수집된 바로 그 자료이다. 치료계획을 발전시키기 전에 과정의 한 부분으로, 가족상담사는 반드시 가족 역동, 인지적 능력, 현재 스트레스 요인, 사회적 네트워크, 신체적 건강과 신체적 문제, 대처기술, 자존감, 가족지원 확대 등에 관하여 부모가 어떤 고투를 하고 있는지를 세심하게 경청하고 이해해야만 한다.

가족 배경과 사회적 이력, 신체와 정신건강 평가, 임상적 인터뷰, 심리검사, 정신의학적 평가/진찰, 그리고 자녀의 학교 이력과 기록 평가를 포함한 다양한 자료로부터 도출된 평가 자료가 반드시 필요하다. 정신건강관리 제공자 혹은 팀에 의한 자료의 통합은 부모/자녀 관계와 훈련 욕구들을 이해하기 위하여 대단히 중요하다. 평가 자료에 근거하여 효과적인 치료계획을 발전시키기 위해 구체적인 다섯 가지의 특정한 단계가 있다.

1단계 : 문제 선별

비록 부모가 평가 동안에 다양한 문제를 의논한다 할지라도, 가족상담사는 치료과정에 초점을 둘 가장 중요한 문제를 밝혀내야 한다. 비록 이차적인 문제도 역시 분명해지겠지만, 통상적으로 기본적인 문제는 표면화되어 있다. 어떤 문제들은 당장 치료를 요할 정도로 긴급하지 않기 때문에 한쪽으로 미루어놓아야 할 수도 있다. 하나의 효과적인 치료계획은 단지 몇 개의 선별된 문제만을 다룰 수 있는데, 그렇지 않다면 치료는 방향을 잃게 된다. 다양한 문제는 이 책에서 특정한 사회적/정서적 주제들을 다룬 하나의 장 제목으로 제시되어 있다. 정신건강 전문가는 부모와 자녀의 현재 욕구를 가장 정확하게 묘사한 문제들 중에서 선별할 수 있을 것이다.

　　선별된 문제가 가족상담사 혹은 팀에게 명백해졌을 때 부모와 자녀의 사회적/정서적 관심사의 우선순위를 결정하는 관점에서 도출되는 의견을 숙고하는 것이 중요하다. 부모와 함께 참여하고 치료과정에 협력하려는 아동의 동기는 어느 정도까지는 치료가 그들의 가장 큰 욕구를 어느 정도 다루고 있는가에 달려 있는데, 특히 무엇이 강조되어야 하는지에 대해 강하게 느낄 수 있는 10대 자녀와의 환경에서는 더욱 그렇다.

2단계 : 문제 정의

각각의 부모는 하나의 문제가 그 혹은 그녀의 삶에서 어떻게 행동적인 문제로 나타나는지에 따라 독특하고 미묘한 차이를 보인다. 그러므로 치료에 초점을 둔 각 문제는 어떻게 그것이 특정한 가족 안에서 분명하게 드러나는지 구체적인 정의를 요구한다. 증상패턴은 *DSM-5*에서 유사하게 발견되는 진단기준과 연관되어 있다. 이 책은 자신의 개인적인 진술을 위한 하나의 모델로서 역할을 하거나 혹은 그 모델로부터 선택하도록 구체적인 행동적 정의진술을 제시한다. 이 책에서 확인된 31가지의 문제 중 하나로 특징지어질 수 있는 몇 개의 행동 증상과 증후군을 발견할 것이다. 부모 혹은 그들의 자녀가 경험하고 있는 문제를 확인하는 장으로 가서, 행동 정의들 중에서 부모/자녀 관계를 직접적으로 방해하는 관찰 가능한 행동을 가장 잘 서술한 진술을 선택한다.

3단계 : 목적 설정

치료계획 발전에서 그다음 단계는 대상이 되는 교육적 문제의 해결을 위하여 광범위한 목표를 설정하는 것이다. 이 진술들은 측정 가능한 개념으로 만들어질 필요는 없지만, 치료절차에 대해 희망하는 긍정적 결과를 보여주는 전반적이고, 장기적인 목표가 될 수 있다. 이 책은 각 문제들을 위한 몇몇의 가능한 목표 진술을 제시하지만, 그러나 하나의 치료계획에서 요구되는 모든 것은 하나의 진술일 뿐이다.

4단계 : 목표 구성

장기적인 목적과 대조적으로 단기적 목표는 행동적으로 관찰 가능한 언어로 기술되어야 한다. 부모와 자녀가 목표를 성취했을 때, 그것은 분명해야만 한다. 그러므로 애매하고 주관적인 목표는 용인될 수 없다. 동일하게 제시된 문제를 위한 다양한 치료계획의 가능성을 구성하도록 다양한 대안이 제시되어야 한다. 가족 전문가는 목표가 가족에게 가장 적절한지에 대한 전문적인 판단을 해야 한다.

각 목표는 광범위한 교육적 목적을 이루는 방향으로 나아가는 하나의 단계로서 발전되어야 한다. 본질적으로 목표는 성취되었을 때, 장기적인 목적 성취의 결과로서 일련의 단계 중 한 단계로서 생각될 수 있다. 각 문제를 위해서 적어도 2개의 목표가 있어야 하지만, 정신건강 전문가는 목표 성취를 위해 필요한 만큼 많이 구성할 수도 있다. 각 목표를 위해 목표달성 날짜를 목록으로 만들어야 할 것이다. 새로운 목표가 치료 진행 계획에 추가될 수 있을 것이다. 꼭 필요한 모든 목표가 성취되었을 때 부모는 표적 문제를 성공적으로 해결하게 될 것이다.

5단계 : 개입 구축

개입은 부모와 자녀가 목표를 달성하는 것을 돕기 위해 구성된 상담사의 치료적 행동이다. 적어도 목표마다 하나의 개입이 필요하다. 만약 초기 개입이 시행된 후에도 부모가 목표를 완수하지 못했다면, 새로운 개입이 계획에 추가되어야 한다.

개입은 가족의 욕구와 정신건강 전문가의 충분한 교육적 그리고/혹은 치료적 모든 목록에 근거해서 선별되어야 한다. 이 책은 인지적·행동적·학문적·역동적·의학적·가족 기반적인 것을 포함한 광범위한 접근 방법의 개입을 담고 있다. 그 밖의 다른 개입은 제공자에 의해 그 또는 그녀 자신의 훈련과 경험을 반영하여 기록될 수 있다. 이 책에서 발견할 수 있는 새로운 문제, 정의, 목표, 개입은 미래에 참고자료로 사용하기 위해 데이터베이스에 추가하도록 권유한다.

이 책에 목록으로 제시된 일부 개입은 보다 긴 설명이나 개입에 관한 토론을 원하는 상담사를 위한 구체적인 방법론이 담겨 있는 구체적인 책, 저널, 혹은 인터넷 사이트를 참조하였다. 부록 A는 가족에게 유용할 수 있는 독서치료 참고자료의 목록을 제시하였으며, 각 장에서 중점을 둔 문제를 참조하였다.

6단계 : 진단 결정

하나의 적절한 진단 결정은 내담자의 완전한 임상발표의 평가에 근거한다. 임상의는 내담자가 표출하는 행동적·인지적·정서적·대인관계적 증상을 *DSM-5*에 기술된 정신질환 상태의 진단기준과 반드시 비교해야 한다. 감별진단(differential diagnosis)이라는 주제는 평가자 간에 상당히 낮은 신뢰도를 갖는 어려운 문제이다. 심리학자들은 또한 질병지표보다는 부적응 행동의 개념으로 더 생각하도록 훈련받아왔다. 이러한 요인에도 불구하고, 진단은 정신건강 치료의 세계에 현실적으로 존재하며 제3의 회복을 위한 하나의 필수적인 요소이다. 그러나 최근에 와서는 세심하게 관리되고 있는 보건소는 실제적인 진단보다는 내담자에 의해 드러나는 행동지표에 더 많은 관심을 보이고 있다. 그것은 *DSM-5* 기준에 대한 임상의들의 철저한 지식과 가장 신뢰할 만하고 타당한 진단에 기여하는 내담자 평가자료에 대한 완전한 이해이다. 행동지표에 대한 정확한 평가는 더욱더 효과적인 치료계획을 수립하는 데 기여할 것이다. 만약 부모가 자녀 혹은 자녀들과 함께 가족치료 유형에 나타난다면, 가족 내 다른 구성원들에게 별개의 진단들이 주어질 수 있다. 부록 B는 나타난 문제와 장 제목에 의해 잘 정리된, 이 책에서 인용되어 제시된 모든 진단을 담고 있다.

이 책의 사용법

이 책은 가족 정신건강 전문가들이 명확하고 구체적인 다음과 같은 과정에 따라, 고도로 개별화된 치료계획을 빠른 속도로 작성하는 데 도움을 주는 하나의 도구로서 개발되었다.

1. 평가과정을 통하여 드러난 문제/장애를 선택한다(1단계). 그 문제/장애에 대해 상응하는 쪽수를 계획서의 목록에 작성한다.
2. 그 문제에 대한 2~3개의 목록화된 행동 정의 혹은 증상을 선택하고(2단계) 치료계획 양식의 적절한 부문에 기록한다. 만약 확인된 내담자 문제의 행동적 징후가 목록에 없다면 정의 진술 부분에 자유롭게 추가한다.
3. 하나 혹은 그 이상의 장기 목적을 선택하고(3단계) 치료 양식에 상응하는 영역에 이 책에 기술된 대로 혹은 어떤 적당하게 수정된 양식으로 그 선택을 재차 작성한다.
4. 이 문제를 위한 목표 목록을 살펴보고 내담자에게서 임상적으로 나타난다고 판단되는 것 하나를 선택한다(4단계). 각 문제에 적어도 2개의 목표를 선택하도록 권장한다는 것을 기억한다. 만약 필요하다면 각 목표를 이루기 위해 정해진 날짜를 추가한다.

5. 적절한 개입을 선택한다(5단계). 이 책은 목표 진술을 따라 괄호 안에 개입을 제안한다. 그러나 그런 개입에 대해 스스로를 제한하지 않는다. 정의나 목표처럼 이 책에 자신의 개입이 이루어질 수 있도록 허용할 공간이 있어야 한다. 이것은 앞으로 이 문제를 둘러싼 하나의 계획을 만들 때 이러한 등장을 참조하도록 허용할 것이다. 만약 치료가 하나의 팀에 의해 수행되고 있다면, 아마도 각 개입의 실행을 위해 책임을 질 구체적인 사람을 배정해야만 할 것이다.

축하한다! 당신은 이제 부모에게 즉각적으로 실행과 발표를 할 수 있는 완전하고 개별화된 치료계획을 갖게 되었다. 그것은 다음 페이지에 설명된 '치료계획 샘플'과 유사할 것이다.

마지막 노트

효과적인 치료를 계획하기 위한 중요한 측면 중 하나는 각 계획이 개인적인 문제와 부모, 자녀의 욕구에 잘 맞추어져야 한다는 점이다. 가족의 강점과 약점, 독특한 스트레스 요인, 사회적 네트워크, 환경, 증상패턴들은 치료 전략을 발전시키는 데 있어서 반드시 숙고되어야 한다. 우리 자신의 수년간의 부모교육과 임상경험을 활용하여 우리는 함께 다양한 치료적 선택을 해야 한다. 이러한 진술들은 상세한 치료계획을 발전시키기 위하여 수천 가지의 정의로 결합될 수 있다. 자신의 훌륭한 판단에 의존하여 가족 정신건강 전문가들은 부모와 자녀에게 적절한 진술을 용이하게 선택할 수 있다. 덧붙여서 우리는 독자들에게 자신의 정의, 목표, 그리고 존재하는 샘플에 대한 개입을 추가하도록 권장한다. 우리의 바람은 이 책이 궁극적으로 부모, 자녀, 가족, 그리고 거대한 공동체에게 이익이 될 하나의 과정, 즉 효과적이고 창의적인 치료계획을 촉진하게 되었으면 하는 것이다.

자녀를 위한 전략(7~12세까지)

행동 정의

1. 효과적인 양육 전략과 자녀를 위한 합리적인 한계를 설정할 능력이 결여되었다.
2. 경계선 정의에 대한 불명확한 언어 표현과 부모와 자녀의 욕구, 관심, 문제 간의 구별에 실패한다.
3. 자녀의 능력과 성취에 대한 낮은 기대감 유지와 강화에 실패한다.

장기 목적

1. 한계를 설정하고 독립성을 고취하기 위한 긍정적 훈련 전략을 획득한다.
2. 부모의 영역에 합심하고, 자녀 관리와 훈련의 모든 주제에 협력하기로 동의한다.

단기 목표

1. 초등학생 자녀의 중요한 욕구 목록을 만들고 그러한 욕구들에 부응하는 계획을 한다.

2. '나' 전달법, 선택, 긍정적 조건,

치료적 개입

1. 자녀의 건강 발달을 위해 중요한 필요 사항을 부모와 함께 브레인스토밍을 한다(예 : 음식, 주거지, 확언, 훈육, 성격 발달). 어떻게 이 욕구를 충족시킬 것인지를 결정한다.

2. 부모로 하여금 모든 가족 구성원과 함께 가장 좋은 사랑의 육아 형태를 나누는 방법을 브레인스토밍하여 무조건적인 사랑(예 : 개인적인 특성이나 행동에 상관없는 완전하고 지속적인 사랑)의 정의를 만들도록 지원한다.

1. 부모에게 자녀의 '통제된 선택'(Moorman

타임아웃을 사용하여 자녀를 위
한 한계를 설정한다.

의 *Parent Talk* 참조)을 통해 책임 수준
에 맞는 선택권 주는 법을 사용하도록
가르친다(예 : "피자나 구운 치즈 중에
어떤 걸 먹을래?" 대 "뭘 먹을래?").

2. 자녀의 행동이 반항적이 되거나 혹은
지나치게 감정적일 때 짧은 타임아웃
을 활용하고 자녀가 협조적인 태도를
취하기 전까지 가족 상호작용으로부터
제외된 채로 남겨두도록 조언한다.

3. 행동 방향을 바꾸기 위해 자연스
럽고 타당한 결과를 활용한다.

1. 자연스럽고(예 : 환경 속에서 자연적으
로 일어남) 타당한(예 : 부모에 의해 만
들어짐) 결과들을 규정하고 긍정적인
훈육기술의 부분으로서 그들의 효율성
에 대한 개요를 서술한다.

2. 만성적이고 부적절한 행동을 다루는
몇 개의 타당한 결과를 구성함에 있어
서 부모를 지원한다(예 : 자녀가 학교
에 가기 전에 침구 정돈하는 것을 잊
었다면 그것을 하기 전까지는 방과 후
활동을 허용하지 않음).

4. 성인의 문제와 자녀에게서 비롯
된 문제를 구분한다.

1. 부모에게 부모로부터 비롯된 문제(예 :
물건을 제자리에 두지 않는 부모로부
터 비롯된 지저분한 주방)와 자녀로부
터 비롯된 문제(예 : 친구들, 숙제)를
구분하도록 가르친다.

2. 자녀로부터 비롯된 문제일 때 이를 돕
기 위해 개입(예 : 적극적 경청하기, 공
감, 격려하기, 브레인스토밍, 문제 해
결하기)을 지원하고 그들에게 문제를
일으킬 수 있는 행동을 수정하도록 사

전 전략(예 : '나' 전달법, 결과, 한계설
정, 선택)을 사용하도록 부모에게 안내
한다.

5. 자녀의 협력을 얻기 위해 구성된
   전략의 결과로 힘겨루기의 감소
   에 대해 보고한다.

1. 부모에게 힘겨루기를 피할 수 있는 방
   법을 실행하도록 요청한다(예 : 같은 말
   반복하기, '나' 전달법, 선택, 논쟁 거
   부하기).

진단

Z62.820   부모-아동 관계 문제

학대적 양육

행동 정의

1. 최소한의 돌봄, 감독, 감정적 지원, 정상적 아동기 발달에 필요한 양육을 제공하지 못한다.
2. 적절한 양육 행동을 수행하기 위한 감정적 안정성, 인지적 능력 그리고/또는 지식 기반이 부족하다.
3. 부모의 어린 시절부터 학대와 방임이 세습되었다는 것을 보고한다.
4. 배우자나 다른 양육자로부터의 학대, 방임 또는 혹사를 봐주거나 용납하거나 무시한다.
5. 요구와 기대가 자녀의 성숙성과 능력 수준을 넘어선다.
6. 가족의 비밀과 격리에 가치를 두고 촉진하며 그것을 요구한다.
7. 학대받은 자녀 및 가족을 위한 치료 프로그램을 제공하는 학교, 의료시설, 민간기관 또는 아동보호 서비스와 협조하기를 거절한다.
8. 자녀는 신체적·성적 또는 감정적 공격의 피해자로 부모나 양육자로부터 상처나 정서적 외상의 결과를 갖게 된다.
9. 자녀는 내재화 및 모델링을 통해 공격적인 모습을 보이고 문제 부모의 특성을 자신의 행동 양식에 통합하게 된다.

—. _____

_____

—. _____

_____

장기 목적

1. 자녀에 대한 모든 학대 행위를 중단한다.
2. 학대 행위에 대한 잘못을 인정하고 후회를 표현하며 긍정적인 양육 전략을 사용하기로 약속한다.
3. 자녀의 행동, 능력 및 성숙도에 대한 합리적인 기대를 한다.
4. 자녀에게 인정을 베풀고 사랑하는 관계를 확립하며 적절한 부모/자녀 경계를 세운다.
5. 자신, 자녀 및 기타 가족 구성원에 대한 사회적 및 정신적 건강 서비스를 이용한다.
6. 개인 및 가족의 분리를 줄이고 가족 및 신뢰 기반의 공동체 지원 시스템을 증가시킨다.

—. _____
_____
—. _____
_____

단기 목표

1. 가족의 역사를 대략적으로 그려보고 아동 학대, 방임 그리고/또는 성적 또는 신체적 학대에 연관된 모든 사건과 상황을 밝힌다. (1, 2, 3, 4)

2. 아동보호 기관과 연락하여 알고 있

치료적 개입

1. 자녀의 부적절한 처우에 대한 부모의 인식과 염려를 분석하고 비밀을 말할 수 있도록 돕는 것은 학대를 중단하게 하는 첫 단계이다.

2. 부모로부터 모든 학대를 즉시 중단한다는 약속을 받아낸다. 아동의 복지를 감시할 절차를 확립한다.

3. 학대 유형을 분류할 충분한 정보를 모으고, 기존에 조사관이 가족과 함께 활발히 참여하고 있지 않는 경우 아동보호 기관의 직원에게 연락한다.

4. 부모와 함께 가족의 역사를 탐구하여 만성적인 학대나 혹사가 있는지 아니면 그것과는 별개로 아동 학대가 일어났는지를 밝힌다.

5. 부모가 적절한 아동보호 기관에 연락하

는 모든 학대에 대한 사실과 의심을 보고한다. (5, 6, 7)

3. 아동보호 기관과 협조해서 학대 종료와 아동의 안전 및 정서적 안녕을 보장한다. (8, 9)

4. 자녀가 안전, 사랑, 신뢰, 건강한 자아상을 촉진하도록 발달할 수 있는 장기 또는 단기 동거 형태를 얻기 위해 법적 절차와 지역사회 기관에 협력한다. (10, 11, 12)

도록 돕고, 만일 다른 양육자로부터의 학대를 의심하는 경우 필요한 양식을 작성하도록 하며 부모 자신이 관여한 경우 그것을 공개하도록 지원한다.

6. 다른 양육자에 의한 학대가 의심되는 경우 부모가 국가인증 아동보호 서비스(CPS) 기관이나 지역 경찰청에 신고하고 아동에 대한 행동과 신체적 흔적 또는 기타 의심스러운 증거를 적어놓도록 알려준다.

7. 아동 학대 보고에 관한 치료사의 의무를 부모와 함께 검토하고, 법에서 요구하는 대로 아동 학대에 관한 어떠한 정보도 적절한 CPS 기관에 연락될 것이라는 점을 알려준다.

8. 조사과정 중에 부모가 CPS 담당자와 협조하도록 한다. CPS 담당자와 그들의 개인 치료사 사이에 정보 교환을 허락하도록 부모에게 요청한다.

9. 절차에 대한 정보를 제공하고 법적 도움을 얻어 부모와 자녀가 학대 공개와 연관된 법적 측면에 대처할 수 있게 돕는다.

10. 부모에게 가정 환경 및 개인 정보를 CPS 담당자에게 제공하여, 아동을 보호하기 위해 필요한 경우 그들의 자녀를 위탁 양육에 잘 배치할 수 있게 한다.

11. 적응 문제를 제기하고, 건강하고 학대가 없는 환경에서 생활하는 자녀의 긍정적인 면을 확인하여 부모와 아동이 새로운 생활 환경에 적응하도록 돕는다. 한편 가족은 자녀와의 재결합을 준비하도록 한다.

5. 학대 및 기능 장애 가족 관계에 대한 감정을 공유한다. (13, 14)

6. 지나치게 가혹하고 학대적이며 부적절하고 일관성 없는 양육에 의해 자녀에게 생겨난 문제에 대한 인식을 언어로 표현한다. (15, 16, 17)

7. 가족 토론, 논문 및 매체 사례 분석, 사랑의 상호작용, 영적 훈련, 그리고 지역사회 참여를 통해 긍정적인 성격 형성을 증진한다. (18, 19, 20)

12. 부모가 자녀의 위탁부모와 바로 연락할 수 있게 도와서 원활한 이행을 계획하도록 한다.

13. 부모에게 학대 행동의 공개는 부모 자신과 자녀 모두에게 극도로 어렵고 고통스럽다는 점을 조언한다. 이런 감정이 일어나는 과정과 그 감정의 표현을 하도록 격려한다.

14. 부모가 *Parenting Skills Homework Planner* (Knapp)에 나오는 '우리 가족의 비밀 이야기' 활동을 완료하게 하여 가족의 학대 역사를 그려보게 한다.

15. 부모가 오디오 테이프 *Helicopters, Drill Sergeants and Consultants*(Fay)를 듣게 하여 자신들의 양육 방식을 확인하고 자녀가 독립적으로 문제를 해결하도록 장려하는 것의 장점을 인식하도록 한다.

16. 부모와 함께 브레인스토밍을 하여 지나치게 가혹한 양육 때문에 가정 내에 생긴 문제의 목록을 만들고, 이런 문제가 가정에서 어떻게 나타나는지를 논의한다.

17. 자녀들이 환경을 구분하고 통제하기 위해 삼각 구조를 이용하는 영역을 부모가 확인하고 다루도록 알려준다(예 : 가족 구성원 간에 갈등을 일으키는 것).

18. 부모가 *Where the Heart Is*(Moorman)나 **영혼을 위한 닭고기 수프**(*Chicken Soup for the Soul*; Canfield, Hansen, Kirberger)에 나오는 이야기를 읽고 가족이 함께하는 것과 각 가족 구성원의 중요한 역할을 강조하도록 한다.

8. 적절한 부모/자녀 경계를 확립하고 성인의 문제와 자녀에게 속한 문제를 구분한다. (21, 22, 23)

9. 자녀의 학대에 대한 정서적 반응에 초점을 두고 신뢰, 사랑, 지원, 권한 이양의 감정을 재형성해주는 개별 상담을 시작하도록 조치한다. (24, 25, 26)

19. 가족의 가치에 맞는 TV 프로그램이나 비디오를 같이 시청하고 각 가족 구성원이 각자를 인정하며 비판 없이 반응하는 토론을 하도록 장려한다.

20. 자신들이 선택한 종교 기관에 가족이 정기적으로 참석하는 것이 성격 발달, 도덕적 훈련 및 가족 화합에 좋다는 점을 부모와 함께 이야기한다.

21. 성인의 문제를 자녀에 속하거나 자녀가 풀어야 할 문제와 구별할 수 있도록 부모를 돕는다.

22. 부모에게 문제를 만드는 행동을 고치기 위한 적극적인 훈육 전략[예 : '나' 전달법(I-Statement), 합리적이고 논리적인 결과]과 지지적인 개입(예 : 적극적인 경청, 칭찬)을 이용해 자녀에게 속한 문제를 도울 수 있게 안내한다.

23. 힘들더라도 자녀가 안내를 받으며 해결책을 찾고 실수에서 배울 수 있게 허용하도록 장려한다. 부모가 공감을 하며 자녀의 문제를 들어주고 원할 때만 도움을 주도록 권한다.

24. 부모가 자녀에 대한 정기적인 상담 약속을 하여 학대 보고, 조사 및 개입 과정을 통해 심리적 지원을 확보할 수 있도록 돕는다.

25. 부모 자신과 자녀의 학대 영향을 감정적으로 처리하는 방법에 대해 매일 평가하도록 한다(또는 Knapp의 *Parenting Skills Homework Planner*에 나오는 '우리의 감정 평가하기'를 작성하도록 한다).

10. 부모교육 강좌에 참석하고 긍정적인 훈육기술을 가르쳐주는 부모 역할에 대한 글을 읽는다. (27, 28)

11. 자녀의 성숙도 및 자기 조절 수준에 맞는 구체적인 자유를 부여한다. (29, 30)

12. 자녀의 협조를 요청하도록 설계된 전략의 결과로 힘겨루기가 줄어든 것을 보고한다. (31, 32)

26. 부모와 자녀가 매주 만나서 발전 상황을 검토하고, 계속 염려되는 점을 지적하며, 서면으로 쓴 발달 보고서를 자녀의 개인 치료사도 공유하도록 한다.

27. 부모에게 양육 강의(예 : Dinkmeyer와 Mc-Kay의 **효과적 양육을 위한 체계적 훈련**)를 소개시켜주어 그들이 학대하는 부모-자녀 상호작용을 긍정적 훈육기술로 대체하도록 돕는다.

28. 부모가 가정에 긍정적인 훈육 전략을 실시하는 것에 대한 글을 읽게 한다[예 : Coloroso의 *Kids Are Worth It!,* Dreikurs의 **민주적인 부모가 된다는 것**(*Children: The Challenge*)].

29. 자녀의 성숙도와 책임 있는 행동에 맞는 특권과 선택권을 주도록 부모를 격려한다.

30. 부모는 "이제 곧 너는 혼자서 하게 될 거야."라는 문장을 사용해 자녀가 독립적이고 책임감 있는 행동을 보임으로써 부모의 감시로부터 자유를 얻을 수 있도록 장려한다(Moorman의 *Parent Talk* 참조).

31. 힘겨루기를 회피할 수 있는 방법을 부모에게 가르쳐준다(예 : 고장 난 레코드 반응 이용하기, 논쟁 거부하기). 부모에게 훈육일기에 결과를 기록하라고 한다.

32. 부모와 자녀가 미리 조성된 전략을 실시함으로써 부정적인 행동이나 학대 반응의 고리를 끊어야 한다는 필요성을 표시하는 언어적 및 비언어적 신호를 확립할 수 있도록 돕는다(예 : 타임아웃, 행동 장소의 변경, 또는 활동을 바꿈).

13. 한부모는 공동 부모, 가족 및 친구들로부터 휴식, 지원 및 격려를 원한다. (33, 34, 35)

14. 지원, 안내 및 휴식을 제공하는 사회 서비스 기관에 도움을 구한다. (36, 37)

15. 학교, 동급생 및 친구들과 자녀 및 가족의 사회적 상호작용을 증가시킨다. (38, 39)

16. 확대가족의 구성원이 양육 수업 및/또는 상담에 참여하도록 한다. (40)

33. 한부모와 함께 자녀를 잠시 봐주거나 달래주거나 위급한 상황에 도와줄 수 있는 지원 집단의 목록을 브레인스토밍한다.

34. 한부모와 함께 도움과 지원을 제공할 수 있는 여러 가지 지역사회 기관을 확인한다(예 : 일시 보육, 한부모 지원 집단).

35. 한부모나 별거 부모와 함께 공동 양육 과정에서 협조의 중요성을 논의하고, 현재의 장애물에 대한 중재를 제안하거나 그들에게 독립적인 중재자를 소개시켜준다.

36. 부모에게 부모/자녀 문제나 학대 문제로 힘들어하는 가정을 지원하는 지역사회 기관과 서비스(예 : 방문 간호사, 가정학대 상담 서비스)를 소개시켜주거나 전국적 지원 자원을 소개시켜준다(예 : 차일드 헬프 U.S.A. -(800) 422-4453).

37. 부모가 가족을 관리하는 것에 대한 요구로부터 잠시 벗어날 수 있도록 부모의 개인 및 가족 자원을 나열하도록 도와준다(예 : 친구, 가족, 교회 지인). 정기적으로 그러한 자원을 활용하도록 강조한다.

38. 부모가 자녀에게 사회적 단체 또는 자녀의 선택을 돕는 단체에 가입하도록 장려한다.

39. 가족이 학교에서 사회적 활동에 참여하도록 장려한다(예 : PTA, 스포츠 이벤트, 콘서트).

40. 양육 수업이나 상담에 조부모를 초대하여 새로 얻은 훈육 전략을 조부모가 이해하도록 제안한다.

—. _____   —. _____
    _____   _____

—. _____   —. _____
    _____   _____

—. _____   —. _____
    _____   _____

진단 제안

ICD-9-CM	ICD-10-CM	DSM-5 장애, 상태 또는 문제
309.81	F43.10	외상후 스트레스장애
300.4	F34.1	지속성 우울장애
995.53	T74.22XA	아동 성적 학대, 확인됨, 초기 대면
995.53	T74.22XD	아동 성적 학대, 확인됨, 후속 대면
300.14	F44.81	해리성 정체성장애
_____	_____	_____
_____	_____	_____

주의력결핍 과잉행동장애

행동 정의

1. 자녀의 ADHD 증상은 가족, 학교 또는 의사에 의해 확인된다.

2. 부모는 대개 ADHD가 아동에게 미치는 영향을 비롯해 ADHD 자체에 대한 이해도가 부족한 편이다.

3. 부모는 자녀가 ADHD일 수 있다는 사실을 인정하지 않으려 하며, 의료적 개입도 거부하려 한다.

4. 부모는 자녀가 ADHD 증상을 보이면 죄책감과 책임감을 느낀다.

5. 부모는 자녀가 부주의하거나 산만하거나 과잉행동을 하거나 무책임한 행동을 하는 것을 비난한다.

6. 자녀의 행동과 그 행동이 가족에게 미치는 전체적인 부정적 영향 때문에 점차 짜증과 불만이 쌓이게 된다.

7. 자녀가 점점 거짓말을 하거나 무책임한 행동을 하거나 반항적인 태도를 보이는 경우가 잦아지며, 자존감이 낮아지는 증상이 커진다.

8. 가족 구성원들은 ADHD가 있는 자녀를 어떻게 도와야 하는지를 놓고 갈등을 빚는다.

9. ADHD 자녀의 형제자매들은 ADHD 자녀의 태도에 혼란스러워하거나 그러한 상태를 원망한다.

장기 목적

1. ADHD와 이것이 자녀 및 가족들에게 미치는 영향에 대해 종합적으로 이해한다.
2. ADHD가 행동을 조절하고 주의집중할 수 있는 능력에 장애를 일으키는 질환이라는 것을 인정한다.
3. 의학적 치료, 행동치료 및 가족의 지원을 포함해 ADHD 관리에 이용할 수 있는 자원을 찾고 활용한다.
4. ADHD의 문제를 다룰 수 있는 기술을 배우고 가족의 피로감과 절망감에 대처할 수 있는 전략을 마련한다.
5. 가족 구성원 간에 화합, 지지, 일체감을 형성하는 활동을 하도록 한다.

—. _____
   _____
—. _____
   _____

단기 목표

1. ADHD가 가족 구성원에게 끼치는 영향을 비롯해 ADHD 자체에 대한 신뢰할 수 있는 정보를 얻기 위해 관련 문헌을 읽거나 관련 강의를 듣거나 전문가의 상담을 받는다. (1, 2, 3)

2. 의사나 가족치료로 가족 전체를 관

치료적 개입

1. 부모에게 ADHD에 관한 정보를 다시 한 번 제공하며 ADHD의 영향에 대해 교육하는 과정을 시작한다.

2. 부모에게 ADHD와 그로 인한 영향, 치료 방법 등을 설명하는 문헌을 읽어볼 것을 권유한다(Hallowell과 Ratey의 _Driven to Distraction_이나 Barkley의 _Taking charge of ADHD_ 참조).

3. 부모에게 ADHD 자녀가 있는 가족들이 겪을 수 있는 상황이나 ADHD 자체에 관련해 신뢰할 만한 최신 정보를 제공하는 웹사이트 및 유관기관을 알려준다(예 : 주의력결핍 아동센터 — (301) 306-7070, www.chadd.org; 국제 주의력결핍장애 협회 — (440) 350-9595, www.add.org).

4. 부모가 ADHD 전문의를 만나 가능한 약물

리하는 치료사 등과 지속적인 상담을 진행하며 ADHD에 대한 정보와 해당 장애가 장애 아동의 가족에게 미치는 영향에 대해 논의한다. (4, 5)

3. 자녀의 장애와 교내 및 공동체 내 장애 관련 시설에 관한 현 법령에 대해 논의한다. (6, 7)

4. 장애 아동의 권익 보호를 위해 학교와 공동체의 지지와 지원을 호소한다. (8, 9, 10)

치료가 있는지 여부를 논의하도록 한다.

5. 장애 아동의 가족 구성원들이 ADHD에 대한 지속적인 관심을 보이게 함으로써 혼란감이나 당혹감에 대처하고 다른 가족을 위해 노력할 수 있도록 단기 상담 치료 일정을 잡는다.

6. 부모가 ADHD 관계 법령과 관련된 장애에 익숙해질 수 있도록 법령 및 관련 문헌을 요약한 자료를 제공한다[미국 1973년 재활법 제504조, 미국 장애인법 제2장, 장애인교육법(IDEA)].

7. 부모가 거주지의 지자체를 방문해 ADHD 학생을 위해 운영되는 교육 프로그램 정보를 얻을 수 있도록 안내한다. 또한 장애 아동이 학교생활에 적응하는 데 해당 프로그램이 유익한지 여부를 논의한다.

8. ADHD와 그 영향에 대한 구체적인 정보의 혜택을 받을 ADHD 자녀와 밀접하게 일하는 교육자 및 기타 관련자들에 대한 진술서를 작성하도록 부모를 도와준다.

9. 학교나 지역사회에서 자녀를 도와줄 장애시설, 프로그램, 지원 전략 목록을 만들 수 있게 부모와 함께 브레인스토밍을 한다(또는 Knapp의 *Parenting Skills Homework Planner*에 나오는 'ADHD 장애시설 요청 양식'을 알려준다).

10. 자녀와 직접 만나는 교육자 및 기타 성인들과 갖게 될 면접의 모의면접을 대비하여 부모와 해본다. 부모가 학교와 지역사회 내에서 자신의 자녀를 옹호할 수 있는 설득력 있고 협조적인 기술을 발달

5. ADHD 자녀가 있는 가정을 위한 지역 지원 단체에 가입한다. (11, 12)

6. 직원, 확대가족 구성원, 의료 그리고/또는 정신건강 전문가, 그리고 지역사회 구성원을 포함하는 지원 체계를 구축한다. (13, 14)

7. ADHD 자녀의 양육과 훈육에 권장되는 전략을 실행한다. (15, 16)

시킬 수 있게 안내한다.

11. ADHD를 겪고 있는 가족과 자녀를 돕는 지역 지원 집단에 부모를 소개시킨다. 또는 주의력결핍장애 아동(CHADD) 전국사무소 (301) 306-7070이나 www.chadd.org에 연락해서 지역사회 내 지원 집단 목록을 요청한다.

12. 부모에게 양육 강의(예 : Fay, Cline, Fay의 사랑과 논리를 가진 부모 되기)를 소개시켜주어 ADHD가 있는 자녀에게 사용할 수 있는 긍정적 훈육기술을 얻게 한다.

13. 보육과 ADHD 자녀의 양육 부담을 경감해줄 수 있는 자원의 목록을 개발하여 부모를 돕는다(예 : 방과 후 돌봄 프로그램, 여름방학 프로그램, 휴식 프로그램, 지역사회 활동 등).

14. 부모에게 가정의 자산 중에서 부족한 영역(예 : 주택, 재정, 의료, 학교 관련, 확대가족 또는 사회적 매체)을 밝히도록 요구하고 그들이 지지자 및 지원 자원 목록을 구축할 수 있도록 돕는다.

15. 자녀가 발달시켰으면 하는 기술을 정하고 ADHD 자녀가 그 기술을 얻도록 도울 수 있는 연습과정을 시작하여 부모가 자녀를 지도하고 훈육할 때 부모코치로서의 역할을 맡도록 요구한다. 부모가 '부모코칭 카드' 시리즈를 개발 또는 구매하도록 제안한다(www.parent-coachcards.com/home1.html 및 Richfield의 *Parent Coaching Cards* 참조). 부모코칭 카드는 한 면에 개발해야 할 기술을 밝은 색상

으로 묘사하고 다른 면에는 자기 대화 극복 메시지를 제공한다.

16. 부모가 ADHD 자녀로 인해 생긴 절망, 스트레스, 그리고 긴장에 대처하는 것을 도울 수 있는 적극적인 전략 목록을 생각해내도록 브레인스토밍을 한다(예 : 유머, 방향 전환, 고전음악, 신체 활동, 여유 있는 목욕이나 샤워, 건강한 음식 등).

8. 힘겨루기를 피하고 통제된 선택과 논리적 결과를 이용해 한계를 설정한다. (17, 18)

17. 부모가 ADHD 자녀에게 제한된 선택을 활용하여 두 가지 중에 한 가지를 선택할 수 있는 선택안을 주어(예 : "오늘 빨간 잠옷 입고 잘래, 아니면 파란 잠옷 입고 잘래?") 책임감 있는 의사결정을 가르치고 자녀에게 제한적인 통제를 경험하게 해준다.

18. 부모에게 규칙 위반에 관한 논리적 결과를 이용하도록 가르쳐준다(예 : 자녀가 잘 시간에 30분간 칭얼거리며 울었다면 다음날 밤에는 30분 먼저 자게 한다).

9. ADHD 자녀에게 적절하고 책임감 있는 행동을 증진하기 위해 구조화, 일관성, 그리고 친절함과 단호함의 조화를 이용한다. (19, 20, 21)

19. 부모에게 세밀한 감독의 중요성과 ADHD 자녀가 적절한 정도의 자기 통제와 책임감을 증명할 때까지 문제 있는 행동을 지나칠 기회를 허용하지 않는 구조적인 환경의 중요성을 강조한다.

20. 부모가 행동 문제를 한번에 하나씩 대처하며 공감, 친절함, 단호함을 조화시켜 ADHD 자녀에게 한계를 정하면서도 지지하고 사랑하는 관계를 유지하도록 격려한다.

21. 부모에게 다음 주 동안 일어날 수 있는 잠재적 문제를 예측해보도록 하며 부정

적 결과를 방지할 수 있는 방법을 정하도록 한다(예 : 잠자기를 거부할 때는 잘 준비를 하는 시간을 더 많이 허용한다). 부모에게 다음 상담 시간에 논의할 수 있게 자신들이 세운 계획의 결과를 기록하도록 한다.

10. ADHD 자녀 및 부수적인 가정 문제를 관리하기 위한 종합적 가족치료 계획을 만든다. (22, 23, 24)

22. ADHD 자녀와 형제들에게 이 증상을 설명해주는 아동문학을 읽게 하여(예 : Shapiro의 *Jumpin' Jake Settles Down*) 아동의 관점에서 ADHD를 더 잘 이해하게 해준다.

23. 부모 및 기타 가족 구성원과 함께 ADHD 때문에 겪고 있는 문제 사안 5~10가지를 브레인스토밍하고 해결이 필요한 순서대로 우선순위를 정한다(또는 Knapp의 *Parenting Skills Homework Planner*에 나오는 '가족 문제 해결 워크시트'를 제공한다).

24. 부모에게 일기 쓰기를 권유해서 ADHD 및 관련 가정사를 다루고자 하는 가족들의 노력을 기록한다.

11. 각 가족 구성원의 긍정적 특성을 인정하고 거기에 초점을 맞추는 시스템을 개발한다. (25, 26)

25. 모든 가족 구성원이 계속해서 서로의 긍정적인 행동을 잘 살피고 특정 행동을 확인해주고 그것이 가족 또는 관련된 사람에게 어떻게 혜택을 주는지를 설명해서 그 행동을 강화해주도록 한다.

26. 주간 가족회의를 하도록 장려하여 그 시간에 가족 문제들을 논의하고 각 가족 구성원의 긍정적인 기여를 반영하는 이야기를 하는 시간을 정한다.

12. 자녀와 부모가 계획서 사용을 실시

27. ADHD 자녀와 부모가 각 과목별로 특정

하고 자녀가 과업을 성공적으로 마치는 것을 돕기 위한 전략을 조직화한다. (27, 28, 29)

13. 분명하고 직접적이며 차분한 방법으로 자녀에게 지시한다. (30)

14. 자녀와 형제가 스스로 갈등에 대한 해결책을 발전시켜야 할 책임이 있음을 인정한다. (31)

15. 자신감, 공감, 책임감, 독립적 기능을 개발해주는 긍정적인 과외 활동에 자녀를 참여시킨다. (32, 33)

색상을 지정해서 학교 공부를 위한 관리 시스템을 개발하도록 하고 모든 정보와 관계 자원을 색상별로 정리한다.

28. ADHD 자녀와 다른 가족 구성원들에게 달력, 서류철, 할 일과 활동을 매일 정리할 수 있도록 메모 사용법을 알려준다.

29. ADHD 자녀가 계획서를 사용해서 모든 할 일의 목록을 작성하고, 작업 시간을 기록하며 언제 완성했는지를 점검하도록 한다. 부모에게 매일 학생으로서의 할 일 계획서를 모니터링하고 필요 시 격려와 지시를 해주도록 알려준다.

30. 부모와 함께 자녀가 과제와 할 일을 성공적으로 완성할 수 있게 돕는 전략을 논의한다(예 : 차분하게 지시사항을 전달할 때 계속 눈 맞추기, 질문 장려하기, 필요할 때 안내해주기).

31. ADHD 자녀와 형제들의 관계 속에서 5~10가지 갈등 사안을 확인하도록 하고 이 갈등을 해결하는 데 사용할 수 있는 방법들에 대해 브레인스토밍을 하도록 한다(예 : 차례대로 하기, 따로 놀기, 서로 나누기, 계획 작성하기).

32. 부모가 자신감, 사회적 기술, 인내를 개발할 수 있는 활동 참여를 장려하고 긍정적인 롤모델을 제공하도록 한다(예 : 팀 스포츠, 가라데, 태권도). 부모는 ADHD 자녀가 한 가지 긍정적인 과외활동에 등록시키게 한다.

33. 부모와 ADHD 자녀에게 수동적인 활동, 생산적 두뇌 활동을 줄이는 것, 비활동

적인 일에 오랫동안 참여하는 것(예 : TV, 비디오)을 피하거나 크게 줄이도록 지시한다. 부모가 논리적인 사고와 문제해결을 자극하는 조용한 활동(예 : 독서, 보드게임)을 권하도록 장려한다.

16. 가족 전체가 참여하고 즐길 수 있는 여가 활동을 계획한다. (34, 35)

34. 가족 구성원이 돌아가며 가족의 식사를 계획하고, 식사를 준비하고 치우는 데 관련된 일을 나눠 한다. 식사에는 모든 가족 구성원이 함께해야 하며 한 식탁에 앉아 TV나 시끄러운 음악은 틀지 않는다.

35. 가족 구성원에게 두 달에 한 번씩 가족의 즐거운 외출 시간을 계획하도록 한다. 이때는 가족 구성원 각자가 돌아가며 집안에서 할 수 있는 오락과 간식을 제공할 책임을 맡는다(예 : 음악 연주나 연극, 비디오, 소리 내어 책 읽기, 또는 특별한 TV 프로그램 시청 후 토론).

17. ADHD 자녀와 가족 단위로 이룬 성취, 획기적인 사건, 성공을 이루었을 때마다 축하한다. (36, 37)

36. ADHD 자녀의 발전에 대해 개별적이고 차분한 방법으로 자주 칭찬을 해주는 것의 중요성을 부모와 기타 가족 구성원에게 가르쳐준다.

37. 부모, ADHD 자녀, 형제들이 개인과 가족 모두의 도전 과제를 다루는 데 있어서 각각의 성공에 대해 작든 크든 자신과 서로를 인정해주도록 한다.

__. _____
_____
__. _____
_____
__. _____
_____

__. _____
_____
__. _____
_____
__. _____
_____

진단 제안

ICD-9-CM	ICD-10-CM	DSM-5 장애, 상태 또는 문제
314.01	F90.2	주의력결핍/과잉행동장애, 복합형
314.01	F90.1	주의력결핍/과잉행동장애, 과잉행동/충동 우세형
314.01	F90.9	명시되지 않는 주의력결핍/과잉행동장애
314.01	F90.8	달리 명시된 주의력결핍/과잉행동장애
312.9	F91.9	명시되지 않는 파괴적, 충동조절 및 품행 장애
312.89	F91.8	달리 명시된 파괴적, 충동조절 및 품행 장애
313.81	F91.3	적대적 반항장애
309.24	F43.33	적응장애, 불안 동반
_____	_____	_____
_____	_____	_____

관심 끌기 행동

행동 정의

1. 자녀가 부정적이고 귀찮은 방법으로 부모와 형제로부터 끊임없이 관심을 요구한다.

2. 자녀의 부정적인 행동에 관심을 주는 것과 분노 및 좌절 반응 사이에서 망설인다.

3. 가족의 자원에 대한 자녀의 끊임없는 관심 끌기 요구로 당황스럽고 낙담하며 지친다.

4. 관심 끌기 자녀를 효과적으로 다루는 데 필요한 자신감, 훈육기술, 긍정적인 전략이 부족하다.

5. 형제들은 관심 끌기 자녀를 원망하고 거부한다.

6. 관심 끌기 자녀는 사소한 것과 잘 인식되지 않는 것을 느끼고 욕구 불만을 만족스럽게 채우기 위해 부정적인 관심 끌기 행동으로 확대시킨다.

7. 부모와 형제들은 공공장소에서 자녀의 끊임없는 관심 끌기 행동에 당황스러워한다. 관심 끌기 자녀는 가족의 행동과 가치 양식에 어울리지 않거나 적합하지 않고 다른 것처럼 보인다.

8. 가족은 관심 끌기 자녀와 함께 살면서 스트레스와 갈등으로 인해 혼란스러워한다.

—. _____

_____

—. _____

_____

장기 목적

1. 부적절한 관심 끌기 행동을 다루기 위해 효과적인 전략과 훈육기술을 배우고 사용한다.
2. 가족 내에 각각의 자녀에 대해 다양한 강점과 능력을 인식한다.
3. 형제들은 관심 끌기 자녀를 향해 수용과 애정을 표현한다.
4. 관심 끌기 자녀는 가족으로부터 가치 있고 필요한 구성원으로 자신을 본다.
5. 모든 가족 구성원은 적절하고 존중하는 방식으로 표현되는 관심과 애정이 가족의 자원이라는 것을 이해하고 수용한다.
6. 모든 구성원과 보낸 시간과 활동을 좋은 경험으로 평가한다.

—. _____
_____
_____

—. _____
_____
_____

단기 목표

1. 부정적인 관심 끌기 행동의 잠재적인 원인에 대해 이해하고 말로 표현한다. (1, 2, 3, 4)

치료적 개입

1. 자녀의 부정적인 관심 끌기 행동에 도움이 될 수 있는 가족역동을 관찰하고 평가할 가족 전체와 만난다.
2. 몇몇 아동과 어른이 비행을 통해 관심을 찾으려 한다는 것을 전체 가족이나 부모에게 설명한다. 왜냐하면 그들은 긍정적인 전략과 행동을 사용해서 필요한 인정을 얻어낼 수 있는 노련함이 없기 때문이다.
3. 부정적인 관심 끌기 행동을 설명하는 문헌을 부모에게 읽게 한다(예 : Dreikurs와 Stoltz의 민주적인 부모가 된다는 것과 Dinkmeyer와 McKay의 *Responsible Child*).
4. 자녀가 자신감과 책임 있는 행동을 개발하도록 돕는 교실로 부모를 보낸다(예 : Dinkmeyer와 McKay의 효과적인 양육을 위한 체계적 훈련 또는 Moorman과 Knapp

의 부모대화법 : 책임양육의 언어).

2. 관심 끌기 자녀의 낮은 자존감에 대한 원인을 파악하기 위한 평가를 준비한다. (5, 6)

5. 자녀의 사회적/정서적 관심의 구체적인 영역을 결정하는 자기보고식 평가 척도(예 : Coopersmith의 Self-Esteem Inventory, Achenback의 The Youth Self-Report)로 기준을 관리한다.

6. Dreikurs의 나쁜 품행 이론(Dreikurs의 민주적인 부모가 된다는 것)에 따라서 부적절한 행동을 유발하는 자녀가 가진 최근의 잘못된 인식을 알도록 부모를 지원한다.

3. 관심 끌기 자녀가 그동안 충족하지 못한 감정 표현하기와 의사 밝히기를 격려하기 위해서 반영적 경청(reflective listening)기술을 사용한다. (7, 8)

7. 부모와 자녀가 함께하는 자기평가식 척도는 자녀의 더 나은 긍정적인 자기 이미지를 다시 구성하고 구축 작업을 시작하게 하는 결과를 가져온다.

8. 부모가 반영적 경청을 배우면 관심 끌기 자녀의 말을 마음을 열고 방어적이지 않게 듣게 된다[예 : Gordon의 **부모 역할 훈련**(*Parent Effectiveness Training*)의 설명대로 판단하지 않고 경청하기].

4. 관심 끌기의 긍정적인 시도를 인정하고 강화하기 위한 전략을 시행한다. (9, 10, 11)

9. 적어도 하루는 아동 대상의 활동적인 놀이를 짧게는 10~20분 동안 '특별한 시간'을 활용하도록 부모를 교육한다(www.educational-psychologist.co.uk의 *A Parenting Strategy*에서 *When Your Child Craves Attention* 참조).

10. 인정과 관심을 추구하는 다양한 긍정적인 방법을 알려주도록 부모에게 자녀와 함께 브레인스토밍하게 한다(예 : 숙제완료, 방청소, 집안일 돕기).

11. 부모는 자녀와의 관계에 적극적으로 개

입하기 위하여 긍정적 전략을 활용하여 인정받고자 하는 자녀의 욕구를 충족시키는 계획(예 : 자동차 모형 만들기, 기타 연주 배우기)을 관심 끌기 자녀와 함께 개발하도록 한다.

5. 부정적인 관심 끌기 행동을 없애기 위한 전략을 시행한다. (12, 13, 14)

12. 부정적인 행동을 무시하는 것에 대해 도울 수 있도록 역할극을 한다. 초기에 무시하는 동안 부정적인 행동은 아마 확대되고 강조될 것이다. 그러나 그것을 지속하고 계속 덜 강화시키면 줄어들 것이다.

13. 부모에게 관심 끌기 자녀가 인정을 얻는 가장 성공적인 방법은 긍정적인 행동이라는 것을 설명함으로써 부정적인 행동을 무시할 수 있도록 가르친다.

14. 부모에게 어쩌면 자녀가 부정적인 관심 끌기 행동이 더 커질 수 있는 것(예 : 징징대는 것에 대답하는 것, 결정에 영향을 미칠 수 있는 눈물)의 목록을 작성하도록 돕는다. 인정을 얻는 부정적인 시도를 해소시키는 기술을 개발하도록 돕는다.

6. 긍정적인 전략을 개발하고 시행함으로써 인정받으려고 하는 관심 끌기 자녀를 돕는다. (15, 16)

15. 관심 끌기 자녀가 가족 상황과 관계 속에서 관심을 끌고자 하는 간절한 욕구로 나타나는 역동적인 것을 스스로 탐험하게 한다.

16. 다음 한 주 동안 가족 구성원들이 서로 지지해줄 수 있는 긍정적인 격려의 말에 대해 브레인스토밍을 한다.

7. 가족 구성원 각자의 특별한 재능과 개별 강점을 작성하고 결정한다. (17, 18)

17. 부모와 함께 다중지능 이론에 대해 논의한다(예 : 재구성된 지능에서 설명하듯이 모든 사람은 특정 영역에서 능력과

재능을 가지고 있다. Gardner의 *Intelligence Reframed: Multiple Intelligences for the 21s Century* 참조). 자녀의 이러한 재능을 인정하고 확인하는 것은 성숙, 적절한 행동과 건강한 자아 존중감을 발달시키는 비결이다.

18. 여러 가지 강점과 가족 구성원의 능력을 브레인스토밍하여 기록하는 것을 가족 구성원에게 교육한다.

8. 개별 가족 구성원의 재능을 확인하기 위한 전략을 시행한다. (19, 20)

19. 정기적 · 지속적인 일정에 따라 자녀의 개별 강점을 인정해주기 위한 전략의 시행과 개발을 위해 부모를 도와준다[예 : '나는 네가 ~하다는 것(개별 강점)을 알고 있었다'처럼 교양 있는 단어를 사용해서 함축적으로 인정하고, 자녀가 들을 수 있는 거리에서 자랑스러운 감정을 논의하고 긍정의 노트를 작성해서 자녀에게 준다].

20. 가족 기념일 준비를 통하여 관심 끌기 자녀와 다른 가족 구성원이 해낸 것을 인정하도록 부모를 격려한다.

9. 관심 끌기 자녀와 긍정적 상호작용을 한 형제자매를 칭찬해준다. (21, 22)

21. 모든 가족 구성원 간에 긍정적 상호작용과 가족 조화를 위한 희망을 형제자매에게 언어로 표현하도록 부모를 교육한다.

22. 긍정적인 형제자매의 상호작용을 보았을 때 "그게 바로 협력이야." 또는 "나는 진정한 협력을 보고 있어." 또는 "너희들이 잘 지내서 너무 좋구나."라고 말로 인정하도록 부모에게 지도한다.

10. 공감, 포용과 감사 등을 강조하는 가족의 가치를 설명하고 우선시하며

23. 가족의 가치를 전부 적고, 다른 사람에 대한 포용, 공감과 감사에 대한 가치를

시행한다. (23, 24)

11. 상호지원과 격려를 위해 가족계획을 개발한다. (25, 26)

12. 자기 신뢰, 조직화, 자신감을 가질 수 있도록 관심 끌기 자녀를 격려하는 전략을 시도한다. (27, 28, 29)

우선순위에 두고 가족 사명서를 작성하도록 돕는다.

24. 가족협력, 포용, 감사의 가치를 강조하는 이야기와 가족을 위한 TV 프로그램과 영화를 고르도록 부모를 교육한다. 그리고 각각의 상황에서 가족 사랑과 지지의 방법이 어떻게 나타났는지에 대해 가족 토론을 하도록 격려한다.

25. 각각의 가족 구성원이 다른 가족 구성원에게 도움이 될 수 있는 개인적 일이나 의무를 기록하게 한다(또는 Knapp의 *Parenting Skills Homework Planner*에 나오는 '가족의 일에 도움이 되는 목록' 활동을 한다).

26. 가족 구성원에게 도와준 것에 대한 고마움이나 개인적인 도전을 노트에 기록하게 하고 이 과정에서 관심 끌기 자녀가 협력하게 한다.

27. 부모에게 '~처럼 행동하라'라는 말을 사용해서 실패의 두려움에도 노력할 수 있게 관심 끌기 자녀를 격려하도록 요청한다(예 : "저 나무를 그리는 법을 너는 알고 있는 것처럼 행동해라.", "너는 줄넘기를 할 수 있는 것처럼 해라.", "전에 이런 것을 해봤던 것처럼 놀아라.", 케이크 굽기를 시도할 때 "그것을 만들 때까지 만들 수 있는 척해라.")(Moorman의 *Parent Talk: Words That Empower, Words that Wound* 참조).

28. 관심 끌기 자녀가 미래에 긍정적인 노력을 할 수 있도록 '하지 마'보다 '다음번

에는'이라는 말로 대신하도록 요청한다 (예 : "다음에 너의 침대를 정리할 때, 시트가 평평하고 매끈한지 확인해라." 대 "시트가 엉망으로 구겨져 있을 때 담요를 올려 놓지 마라.")(Moorman의 *Parent Talk: Words That Empower, Words that Wound* 참조).

29. 관심 끌기 자녀에게 나이에 맞는 집안일과 책임을 주고 일이 만족스럽게 되지 않았을 때는 책임을 지도록 하고 일을 완수했을 때는 긍정적인 언어를 사용하도록 부모를 격려한다.

30. 관심 끌기 자녀에게 중요한 타인의 목록을 작성하고 지지해주는 정도를 평가하도록 요청한다(또는 Knapp의 *Parenting Skills Homework Planner*에 나오는 '내 사랑과 신뢰 지지 네트워크'에 대한 과제를 부여한다).

13. 관심 끌기 자녀, 형제자매, 부모는 서로에게 사랑과 관심을 전달하는 중요한 타인임을 인식한다. (30, 31)

31. 가족 구성원들이 무조건적인 사랑에 대한 정의를 내리고(예 : 개인의 특성, 태도, 성과에 상관없이 완전하고 일관된 사랑) 그들에게 사랑을 주는 중요한 타인의 목록을 작성하도록 도와준다.

32. 진행된 기록과 가족의 상담 워크시트지를 포함한 가족저널을 만들도록 가족을 교육시키고, 이 과정을 관심 끌기 자녀가 돕도록 한다.

14. 긍정적인 관심 끌기 행동에 관련된 모든 가족 구성원의 진행과정이 지속적으로 기록되도록 한다. (32, 33)

33. 주말 동안 긍정적인 관심 끌기 상호작용 수와 부정적인 관심 끌기 상호작용을 비교한 기록 차트를 개발하도록 부모를 돕는다. 그리고 긍정적인 상호작용이 부정

15. 모든 가족 구성원을 위해 긍정적인 관심 끌기 행동을 모델화한다. (34)

16. 현재 모든 가족 구성원이 즐길 수 있는 폭넓은 활동을 한다. (35, 36)

17. 목표달성과 긍정적인 가족 상호작용의 추가 선택사항을 연구한다. (37, 38)

―. _____
_____

―. _____
_____

―. _____
_____

적인 것을 초과했을 때 매주 보상을 해준다.

34. 부모에게 가족 상호작용을 살펴보게 하고 자녀에게 긍정적인 모델이 될 수 있는 행동과 부정적인 행동을 확인하도록 요청한다. 사례에서 없앨 수 있는 1~2개의 부정적인 행동을 정할 수 있도록 한다.

35. 모든 가족 구성원이 참여하고 즐거웠던 최근 활동을 가족과 함께 브레인스토밍을 한다.

36. 가족저널에 긍정적인 가족 상호작용의 사진을 붙이도록 관심 끌기 자녀를 교육한다.

37. 주요 가족 프로젝트에 대해 계획을 하거나 양질의 시간을 경험할 수 있도록 가족 구성원을 교육한다(예 : 가족 휴가, 가정 프로젝트 완성, 또는 친척들의 방문). 특정 활동을 선택하고 특정 작업을 각 가족 구성원에게 할당하거나 성공적인 완성을 보장하도록 책임을 부여한다.

38. 매달 한 가족 구성원에게 가족저널에 짧은 글을 쓰거나 그림을 그리는 것으로 공감, 통합, 서로 감사하는 목표를 달성했는지 가족의 진행과정을 평가할 수 있도록 한다.

―. _____
_____

―. _____
_____

―. _____
_____

진단 제안

ICD-9-CM	ICD-10-CM	DSM-5 장애, 상태 또는 문제
312.9	F91.9	명시되지 않는 파괴적, 충동조절 및 품행 장애
312.89	F91.8	달리 명시된 파괴적, 충동조절 및 품행 장애
313.81	F91.3	적대적 반항장애
314.01	F90.2	주의력결핍 과잉행동장애, 복합형
309.21	F93.0	분리불안장애
V61.20	Z62.820	부모-아동 관계 문제
————	————	———————————————
————	————	———————————————

혼합가족

행동 정의

1. 핵가족의 이별로 슬픔, 비애, 죄책감, 두려움 및 혼란의 감정을 가지고 있다.
2. 혼합가족 단위가 만들어짐으로써 모든 가족 구성원의 역할과 책임이 상당히 애매하고 어색하게 변화하였다.
3. 자기 자녀와 상대 배우자의 자녀에 대한 접근법이 다르고 보육과 훈육에 대한 책임감이 다르다.
4. 이전 배우자와의 법적 · 정서적 및 재정적 다툼이 자발적인 응집체를 형성하는 가족의 능력에 영향을 미친다.
5. 양육권 및 방문권 합의는 가족의 활동을 방해하며 어느 쪽을 선택할지 망설이게 만든다.
6. 혼합가정에서 함께 생활하는 의붓 형제와의 부적절한 관계 또는 갈등이 있다.
7. 의붓 부모 및 의붓 자녀는 서로를 배우자 또는 친부모와의 편안한 관계의 장애물이나 경쟁자로 본다.

—. _____

_____

—. _____

_____

장기 목적

1. 혼합가정에서 효과적인 양육기술과 훈육을 개발하기 위해 결속하고 협력한다.

2. 다양한 느낌과 상충되는 감정을 변화에 대한 자연스러운 적응의 일부로서 받아들인다.

3. 가족의 역할, 규칙 및 책임을 명확히 정한다.

4. 자녀의 주된 관심사에 초점을 맞추면서 감정적·경제적 및 법적 문제를 해결하기 위해 노력한다.

5. 개인 시간과 에너지를 혼합가족에 투자하고 애정이 넘치고 지지하는 가족 구성원을 만들기 위해 헌신한다.

6. 혼합가족 내에서 가족의 화목과 긍정적인 관계를 이루기 위해서는 노력, 시간, 인내가 필요하다는 것을 인정한다.

—. _____

_____

—. _____

_____

단기 목표

1. 모든 가족 구성원이 가족회의에서 혼합가족의 형성에 대한 반응과 감정을 공유한다. (1, 2)

2. 혼합가정에 적응하는 것과 관련된 부정적인 감정을 극복하기 위한 전략 목록을 작성한다. (3, 4, 5)

치료적 개입

1. 혼합가족에 대한 개인적인 반응과 감정에 대해 배려 있는 열린 토론을 장려하는 가족회의를 매주 열도록 정한다.

2. 가족 또는 부부 상담 기간 동안 가족회의에서 논의된 문제를 검토하여, 해결된 문제는 축하하고 여전히 걱정되는 부분에는 조언을 제공한다.

3. 논쟁을 불러일으키는 문제를 효과적으로 극복하기 위한 전략을 제공한다(예 : 공감하며 듣기, 진정되면 문제에 대해 논하기, 가능한 해결책에 대해 브레인스토밍을 하기).

4. 각 가족 구성원이 부정적이거나 상처받은 감정을 극복하기 위해 사용되는 성공적인 전략에 대한 일지를 기록하도록 권한다(또는 Knapp의 *Parenting Skills Homework Planner*에 나오는 '상처받은 감정

3. 공감적 경청(empathetic listening)과 견해를 명확하게 진술하는 것을 비롯한 효과적 의사소통 기법을 수행한다. (6, 7)

4. 새로 형성된 혼합가족에 대한 현실적인 기대를 말로 표현한다. (8, 9)

5. 가족회의에서 가족의 역할과 책임을 타협하고 정의한다. (10, 11)

치유' 활동을 완성하도록 가족에게 권한다).

5. 불가피하게 발생하게 될 논쟁과 이견에 대해 기본 원칙을 정함으로써 가족을 돕는다(예 : 상대방의 관점에 대해 귀 기울이기, 현재 문제에 대해서만 이야기하기, 욕설은 피하기).

6. 상대방을 비난하는 개별적 감정보다는 어떤 상황에 대해 개인적 감정 및 반응을 표현하는 '나' 전달법 형식을 사용하여 각자의 견해를 명확히 말하도록(예 : "나는 네가 ~할 때 ~느끼는데 왜냐하면 ~.") 각 가족 구성원을 가르친다(Gordon의 **부모 역할 훈련** 참조).

7. 적극적인 경청의 기법(예 : 공감 및 이해하며 듣기)과 가족회의를 하면서 그것을 사용하는 방법에 대한 역할극을 제시한다.

8. 혼합가족에 대한 일반적인 사회 통념에 대해 논의하고(예 : 새로운 가족은 빨리 적응할 것임, 혼합가족은 첫 번째 가족과 같을 것임, 의붓 부모는 바로 받아들여질 것임) 가족이 보다 현실적인 기대를 설정하도록 돕는다.

9. 비현실적인 기대를 피하기 위해 세부적이고 달성 가능한 단기 목표를 설정하도록 가족을 돕는다(예 : 일주일에 세 번 함께 저녁 식사하기, 일주일에 한 번씩 1시간 동안 가족회의 하기).

10. 매주 가족회의에서 혼합가족의 효과적 기능에 필요한 일과 책임에 대해 모두 나열한 후 할당되는 각 부분에 대한 개

인의 책임을 알려주도록 지시한다.

11. 각 가족 구성원에 맞는 역할을 기술함으로써 가족의 역할을 정의할 수 있도록 한다(또는 Knapp의 *Parenting Skills Homework Planner*에 있는 '우리 혼합가족의 고유한 역할' 활동을 한다).

6. 모든 가족 구성원의 의견을 수렴하여 가족의 규칙과 절차를 확인하고 정한다. (12, 13)

12. 효율적인 가족 기능에 필수인 기본 절차를 수립하도록 하고(예 : 아침 일상, 가족 식사, 세탁) 그러한 절차가 일상적으로 될 때까지 실행하는 데 시간을 들일 수 있도록 장려한다.

13. 브레인스토밍 과정을 활용해 조화로운 공존에 필요한 모든 규정을 확인하여 가정 규칙(예 : 야간 통금, 식탁 예절, 숙제, 복장 규정)을 만들고, 의견을 모아 일반적인 제한사항을 최대한 적게 하고, 각 규칙을 긍정적인 형식으로 기재하며, 최종 규칙 목록에 대한 합의를 얻고, 그 규칙을 가족회의에서만 변경할 수 있도록 하는 데 도움을 준다.

7. 양육권, 방문권 및 가족에게 영향을 미치는 다른 법적 문제를 해결한다. (14, 15)

14. 부모와 양부모가 자녀의 정서적 안정에 도움이 될 수 있는 보호(양육) 및 방문(면접) 계획을 함께 세울 수 있도록 장려한다.

15. 갈등 및 적의의 정도를 줄이고 협동심을 증가시키기 위해 이전 배우자 간의 논쟁과 차이를 조정하는 데 합의한다.

8. 가족에게 영향을 미치는 결정을 할 때 자녀의 행복을 최우선으로 하는 데 동의한다. (16, 17)

16. 어른들이 안전에 대해 자녀를 안심시키고 자녀가 변화에 대한 두려움, 감정 및 반응에 대한 인식과 공감을 표현할 수 있도록 장려한다.

9. 자녀 관리 문제에 있어서 서로 지원하고 자녀 및 이전 배우자에 대한 저항, 속임수, 경쟁심을 없앤다. (18, 19, 20)

10. 혼합가족의 상황에서 자녀 관리의 영역에 대한 정보와 전문적 안내를 찾아본다. (21, 22)

11. 혼합가족의 모든 자녀에게 협력적인 훈육을 위한 전략에 대해 협의하고 합의한다. (23, 24, 25)

17. 양육권, 방문권 또는 영향을 받는 모든 가족 구성원과 관련된 변경사항에 대해서는 부모가 즉각적인 계획을 공유하도록 요청한다.

18. 부모가 통제된 선택을 할 수 있도록 제한하고(예 : "토요일이나 일요일 중에 언제 네 방을 청소할 거니?") 책임 있는 행동에 따른 특권을 주어 수반성 관리를 할 수 있도록 함으로써(예 : "숙제가 끝나면 바로 TV를 볼 수 있어.") 혼합가족의 힘겨루기를 피하도록 권고한다.

19. 부모에게 자녀의 긍정적인 행동을 강화하고, 공평하고 논리적인 방식으로 모든 자녀에게 원칙을 적용하며 자녀나 이전 배우자에 대해 마음대로 조정하지 않는 것에 대한 중요성을 가르친다.

20. 부모가 과잉보호를 하지 않게 돕고, 문제가 있는 사람이 누구인지를 판단하고 혼자서 또는 필요한 경우 안내를 받아 문제를 해결하여 독립적인 역할을 수행하게 장려할 수 있도록 돕는다.

21. 부모에게 자녀 관리 양육 수업을 참고하도록 한다(예 : Fay, Cline, Fay의 **사랑과 논리를 가진 부모 되기**).

22. 다양한 가족 구성원이 혼합가족의 형성에 대해 어떻게 반응하는지를 이해하기 위해 *Living in Step*(Roosevelt, Lofas)을 읽도록 한다.

23. 부모가 문제를 개인적으로 논의하고 개별 관점을 공유하고 해결책을 브레인스토밍하며 양측 모두가 만족하는 접근법

을 결정하여 특정 훈육 문제에 대해 상호 만족스러운 접근법에 도달하도록 가르친다.

24. 부모가 자녀에게 보다 적절한 행동을 가르치고 부정적 행동에 너무 가혹한 조치를 취하지 않기 위해 설계된 논리적 결과를 사용하도록 한다. 부모와 자녀가 적절한 개입에 대해 논의하고 이에 합의하려면 결과가 약간 지연될 수도 있음을 설명한다.

25. 자연스러운 결과(예 : 점심 식사를 거부하면 저녁 식사 전에 배고파짐)로 인해 자녀가 더욱 책임감을 배울 때 부모가 간섭을 삼가도록 장려한다.

12. 자녀 행동에 대한 모든 문제사항을 다루기 위해서 긍정적인 훈육기법을 활용한다. (26, 27, 28)

26. 부모가 자녀의 긍정적인 행위를 인지할 때 자녀를 자주 독려하고 구체적인 칭찬을 하며, 자녀의 행동이 바뀔 필요가 있을 때 건설적인 피드백과 지도를 할 수 있도록 가르친다.

27. 부모가 가족의 근심거리에 대한 훈육 문제를 우선시하고, 즉시 모든 행동 문제를 한꺼번에 해결하려고 하기보다는 그러한 문제들을 하나씩 처리하도록 장려한다.

28. 혼합가정에서 살거나 살지 않는 자녀 모두의 생활과 활동에 기민하고 긴밀하게 계속 관련되도록 권고한다. 자녀의 행동을 주의 깊게 모니터링하는 것을 자녀가 언제나 고마워하지는 않을지라도, 부모와 의붓 부모의 기본적인 책임이라는 것을 설명한다.

13. 의붓 형제 간의 긍정적이고 적절한 관계를 장려한다. (29, 30)

14. 의붓 형제는 서로에 대한 애정이 생기고 서로 유대감을 만들 수 있는 활동에 참여한다. (31, 32)

15. 혼합가족 구성원 간 사생활 및 성적 금기사항에 대한 경계를 명확히 한다. (33, 34)

16. 전체 가족과의 상호작용 및 가족 개별 구성원과의 일대일 상호작용과 관련된 활동에 참여한다. (35)

17. 모든 가족 구성원과의 긍정적이고 지원적인 상호작용을 모델링한다. (36, 37)

29. 가족 게임을 하고 상호작용에 참여하려는 시도를 인식하며 식사나 가족 모임을 하는 동안 토론을 장려하여 형제와 의붓 형제 간 긍정적 상호작용을 증진시키도록 부부를 지도한다.

30. 의붓 형제가 새로 형성된 가족에 적응할 시간을 갖기 전에 그들에게 끊임없이 대화하며 상호작용하라고 압력을 가하지 않도록 주의한다.

31. 의붓 형제가 가족 상호작용을 위해 적절한 활동을 브레인스토밍하고 하나 이상의 활동을 선택하여 다음 가족회의나 상담 기간에 그 과정에 대해 보고하도록 지도한다.

32. 의붓 형제가 애정을 표현하는 개인적 방식과 부모 그리고/또는 의붓 부모를 돌보는 것에 대한 계획을 세우도록 돕는다 (예 : 요리하기, 어린 형제자매 돌보기).

33. 모든 형제자매가 사생활을 갖고 개인 소유물을 위한 장소를 확보할 수 있게 부모가 적절한 수면 및 활동의 중심을 정하도록 조언한다.

34. 모든 가족 구성원의 의견을 주고받을 수 있는 가족회의에서 형제자매로서의 적절한 행동을 논의하고 존중한다.

35. 가족이 각 가족회의에서 매주 가족 소풍에 대한 계획을 세우고, 소풍 준비를 할 때는 모든 가족 구성원의 참여를 요청하도록 장려한다.

36. 부모는 자녀가 있을 때 노골적으로 드러내는 애정적이거나 성적인 관계가 자녀

에게 미치는 부정적인 영향에 대해 서로 논의하고(예 : 질투, 당황, 충성심의 충돌), 이러한 행동에 대해 형제자매의 예민함을 존중하도록 장려한다.

37. 부모가 서로에 대해 그리고 자녀에 대해 존중하는 것에 대한 중요성을 강조한다. 민감하거나 스트레스가 많은 환경에 있는 동안 적절한 상호작용을 하는 역할극을 한다(예 : 의붓 자녀의 협동 거절).

18. 혼합가족의 모든 구성원에 대한 긍정적인 감정의 발전에 대한 진행 상황을 표현하고 기록한다. (38, 39)

38. 가족 구성원 각자에게 개인 일지에 혼합가족 내 밀접한 긍정적 관계를 개발하는 것의 이점을 나열하도록 요청하고 가족 상호작용을 향상시키는 방법을 확인한다.

39. 가족 구성원 각자에게 혼합가족 형성 전, 현재, 그리고 향후 5년 후의 가족에 대해 기술해보도록 한다. 가족회의나 상담 기간 동안 이러한 기술을 공유한다.

—. _____
_____
—. _____
_____
—. _____
_____

—. _____
_____
—. _____
_____
—. _____
_____

진단 제안

ICD-9-CM	ICD-10-CM	DSM-5 장애, 상태 또는 문제
309.0	F43.21	적응장애, 우울 기분 동반
309.3	F43.24	적응장애, 품행장애 동반
309.24	F43.22	적응장애, 불안 동반
_____	_____	_____
_____	_____	_____

유대감/애착 문제

행동 정의

1. 가족 중에 한 사람 또는 그 이상의 자녀가 학대, 방임, 질병, 분리 또는 입양으로 인해 그들의 주 양육자와 초기의 유대과정이 방해를 받는다.

2. 가족 구조 내에서 애착이 형성되지 않은 자녀의 분노, 불신, 부적절한 기능의 심각한 특성에 대처하기 위한 전략과 양육기술이 부족하다.

3. 가족에게 애착이 형성되지 않은 자녀의 위험한 행동 때문에 너무 충격적이고 거듭되는 위험이 지속되고 있다.

4. 절망과 좌절을 초래하는 가족 상황 붕괴에 대처하는 능력이 의심된다.

5. 애착이 형성되지 않은 자녀에 대해 부당한 분노와 좌절감을 느낀다.

6. 효과적이고 일관된 자녀 관리 전략의 부족은 부모의 불만, 갈등, 삼각관계, 별거 그리고/혹은 이혼으로 이어진다.

7. 애착이 형성되지 않은 자녀에게 학대받은 형제자매는 두려움이나 불안한 반응을 보이고, 그들의 위협적인 형제자매로부터 거리를 둔다.

—. _____

_____

—. _____

_____

장기 목적

1. 초기 애착과 유대의 부족으로 인한 훈육 문제를 관리할 수 있는 능력에 대한 자신감과 전문지식 및 효율성 등을 얻는다.
2. 애착이 형성되지 않은 자녀가 가족 단위 안에서 적절하게 기능할 수 있도록 돕고 애정, 양육, 한계를 설정하는 잘 구조화된 훈육을 결합한다.
3. 애착장애를 치료하고 다루기 위해 근본적인 원인과 방법을 이해한다.
4. 분열을 초래하는 영향을 제거하고 가족 구성원의 화합을 형성하기 위해 노력한다.
5. 형제들은 위협, 협박 및 학대 행동으로부터 스스로를 보호하면서 적절하게 관계를 형성하는 전략을 개발한다.

—. _____
_____
—. _____
_____

단기 목표

1. 아동기 애착장애에 대응하기 위한 건설적인 접근 방식과 애착장애의 역동성에 대한 정확한 이해를 말로 표현한다. (1, 2)

2. 애착이 형성되지 않은 자녀의 행동과 그것이 가족에 미치는 영향에 대해 기술한다. (3, 4)

치료적 개입

1. 부모에게 애착장애를 설명하는 문헌 또는 웹사이트를 제공하고 피해 가족에 대한 지원을 제공한다(예 : 에버그린 애착 센터—(303) 674-1910; Families by Design —(970) 984-2222, www.attachment.org.).

2. 부모가 애착장애 아동의 양육에 초점을 둔 책을 읽을 수 있도록 돕는다(예 : Thomas의 *When Love Is Not Enough* 또는 Schooler의 *The Whole Life Adoption Book*).

3. 부모의 관점에서 애착이 형성되지 않은 증상을 설명하는 표준행동 척도를 완성하도록 부모에게 과제를 부여한다[예 : Achenbach의 아동행동체크리스트, 또는 Randolph의 애착장애 질문지(RADQ)].

4. 애착이 형성되지 않은 자녀가 개인 혹은

3. 애착이 형성되지 않은 자녀의 문제 행동에 접근하기 위해 목표를 정의한다. (5, 6)

4. 문제 아동의 양육을 위한 전략을 가르쳐주는 부모교육 수업, 워크숍, 세미나에 참여한다. (7, 8)

5. 애착이 형성되지 않은 자녀의 파괴적 행동, 문제 행동에 대한 횟수를 줄이기 위해 가정 환경을 체계화한다. (9, 10, 11, 12)

전체로서의 가족 기능에 어떤 영향을 주는지 행동적 용어를 설명하도록 요청한다.

5. 가족 구성원이 성공적인 가족 기능을 위한 단기, 중기, 장기 목표를 정의하도록 돕는다. 명백하고 성취 가능한 기대를 설정한다.

6. 애착이 형성되지 않은 자녀에 대해 초기 및 중기 목표 목록을 작성하도록 부모에게 과제를 준다(또는 Knapp의 *Parenting Skills Homework Planner*에 나오는 '책임감 있는 행동을 위한 단계' 과제를 부여한다).

7. 자녀에게 활용하기 위해 긍정적인 훈육의 기초 기술을 습득할 수 있도록 양육교실에 부모를 연결해준다(예 : Dinkmeyer와 McKay의 **효과적인 양육을 위한 체계적 훈련**).

8. 부모가 부모교육, 세미나, 추천도서나 테이프에서 배운 긍정적인 훈육에 대한 양육기술을 시작할 수 있도록 돕는다(예 : Barkley의 *Your Defiant Child : Eight Steps to Better Behavior*).

9. 부모가 애착이 형성되지 않은 자녀의 분열적이고 파괴적인 행동을 줄이기 위해 가정 환경 계획을 체계화하는 것을 돕는다(예 : 침실, 음식, 장난감 캐비닛 잠그기, 안전하고 좁은 공간의 타임아웃 장소 만들기).

10. 가정을 위해 건강한 음식을 사도록 하며, 자녀의 건강한 식습관 모델이 되도록 권장한다.

11. 부모에게 음식이 허용되거나 그렇지 않은 영역을 정하기 위해 조언하고, 식사는 지정된 장소에서 하도록 한다.

12. 자녀와 눈 맞추기, 경청 연습에 참여, 확고한 지시 사용, 정중하고 정확한 반응 등을 유지함으로써 '말하기 패턴을 통한 존중을 확립'하도록 부모를 지도한다(Thomas의 *When Love Is Not Enough* 참조).

6. 분명한 경계를 설정하고, 집안의 규칙을 수립하며 책임 있는 행동을 촉진하는 훈육 시스템을 구축한다. (13, 14, 15, 16)

13. 자녀가 더 적절한 행동패턴을 배우도록 도와주기 위해 아동의 행동에 따른 결과를 어떻게 시행해야 하는지 부모에게 가르쳐준다(예 : 자녀가 해야 할 일을 하지 않을 때는 TV 시청 시간 줄이기, 잠자리에 드는 시간이 늦어지면 다음 날 저녁은 좀 더 일찍 자도록 하기).

14. 애착이 형성되지 않은 자녀가 적절한 행동을 할 때 반드시 받게 되는 보상 목록을 만들도록 한다(예 : TV 보기, 마당에서 놀기, 침실에 인형 가지고 가기).

15. 부모가 없애고 싶은 부정적인 행동(예 : "이 책을 나에게 던지지 마.")보다 원하는 특정 긍정적 행동(예 : "그 책을 나에게 건네줄래?")을 말하는 것을 교육한다.

16. 애착이 형성되지 않은 자녀의 조절을 위해서 아주 제한된 선택을 사용하도록 부모에게 조언한다(예 : 팝콘 또는 사과, 빨간셔츠 또는 파란셔츠, 엄마 손 잡기 또는 아빠 손 잡기). 애착이 형성되지 않은 자녀에게 제한되지 않은 선택은 혼란과 좌절을 준다는 것을 설명한다(예 : "넌 무엇을 먹고 싶니, 입고 싶니?").

7. 애착이 형성되지 않은 자녀의 저항과 거절에도 불구하고 사랑, 지지, 양육을 실천할 수 있는 계획을 마련한다. (17, 18, 19)

8. 형제자매는 애착이 형성되지 않은 자녀를 다루기 위한 제한설정 및 정해진 규칙을 시행한다. (20, 21)

9. 형제자매가 애착이 형성되지 않은 형제자매와의 긍정적인 관계를 언어로 표현한다. (22, 23)

17. 정해진 기간 동안 매일 애착을 촉진하는 활동(예 : 안락하고 편안한 시간, 상호작용을 요구하는 게임하기, 잠자기 전 기도)에 애착이 형성되지 않은 자녀가 참여할 수 있도록 부모를 격려한다.

18. 부모에게 애착과정을 촉진시키는 개인적인 접근 기술을 이해하기 위해서 Welch의 *Holding Time*을 읽도록 한다.

19. 부모의 아기 때 사진과 가족사진을 공유하고, 어린 시절의 이야기를 하고, 과거 의미 있는 사람들과 연결될 수 있도록 함으로써 애착이 형성되지 않은 자녀와 과거의 감정을 지속적으로 느끼도록 한다.

20. 형제자매에게 애착이 형성되지 않은 자녀에 대해 한계 설정하는 것을 가르친다(예 : 깨지지 않는 장난감만 나누기, 규칙이 깨졌을 땐 게임을 중단하기, 위협적인 행동이 시작되면 어른의 도움 구하기).

21. 애착이 형성되지 않은 자녀와 형제자매는 문제가 되는 상호작용에 대해 논의하고, 해결책을 브레인스토밍한다(예 : 시간 제한적인 상호작용, 화장실 사용 시간표 작성, 안전하고 허용된 영역에서 물건 가지고 있기).

22. 성공적인 결과를 이끌어내는 개입을 기록하고 애착이 형성되지 않은 형제자매와 상호작용하는 것을 가르친다.

23. 애착이 형성되지 않은 자녀와 형제자매가 지속적으로 애착과 유대감을 유지하기 위한 활동 목록을 지정해준다(예 : 일대일 담소 나누기, 하이파이브, 매일 인

10. 애착이 형성되지 않은 자녀가 긍정적이거나 목표 행동을 하는 빈도를 점검한다. (24, 25)

11. 문제가 되는 가족 문제에서 벗어나 즐겁고 편안한 활동과 관심거리에 참여하도록 한다. (26, 27)

12. 가족, 친구, 전문가들의 이해를 바탕으로 지원과 휴식에 대한 네트워크를 구축한다. (28, 29, 30)

사하기).

24. 부모에게 한번에 많은 행동을 고치려고 하지 말 것을 경고하고, 1~2개의 부정적인 행동과 변화를 위해서 우선해야 하는 것을 확인하도록 지시한다.

25. 부모가 몇 가지 행동 영역에서 애착이 형성되지 않은 자녀에 의해 만들어진 상황을 모니터링할 수 있게 색 그래프를 작성할 수 있도록 돕는다(또는 Knapp의 *Parenting Skills Homework Planner*에 나오는 '행동과정 차트'를 부모가 완성하도록 돕는다).

26. 자신과 가족으로부터의 스트레스에서 벗어나고, 직장과 가정의 의무에서 벗어나 개인의 관심사와 취미를 추구하도록 부모를 격려한다.

27. 주말마다 자녀에게서 벗어나 최소 한 가지의 사회활동에 부모(부부)가 참여하도록 과제를 부여한다.

28. 애착이 형성되지 않은 자녀로부터 한숨 돌리기 위해서 개인, 가족 자원(예 : 친구, 가족, 교회 지인)을 나열하도록 부모에게 가르친다.

29. 애착이 형성되지 않은 자녀를 다루고, 한숨 돌리기 위한 기본적인 욕구를 다루기 위해 추천된 구체적인 전략을 부모의 지원 집단에게 교육하도록 격려한다.

30. 애착이 형성되지 않은 자녀로부터 한숨 돌리기 위해 부모가 사회적 자원을 활용하는 것을 돕는다(예 : 사회 서비스, 지원 집단, 지역사회 정신건강 기관, 헤드

스타트, 유치원 프로그램, 특수교육 프로그램).

13. 모든 가족이 문제를 해결하기 위해 함께 노력하는 것에 동의한다. (31, 32)

31. 애착이 형성되지 않은 자녀를 대할 때 일관성에 대한 중요성을 부모에게 조언한다. 상담 회기 동안 개인적으로 불일치하는 모든 영역에 대해 논의하도록 격려한다. 문제를 말하기 전에 서로 받아들일 만한 계획을 수립한다.

32. 애착이 형성되지 않은 자녀가 환경을 조절하고 구분할 수 있게 다각화를 사용할 수 있도록 부모에게 지도한다(예 : 거짓말을 하는 것, "아니요"라고 말한 후 다른 부모로부터 허락 요청, 학교 또는 형제자매와 친척 및 부모 사이의 갈등을 유발).

14. 애착이 형성되지 않은 가족 구성원과 살면서 발생하는 스트레스에 대처하기 위한 계획을 시행한다. (33, 34, 35)

33. 애착이 형성되지 않은 자녀가 살아가면서 거듭되는 충격과 스트레스를 다스리는 동안 부모에게 개인과 가족을 위한 상담을 지속할 수 있도록 한다.

34. 스트레스를 줄이기 위해 하나 또는 그 이상의 효과적인 전략에 부모가 참여하도록 한다(예 : 일지, 주장 훈련, 유머 사용, 개인 또는 상호 확인해주기).

35. 상처를 받고 있는 시기에 지도와 지원을 제공하는 신앙을 선택하도록 부모를 지도한다(예 : 믿음에 기초한 예배에 참석, 신앙서적 읽기, 기도, 치유의식, 조용한 명상).

15. 가족의 발전과 애착장애에 대한 상처 극복의 성공을 축하한다. (36, 37, 38)

36. 부모는 애착이 형성되지 않은 자녀의 발전을 민감하게 인식하고, 그것을 가족 저널에 기록하도록 지도한다.

37. 애착이 형성되지 않은 자녀의 긍정적인 행동에 대한 과민반응은 퇴행을 초래할 수 있다고 부모에게 주의를 준다. 억제된 지지를 통해 긍정적 행동을 인식하도록 하고, 그들 스스로 발전을 진심으로 축하하도록 한다.

38. 애착이 형성되지 않은 자녀와 형제자매가 가족저널에 사진, 그림 또는 글을 통해 행동 또는 관계의 발전을 인식하도록 한다.

__. _____
_____
__. _____
_____
__. _____

__. _____
_____
__. _____
_____
_____

진단 제안

ICD-9-CM	ICD-10-CM	DSM-5 장애, 상태 또는 문제
319.89	F94.1	반응성 애착장애
314.01	F90.9	명시되지 않는 주의력결핍 과잉행동장애
314.01	F90.8	달리 명시된 주의력결핍 과잉행동장애
296.xx	F32.x	주요우울장애, 단일 삽화
296.xx	F33.x	주요우울장애, 재발성 삽화
309.81	F43.10	외상후 스트레스장애
313.81	F91.3	적대적 반항성장애
_____	_____	_____
_____	_____	_____

진로 준비

행동 정의

1. 다양한 직업의 진로가 있다는 것과 자녀가 미래의 직업에 대해 선택할 수 있다는 인식이 부족하다.

2. 자녀가 선택한 직업에 대해 과소평가하거나 구체적인 직업으로 너무 강하게 밀어붙이는 경향이 있다.

3. 학문적 우수성을 강조하는 것과 자녀의 미래 직업 목표를 가지고 있는 학교 교과과정의 연결을 실패했다.

4. 일에 대한 부정적인 태도 및 좋지 않은 직업윤리 모델과 바람직하지 않은 개인의 근무 습관을 보여준다.

5. 성, 사회경제적 지위와 인종으로 인해 일과 고용의 기회가 제한된다고 본다.

6. 어린 시절의 가족 환경에서 읽고 쓰는 능력, 의사소통, 사회적 기술을 지속적으로 강조하는 것이 부족했다.

7. 업무와 관련된 기술에 대한 관심 또는 능력이 부족하다(예 : 컴퓨터, 인터넷, 원격교육, 교육방송).

8. 자녀의 대학 진학에 관한 필수적인 계획을 세우는 것과/또는 대학원 졸업과 학교에서 일로 이어지는 것을 돕는 것에 실패했다.

장기 목적

1. 각 자녀가 가지고 있는 흥미, 기술, 능력 그리고 미래의 직업과 생활 방식과 관련하여 할 수 있는 경험에 적극적으로 참여한다.
2. 자녀의 교육 또는 훈련의 전제 조건과 자녀에게 도움이 될 수 있는 다양한 진로 경로에 대한 인식을 말로 표현한다.
3. 성, 지위, 인종적 역할에 대한 고정관념의 한계를 벗어나 목표를 넓힐 수 있는 직업의 기회에 자녀를 노출시킨다.
4. 일, 학교, 지역사회에서 후원하는 진로인식 프로그램에 가족이 참석한다.
5. 경력을 기반으로 한 기술을 사용하는 것에 가족 구성원이 참여한다.
6. 고등학교 이후의 기회, 경력 중심의 훈련(예 : 대학, 일-학업 프로그램, 군대, 인턴십)에 대해 자녀에게 적극적으로 홍보하고 설명한다.

—. _____
   _____
—. _____
   _____

단기 목표

1. 정기적으로 지역사회, 국가, 세계에서 할 수 있는 전문직과 새로운 직업에 초점을 맞춰 가족회의를 한다. (1, 2, 3)

치료적 개입

1. 부모는 자녀와 함께 부모 또는 다른 어른들이 일하는 것에 대한 다양한 이유에 대해 브레인스토밍을 할 수 있게 질문하고, 자녀들이 다양한 곳에서 일하고 있는 가족 구성원과 그들의 생각을 토론할 수 있게 한다.
2. 부모는 TV, 책, 잡지, 신문에서 찾은 다양한 직업의 기회에 대한 사례를 가지고 토론함으로써 자녀의 직업의식을 끌어올릴 수 있도록 한다.
3. 부모가 직업상의 가족 역사를 만들어갈 수 있도록 자녀에게 도움을 요청하도록 지도한다(또는 Knapp의 *Parenting Skills Homework Planner*에 나오는 '가족 경력

2. 토론과 모델링을 통해서 부모의 직업에 대한 긍정적인 경험에 자녀가 참여하도록 한다. (4, 5, 6)

3. 정규적으로 학교에 가고 지속적으로 공부를 하고 사회적 기술을 발달시키며 학교생활에서나 방과 후에 하는 활동이 미래의 직업적 성공과 연결된다는 것에 대해 말한다. (7, 8, 9)

4. 적성을 나열해보고, 자녀의 흥미를 검사해보며, 자녀와 함께 그 결과를

나무' 활동을 완성한다).

4. 부모가 주요한 교사 및 직업 롤모델의 위치에 있다는 것을 조언하고 개인적인 이야기와 미래의 직업을 결정하는 것에 대한 자녀의 지식과 태도를 긍정적으로 형성할 수 있는 경험을 하도록 한다.

5. 부모에게 '자녀를 일하는 곳에 데려가는 날'이나 직업체험 기회에 참여하게 하고, 자녀가 부모를 따라서 새로운 물건을 만들거나, 유니폼을 입거나, 실제 작업과정에 참여하는 경험을 할 수 있도록 적극적으로 격려한다.

6. 부모는 실제 혹은 가상의 부모-자녀 현장학습을 통해 지역사회, 국가, 세계적인 직업을 경험하게 한다.

7. 일하는 곳에서 교육과정이 어떻게 구체화되는가에 따라 자녀의 직업 선택에 있어서 학업 성취뿐 아니라 미래의 성공과도 결정적인 관련이 있다는 것을 부모에게 강조하도록 한다(예 : 수학은 돈 관리, 읽기는 안내서 이해, 쓰기는 의사소통과 관련된다).

8. 부모의 진로에서 교육이 어떤 중요한 역할을 미쳤는지 자신의 경험을 강조하도록 한다.

9. 다른 사람과 협력적으로 일하기 위해 필요한 개인적인 자질에 대해 부모와 자녀가 브레인스토밍을 한다(예 : 존중하는 말하기와 듣기, 문제해결력, 신속함).

10. 부모에게 적성과 관련된 학교를 찾게 하고, 다양한 유형이 있는 흥미 검사를 통

의논한다. (10, 11)

하여 그 결과가 자녀의 미래 직업 결정과 어떻게 관련되어 있는지 토론하도록 한다.

11. 부모와 자녀가 함께 직업 정보를 제공해 줄 수 있는 웹사이트를 검색하도록 한다 (예 : 교육 세계 : 가르침 관련 좋은 사이트 미래 준비하기—http://www.education-world.com/a_sites/sites076.shtml).

5. 자녀와 함께 미래 삶의 목표와 기대를 세운다. (12, 13)

12. 부모에게 중요한 인구통계학적이거나 개인적인 자료(예 : 유아기의 정보, 건강기록, 학교정보)에 대하여 자세하게 기록하는 저널이나 포트폴리오를 만들게 하고 자녀가 이것에 적극적으로 참여해서 지속할 수 있게 한다.

13. 부모가 자녀에게 미래의 목표 목록을 계속 만들고 있는지, 자녀가 직업저널이나 포트폴리오를 만들 열망을 가지고 있는지 질문하게 한다.

6. 규칙적으로 각 자녀의 특별한 관심과 능력을 확인한다. (14, 15, 16)

14. 부모에게 각 자녀의 개인적인 흥미나 능력에 초점을 둘 수 있도록 격려하게 하고, 형제자매 및 동료와의 경쟁을 방지하기 위해서 경쟁자들보다 뛰어난 자녀 개인의 최선의 성공을 강조하게 한다.

15. 부모에게 자녀가 특별한 흥미나 능력을 발휘할 수 있도록 정식 교육과정 이외의 활동을 최소 1개는 할 수 있도록 지지하고 촉진할 수 있게 한다.

16. 부모가 자녀의 특별한 흥미와 능력, 감정에 대한 논의를 통해 자기 인식의 발달을 도울 수 있게 하거나 인터넷 검색을 통해서 자녀의 개인적인 특성, 가치

그리고 미래에 개별적인 선택에 대한 영향에 대해 평가할 수 있도록 한다.

7. 모니터링하는 동안 학교와 정규적인 접촉을 유지하고 자녀의 학문적 발전을 강화한다. (17, 18)

17. 부모가 자녀의 학교에서의 태도, 시간 엄수, 학업적 성취를 모니터링하고 이러한 영역에서 성취한 것과 발전을 알아보며 필요할 때 지도, 격려, 훈련을 제공하도록 한다.

18. 부모가 중간 보고, 성적표, 회의에서의 조언, 시험과 평가 결과를 즉시 자녀의 시각에서 논의하도록 하고 교육의 질에 대한 가족의 관심을 강조할 수 있도록 한다.

8. 학교와 지역사회에서 이뤄지는 10대를 대상으로 하는 모든 연령대의 직업인식 프로그램 홍보에 참여한다. (19)

19. 부모가 자녀의 학교에서 진행되는 진로 인식 프로그램에 참여할 수 있도록 직업 관련 현장학습에 자원봉사자로 참여하거나 진로의식의 날을 발전시킬 수 있도록 한다.

9. 각 자녀에게 집에서 연령에 맞는 일과 집안일을 하게 함으로써 책임감 있는 행동을 격려한다. (20, 21)

20. 자녀에게 집에서 부모가 가르친 연령에 맞는 과제와 집안일을 하게 함으로써 집에서의 책임감 있는 행동이 학교에서의 성공과 미래의 직업과 중요한 관련성이 있음을 강조한다.

21. 문제가 심각하지 않을 때 각 자녀에게 스스로 결정할 것을 요청하고 더 중요한 문제에 대해 부모가 제공한 제한 및 지침 내에서 결정하도록 요청함으로써 자녀에게 책임 있는 의사결정을 하도록 한다.

10. 인종적·문화적·사회경제적으로 다양한 학교, 교회, 지역사회 프로그램에 참여한다. (22, 23)

22. 부모는 자녀들이 지역사회의 다양한 사회, 문화, 인종 집단으로부터 후원받는 다문화적 행사에 참여해서 미래의 일자리에 대한 다양한 경험을 할 수 있게 준

11. 다양한 직업과 경력 목록을 작성하고 사회 전체에 그들의 특별한 기여를 강조한다. (24, 25, 26)

12. 토론과 관찰을 통하여 이미 특별한 성별·문화·사회경제적 집단으로 정해진 다양한 직업을 자녀가 경험하도록 격려한다. (27, 28)

13. 집, 학교, 지역사회에서 직업 기반

비하도록 격려한다.

23. 부모와 가족이 다양한 언어를 배워서 여러 언어를 사용하는 다양성에 자녀를 노출되게 한다.

24. 부모가 자녀의 흥미를 끌 만한 다양한 직업에 관한 가족직업저널에 관한 목록을 만들고 그 직업의 교육이나 훈련 전제 조건에 대해 정의하여 그들이 사회에 어떻게 기여하는지 보여주게 한다.

25. 부모에게 흥미와 기술이 비슷한 직업으로 짝지어주는 **직업흥미 게임**(Holland)을 자녀와 함께해볼 수 있게 한다.

26. 폭넓은 직업 영역의 진로차트를 보고 진로 경로에 대한 개념을 소개한다[예 : 미시간 직업정보 시스템(MOIS)의 *Career Pathways*나 **미주리 종합지도 모델**(Gysber)의 Occupational Cluster Packet]. 부모가 자녀와 함께 직업의 종류를 검토하고 흥미를 유발할 수 있도록 한다.

27. 부모는 자녀가 직업을 고려할 때 특별한 성별·문화·사회경제 집단(의사, 엔지니어, 파일럿, 간호사, 소방관)과 같은 편견과 직업적 차별을 줄이도록 한다.

28. 부모에게 자녀의 고정관념이나 규정된 성 역할이 자신들의 편견으로 바뀔 수 있음을 평가하도록 하고, 자녀가 가정에서의 과제, 활동, 흥미를 바탕으로 하는 견학, 성별보다 연령에 적합한 것에 참여하여 이러한 부정적인 형태의 유형이 생기지 않게 한다.

29. 부모가 현재 일과 관련된 지식(예 : 컴퓨

기술에 대해 읽고 토론하며 활용한
다. (29, 30, 31)

14. 직업으로 이행하기 위해 성공적인
학교생활에 대한 계획을 각 자녀와
함께 지속적으로 발전시켜야 한다.
(32, 33, 34)

15. 대학에 입학할 자녀가 적절한 대학
을 선택하도록 돕는다. (35, 36, 37)

터, 인터넷, 원격교육, 로봇공학)과 전문
지식을 자녀들과 나누도록 한다.

30. 기술적인 스킬, 사무용 기기나 다른 직
업 도구 사용법을 가르치는 회사나 대
학, 지역학교에서 제공하는 여름 프로그
램이나 방과 후 학교에 자녀들이 등록할
수 있도록 한다.

31. 부모에게 고등학생 자녀가 핵심 교육과
정에 등록하고 직업 준비로 기술 분야의
습득을 위한 선택과목을 추천하도록 한다.

32. 부모가 어린 연령의 자녀와 함께 직업에
대한 계획을 세우도록 격려한다(또는
Knapp의 *Parenting Skills Homework Plan-
ner*에 나오는 '학교에서의 직업 일기'를
작성하도록 한다).

33. 부모에게 자녀와 함께 실제로 직업 경험
을 위해 학점을 제공하는 경력 기반 기
관(CBI) 프로그램을 활용하여 탐색해보
도록 한다.

34. 대학에 진학하지 않는 고등학생 자녀를
둔 부모에게 무역, 기술, 의료기사, 또는
비즈니스 고용 집단에 들어갈 수 있게
직업/기술 교육과정에 대한 참여를 격려
할 수 있도록 한다.

35. 부모는 온라인 자원이나 원격교육시설
을 이용하거나 지역대학의 현장실습 선
수과목을 이수한 고등학생 자녀가 대학
학점을 받을 수 있도록 조언한다.

36. 대학에 입학할 자녀가 인터넷 도구(예 :
MOIS가 만든 *My Dream Explorer*)를 사
용하여 몇 개의 대학에 대하여 알아보거

나 구체적인 직업, 재정, 지리적인 요구와 관련된 훈련 프로그램에 대해 알아보는 것을 부모가 함께할 수 있도록 한다.

37. 대학 진로정보 안내서를 보고 직업 기준과 개인의 목표가 일치하는 대학을 선택할 수 있도록 부모는 대학에 입학할 자녀와 협력하도록 한다(예 : Fiske의 *The Fiske Guide to Colleges 2005*).

16. 확실한 직업을 계속 얻기 위해 평생 배움의 중요성과 삶의 질을 높이는 것에 대해 이야기하고 롤모델이 되게 한다. (38)

38. 부모가 자녀와 함께 지역사회나 학교에서 후원하는 미래의 직업과 직업의 세계에 대해 탐구하도록 하는 수업에 참여하게 한다. 어떻게 미래의 직업이 오늘의 직업과 달라질 수 있는지 토론하게 한다.

—. _____

—. _____

—. _____

—. _____

—. _____

—. _____

진단 제안

ICD-9-CM	ICD-10-CM	DSM-5 장애, 상태 또는 문제
309.0	F43.21	적응장애, 우울 기분 동반
309.24	F43.22	적응장애, 불안 동반
_____	_____	_____
_____	_____	_____

인성 발달

행동 정의

1. 가정에서 신뢰와 정직의 가치가 우선시되지 않으며 본보기가 되지 않는다.

2. 가족 구성원은 인간의 기본적인 권리(자격)에 대해 존중하지 않으며 기대하지도 않는다.

3. 개인적인 편견이 다양성에 대한 관용, 지역사회의 협력 그리고 정의와 평등의 원칙에 대한 지지를 뒤집는다.

4. 정직성의 원칙을 언어로 표현하고 행동으로 보여주는 것에 실패하며 자녀의 적절한 도덕성 발달에 결핍을 초래한다.

5. 부모의 부적절한 모습과 낮은 기대감은 자녀가 책임감 있는 태도를 발달시키는 데 실패하는 결과를 초래한다.

6. 자녀의 자기중심적인 태도와 행동은 타인에 대한 공감, 동정심, 배려에 대한 표현을 방해한다.

7. 자녀가 과업이나 목표를 달성하기 어려워졌을 때 포기하거나 요령을 피우는 경향이 있다.

8. 자녀가 부도덕하거나 부정직하거나 사회적으로 용인되지 않는 것으로 여겨지는 행동에 영향을 받거나 유혹에 넘어가기 쉽다.

9. 결과에 중요한 근거가 없으면 규칙은 자녀에 의해 왜곡되거나 깨진다.

—. _____

_____

장기 목적

1. 일상생활에서 정직성, 신뢰 그리고 도덕적 용기의 중요성을 언어로 표현한다.
2. 예의 바르고 관용적인 태도와 행위를 통하여 지속적으로 존중을 보여주고, 그러한 존중은 되돌아올 것이라는 점을 알려준다.
3. 각 가족 구성원이 일상적인 일을 처리하고 규칙을 지키며 스스로 절제할 수 있도록 함으로써 책임감을 가르친다.
4. 각 가족 구성원의 고유한 특성에 대한 감사를 표현하고 공정한 대우와 공평한 애정을 보이며 치료를 함으로써 자기 가치를 증진시킨다.
5. 이해심, 동정심, 공감, 무조건적인 사랑의 인성에 대한 본보기가 된다.
6. 가족, 지역사회, 국가에 대한 자부심을 행동으로 보여주고 사회적 규범과 관습에 대한 존중을 보여줌으로써 건강한 시민의식을 가르친다.

—. _____
   _____
—. _____
   _____

단기 목표

1. 가치를 말로 표현하고 기록하며 쉽게 참고할 수 있도록 가족코드를 붙여둔다. (1, 2)

2. 일상생활에서 정직성, 신뢰 그리고 도덕적 용기를 보여줄 수 있는 행동에 대한 사례를 정기적으로 인용한다. (3, 4, 5)

치료적 개입

1. 부모는 자녀와 함께 가족 가치(예 : 동정심, 배려, 정직, 신뢰, 관용)의 목록을 브레인스토밍하고 쉽게 참고할 수 있게 한다. 훈육할 때 궁금한 행동 목록을 참고하여 질문한다.

2. 부모에게 매주 정기적인 가족 모임을 통해 가족 가치에 대하여 논의하고 정하도록 조언한다. 그리고 지난주에 가족 구성원에 의해 이러한 가치가 어떻게 지켜졌는지 사례를 제시하도록 한다.

3. 부모는 자녀와 관련되어 정직성과 도덕적 용기의 가치를 반영하는 행동과 그렇지 않은 행동에 대해 대중매체, 학교, 교회, 직장, 지역사회의 사례를 활용하도

록 격려한다.

4. 부모가 자녀와 함께 가족 가치를 지지하는 이야기를 읽고 토론하도록 지도한다 (예 : Greer와 Kohl의 *A call to Character*).

5. 일상생활에서 인성에 대한 긍정적인 예시를 얻기 위해 부모가 자신의 윤리적 행동을 언어적으로 표현할 수 있도록 조언한다(예 : "늦을 것 같으면 미리 전화를 할 거야.", "차가 우리 앞에 끼어들 수 있게 양보할 거야. 왜냐하면 그 사람은 좌회전해야 하기 때문이지.").

3. 옳고 그름 또는 윤리적 · 비윤리적 측면에서 행동을 논의함으로써 아동의 연령에 적절한 도덕성 발달을 하게 한다. (6, 7)

6. 비윤리적인 행동을 하려고 할 때 거짓말, 속임수, 절도, 피해를 끼치는 행위와 관련된 사례를 인용하여 부모에게 도덕적 결정을 내리는 것의 중요성과 장기적 이점을 강조하도록 조언한다.

7. 부모에게 약속을 지키고 의무를 완수하고 시간을 지킴으로써 신뢰와 책임의 바람직한 본보기가 되도록 격려하고 이러한 행동을 자녀가 똑같이 따라 한다는 것을 강조한다.

4. 적극적 경청의 본보기를 보여주고 가르친다. (8, 9)

8. 경청하는 것과 사려 깊은 대화는 부모가 자녀에게 줄 수 있는 가장 큰 선물이라고 조언하고 서로 경청하고 자녀가 최우선이 될 수 있도록 매일의 행동을 재구성하기 위한 질문을 한다.

9. 부모가 적극적 경청의 절차를 사용하도록 가르친다(예 : Gordon의 *Teaching Children Self-Discipline*). 그리고 자녀의 일상에서 이러한 절차를 타인과 함께 사용할 수 있게 한다.

5. 부모-자녀 간에 상호존중이 이루어지지 않는 경우 부모에게 자녀를 존중하는 마음으로 대하도록 가르치고 훈육 방법과 지침을 제공한다. (10, 11, 12)

10. 애정과 동정심을 갖고 서로를 대함으로써 가정 내에서 배려와 존중을 확립하도록 부모를 격려한다. 애정을 바탕으로 한 관리된 훈육과 확고한 태도는 부모와 자녀 사이의 애착을 감소시키기보다는 강화한다는 것을 설명한다.

11. 부모가 자녀의 부적절한 행동에 대해서 분노, 죄책감, 수치심으로 대응하는 것과 동정심을 갖고 논리적인 훈육 방식으로 대응하는 것의 결정적인 차이에 대해 가르치고 자녀가 무례한 태도로 행동할 때 단호하게 대응하도록 지도한다(예 : "그건 무례한 행동이란다!"). 그리고 더 적절한 대응이 무엇인지 보여준다(예 : "깔보거나 인격모독적인 발언을 하지 말고 걱정스러운 마음을 설명해주렴.").

12. 부모는 자녀가 존중하는 언어와 목소리 톤으로 말할 때 듣고, 자녀가 하는 말이 수용되지 않는 표현일 때 이를 완전히 무시하여 자녀의 무례한 표현을 없애도록 가르친다.

6. 타인을 깔보거나 괴롭히는 행위에 대해서는 무시의 방침을 세운다. (13, 14)

13. 자녀가 존중하지 않는 경우 부모는 배려와 개인적 존엄성과 같은 강력한 가족가치를 언어적으로 표현하는 훈육 전략(예 : 타임아웃, 사과, 특권 상실, 피해 당사자에 대한 보상)을 실행함으로써 문제를 다룰 수 있도록 지도한다.

14. 부모가 '버그-위시(bug-wish)' 진술 방식을 사용하여 자녀에게 놀림과 괴롭힘에 대한 적극적 대응을 가르칠 수 있도록 조언한다(예 : "네가 나의 장난감을 가져

7. 각 가족 구성원에게 가사일과 책임을 나눈다. (15, 16)

8. 자기 조절의 경험과 긍정적인 인성 발달을 위한 예행연습을 함으로써 긍정적인 행동을 통하여 자녀에게 언어적으로 확신을 준다. (17, 18)

9. 자녀 스스로 의사결정을 내리고 그 결과를 책임지도록 함으로써 독립심을 고취시킨다. (19, 20, 21)

가는 것은 나를 괴롭게 해. 나는 네가 그만하기를 원해.").

15. 부모에게 가사분담 목록을 개발하도록 한다(또는 Knapp의 *Parenting Skills Homework Planner*에 나오는 '가사노동 분담'을 위한 활동을 배정한다).

16. 자녀의 책임감을 가르치기 위해 *Parenting with Love and Logic*(Cline, Fay)에 설명된 4단계 절차를 사용하여 가사일과 업무를 이용해 할당하도록 한다. (1) 아동의 연령에 적절한 과업을 제시한다. (2) 아동이 해내는 것을 기대한다. (3) 초래된 결과에 대해 허용하고 공감하도록 가르친다. (4) 같은 과업을 다시 한번 수행하도록 한다.

17. 자녀가 윤리적이고 도덕적인 인성을 모방하고 언어적으로 지각할 수 있도록 자녀의 행동을 지속적으로 관찰하도록 한다.

18. 부모는 자녀가 보여준 인정받을 만한 행동을 자주 이야기하고 그 행동과 가족의 핵심 가치 목록을 연결짓도록 한다(예 : "시간을 엄수하는 것은 가족 가치 중 하나이다.").

19. 문제해결 과정을 사용하여 자녀가 더욱 독립적이고 책임감 있는 문제해결사가 될 수 있도록 가르친다(예 : 공감을 갖고 경청한다. 만약 요청을 받은 경우 가능한 해결 방안을 함께 탐색하고 전략을 결정하며 결과를 논의하기 위해 나중에 만난다).

20. 부모는 자녀에게 일상생활에서 다양한

선택기술을 제공함으로써 자녀가 의사결정 능력과 책임감을 확립할 수 있도록 지도한다(예 : 저녁 식사 이전 또는 이후에 숙제를 마칠 것인지, 하키 팀 또는 풋볼 팀 중 어디에 가입할 것인지).

21. 자연스럽고 논리적인 결과는 자녀의 독립심과 인성 발달을 성장하게 하는 역할을 한다는 것을 가르친다(예 : 책임감 있는 의사결정, 문제에 대한 주인의식, 독립적인 행동).

22. 부모에게 뉴스 매체 또는 개인적 경험에서 우리 사회의 정의와 불평등을 반영한 사례를 제시하도록 조언하고 자녀와 함께 토론을 통해 의견을 도출하도록 한다.

23. 자녀가 가정, 학교, 교회 또는 이웃과의 경험에서 부딪히거나 궁금해할 수 있는 도덕적 딜레마에 대해 논의할 수 있는 자리를 마련하도록 한다.

10. 가족과 함께 대중매체에서의 사례, 지역사회 문제, 개인적 사례를 논의함으로써 정의와 공정성에 대한 주제를 탐구한다. (22, 23)

24. 각각의 자녀가 충분한 사랑, 관심, 물적 자원 및 훈육과 지침을 받을 수 있다는 것을 보장하기 위해 부모의 행동과 자녀와의 관계를 검토하도록 한다.

25. 부모와 자녀가 개인적 욕구와 요구사항을 기록하고 가족 내에서 충족할 수 있는 정도를 실현하도록 돕는다(또는 Knapp의 *Parenting Skills Homework Planner*에 나오는 '가족자원 나누기' 활동을 한다).

11. 돌봄에 있어서 공정한 태도로 사랑, 관심, 물적 자원, 훈육 및 지침을 제공하여 평등과 개성의 원칙을 장려한다. (24, 25)

26. 가족과 지역사회에 대한 자녀의 특별한 기여를 부모가 인식할 수 있도록 조언한다(예 : 지미는 독립적이고 묻지 않고도 많은 집안일을 한다, 대니얼은 감정을

12. 각 개인 고유의 특성이 가정과 나아가 지역사회에 기여할 수 있다는 것을 언어적 표현으로 지지한다. (26, 27)

이입하여 경청한다). 또한 자녀가 자신의 개발된 인성적 자산을 내면화할 수 있도록 돕는다.

27. 매주 가족회의에서 가족 나들이나 인정 등을 통해 각 가족 구성원의 인성과 관련된 성과(예 : 출석기록, 좋은 스포츠맨십 증서, 모범시민의식 수상)를 축하하도록 격려한다.

13. 가족 구성원의 도움을 받아 자녀의 필요한 일과 프로젝트를 돕도록 요청한다. (28, 29)

28. 각각의 가족 구성원이 다른 가족 구성원의 도움으로부터 혜택을 얻을 수 있는 몇 가지 개인적 작업 또는 해야 할 일을 나열하도록 요청한다(또는 Knapp의 *Parenting Skills Homework Planner*에서 '가족 일 지원 체크리스트' 활동을 한다).

29. 필요한 도움과 지지를 제공하는 활동에 자녀를 참가시킴으로써 가족 구성원과 친구들에 대한 배려와 도움을 촉진할 수 있도록 부모를 격려한다(예 : 삽질하기, 요리하기, 심부름하기).

14. 훈육할 때 사람이 아닌 문제에 초점을 맞춤으로써 공감과 동정심을 사용하여 행위자와 행동을 구별한다. (30, 31)

30. 부모는 자녀가 가족 구성원에게 사랑받고 보호받고 있다는 것을 확인하는 동시에 자녀의 인격에 대한 비판 없이 문제행동을 합리적으로 다루고 집중함으로써 훈육하도록 한다.

31. 공감, 동정심이 논리적 결과와 결합되었을 때(예 : "네가 우유를 쏟은 것은 안타깝지만 수건을 가져와서 치우도록 해라.") 화와 결합된 분노보다 훨씬 더 강력하고 효과적이라는 것을 부모에게 말해준다(예 : "네가 우유를 쏟았어. 엉망이구나!").

15. 기대되는 행동을 설명하고 식사 시간, 가족 야유회와 가족 활동을 통해서 연습함으로써 사회적 기술을 가르친다. (32, 33)

16. 학교와 교회 또는 지역사회에서 적극적 지원 활동을 자원한다. (34, 35)

17. 가족 규칙의 개발에 참여하고 더 나아가 사회에서 그것이 법률과 관습과 연관될 수 있도록 한다. (36, 37)

—. _____
_____
—. _____
_____

32. 부모는 자녀가 얻기 원하는 사회적인 행동이나 태도에 대한 목록을 작성하고, 가족 활동을 통해서 가르치고 바로잡도록 한다.

33. 부모는 현실적이고 연령에 적합한 자녀의 사회성 및 인성 발달에 대한 기대를 지속하고 필요한 경우 사랑의 지침을 통해 지지와 격려를 제공하도록 조언한다.

34. 부모는 지역사회에 대한 환원의 가치를 경험하고 보여주기 위해서 교회, 가족, 또는 학교 프로젝트를 선택하고 자녀와 함께 참여하도록 한다.

35. 부모는 자녀가 학교 또는 교회에서 적극적인 봉사활동을 할 수 있게 하고, 타인에게 시간과 노력을 쏟는 것으로부터 받는 개인적인 유익을 강조하도록 한다.

36. 부모가 모두 조화롭게 살아가는 데 필요한 일반적인 한계를 설정할 수 있도록 브레인스토밍을 하여, 모든 가족 구성원에서 나온 생각을 기반으로 가족 규칙 목록을 작성하도록 한다(예 : 통금 시간, 식사 예절, 숙제, 복장 규정).

37. 부모가 자녀와 함께 가족 규칙을 논의하도록 한다. 그리고 종교, 학교, 지역사회의 규칙을 어떻게 비교할지를 결정하고 왜 규칙이 윤리적이고 도덕적인 사회에서 필요한지를 고려하도록 한다.

—. _____
_____
—. _____
_____

—. _____   —. _____
    _____   _____

진단 제안

ICD-9-CM	ICD-10-CM	DSM-5 장애, 상태 또는 문제
V61.20	Z62.820	부모-아동 관계 문제

신체장애가 있는 자녀

행동 정의

1. 자녀는 장기적인 만성질환 또는 평생 장애로 진단받는다.

2. 정신적 외상, 절망 및 혼란은 자녀의 신체적 장애의 만성적 특성에 대한 인식으로부터 나온다.

3. 슬픔과 상실의 단계(예 : 부정, 타협, 화, 절망, 수용)는 가족이 자녀의 질병이나 장애 및 그에 따라 발생한 장애들을 해결하기 시작할 때 경험된다.

4. 전반적인 분노와 좌절감은 가족 구성원 간 정상적인 애정 관계를 방해한다.

5. 건강상 장애가 있는 자녀의 미래에 관한 두려움과 불안을 느낀다.

6. 질환이나 장애의 원인에 대한 죄책감 및 자책감을 가지고 있다.

7. 어떻게 소아 만성질환을 다루는 것이 최선의 방법인지에 대한 무력감 및 혼란을 느낀다.

8. 신, 의료 담당자, 사회 및 장애가 있는 자녀를 향한 좌절감 및 분노감을 느낀다.

9. 형제자매가 만성적으로 아프거나 장애가 있는 형제자매에게 친절하게 도움을 준다.

10. 형제자매가 특별한 의료 요구가 필요한 자신의 형제자매에 대해 거리를 두고 분개하며 거부한다.

11. 과잉보호 양육은 신체장애가 있는 자녀를 우울하고 불안하게 하며 두려움을 발생시키고 과도한 의존성이 있거나 사회적으로 미성숙한 상태로 만든다.

장기 목적

1. 신체장애와 그로 인한 개인적 반응 및 감정을 갖게 되는 자녀가 장애나 질환을 수용한다.
2. 자녀의 질환이나 장애에 대해 완벽하게 알려주고 학교와 해당 공동체에 정책, 제도, 공공 체계를 요청한다.
3. 신체장애가 있는 자녀를 양육하는 문제를 다루기 위해 현실적인 계획을 세운다.
4. 신체장애가 있는 자녀를 개인적 최고 수준의 독립성, 책임감, 사회적 기술, 특성을 달성하는 것을 가능하도록 양육한다.
5. 가족 내에서 다른 관계들의 요구에 대해 인지하고 참여한다.
6. 신체장애가 있는 자녀와 그 가족의 미래를 위해 현실적이고 긍정적인 전망을 유지한다.

—. _____

_____

—. _____

단기 목표

1. 신체장애가 있는 자녀를 양육하는 데 있어서 사실 및 감정을 설명한다. (1, 2)

2. 부정적인 사고방식과 두려움을 보다 긍정적이고 현실적인 관점과 태도로 재구성한다. (3, 4)

치료적 개입

1. 배경지식을 얻기 위해서 부모와 다른 가족 구성원과 만나 만성질환 또는 장애 대한 영향에 대해서 의논한다.

2. 장애가 있는 자녀를 양육하는 것에 대해 부모가 자신의 감정과 반응을 완전히 드러내고 탐색하도록 한다. 거부감, 분노, 두려움은 만성질환이나 장애를 가진 자녀를 둔 부모의 일반적인 반응이라는 것을 설명한다.

3. 부모가 두려워하고 발생할 수 있는 잠재적인 문제나 걱정거리의 목록을 부모와 함께 브레인스토밍하고(예 : "내 자녀가 학교에 갈 수 있을까?") 그러한 걱정거리를 해결하기 위한 전략을 개발할 수 있도록 돕는다(예 : 장애가 있는 자녀에 대

3. 장애나 만성질환이 있는 자녀의 부모를 위한 자료들을 읽고 의료 담당자, 교육자, 치료사 및 다른 부모들로부터 정보를 얻는다. (5, 6)

4. 신체장애가 있는 자녀에게 학교, 정부 및 지역사회에서 제공하는 서비스에 관한 정보를 수집한다. (7, 8)

5. 신체장애가 있는 자녀를 위해 치료를 위한 계획과 권장된 개입에 적극적으로 참여한다. (9, 10, 11)

한 프로그램에 대해 지역 학교 담당자와 상담).

4. 부모에게 *Parenting Skills Homework Planner*(Knapp)의 '신체장애가 있는 우리 자녀를 지원하기 위한 전략'을 작성하도록 한다.

5. 부모가 가족 주치의, 자녀의 소아과 의사, 다른 의료 전문가에게서 자녀의 건강 문제에 대한 정보를 모아 상담 기간 동안 그 정보와 관련 질문 및 염려사항을 공유하도록 한다.

6. 부모에게 신체장애가 있는 자녀의 부모를 위해 특별히 쓴 문헌을 읽어 자녀의 장애 문제에 대해 더 많이 알아보도록 장려한다(예 : Lavin의 *Special Kids Need Special Parents*).

7. 부모가 '장애 자녀 및 10대를 위한 국가 정보 센터'에서 제공하는 정보를 평가하여 신체장애가 있는 자녀에게 제공되는 서비스의 데이터베이스를 구축하도록 도움을 준다(NICHCY-www.nichcy.org, nichcy@aed.org, (800) 695-0285).

8. 부모가 해당 지역 학교 구역, 주 교육위원회, 지역 보건기구에 신체장애가 있는 자녀에게 제공되는 조기 개입 및 진행 중인 프로그램에 대한 정보를 구하도록 한다.

9. 부모에게 자녀를 위한 계획에 부모를 포함하도록 시도하는 연방법의 공공체계에 대해 알리고 자녀를 위해 적극적으로 참여하고 자녀를 지지하도록 장려한다.

10. 진행 중인 자녀의 병력, 전문적인 지침, 진단 정보, 처방된 약, 치료 제안이 포함된 것을 기록한 노트를 보관할 것을 부모에게 제안한다.

11. 시애틀아동병원 및 지역의료센터(www.cshcn.org 또는 (866) 987-2500)에서 제공하는 '장애가 있는 자녀가 학교에 갈 때' 워크시트를 부모와 검토하여 자녀의 학교에서 필요한 특별 서비스와 편의 시설을 요청하는 데 도움을 준다.

6. 신체장애가 있는 자녀에 대한 감정을 공유하고 목표를 세우며 현실적인 기대를 수립해본다. (12, 13)

12. 부모에게 자녀의 나이, 질병 상태, 능력 수준 및 관심사를 현실적으로 고려한 단기 및 장기 목적의 목록을 작성하게 하여 신체장애가 있는 자녀에 대한 부모의 기대를 명확히 하도록 한다.

13. 부모가 일지를 작성하여 자신의 내적 감정을 명확히 밝히고 전달할 수 있도록 격려시키고 Naseef의 기사인 'Journaling Your Way Through Stress: Finding Answers Within Yourself'에 기술되어 있는 주제를 참고하라고 언급한다.

7. 신체장애가 있는 자녀를 질환이나 장애를 극복하도록 돕기 위해 설계된 프로그램에 등록시킨다. (14, 15)

14. 부모가 인터넷으로 장애가 있는 자녀에 대한 정보에 접근할 수 있도록 한다(예 : www.kidshealth.org/kid).

15. 1997년 장애인교육법(IDEA) 규정을 통해 제공된 다양한 조기 개입 공공체계에 대해 부모와 논의한다(예 : 보조 기술 장치, 영양 서비스, 정신적 서비스). 신체장애가 있는 자녀에게 어떠한 서비스가 적절한지 판단하도록 돕는다.

8. 자녀의 건강 문제를 해결하는 데 도움

16. 교회, 학교, 의료 기관 또는 지역사회에

을 주는 지원 단체에 가입한다. (16, 17)

9. 가족 구성원, 친구 또는 지역사회 기관으로부터 임시 위탁간호 서비스의 도움을 받도록 한다. (18, 19)

10. 긍정적인 훈육 전략을 통해 신체장애가 있는 자녀가 자신감과 책임감을 계발할 수 있도록 돕는다. (20, 21, 22)

11. 신체장애가 있는 자녀가 사회 단체

서 제공하는 장애가 있는 자녀의 부모를 지원하는 단체에 가입하도록 한다.

17. 부모가 지원 단체, 학교, 교회, 지역사회 모임에서 상호 교류할 수 있는 부모와 자주 연락하며 신체장애가 있는 자녀의 다른 부모와의 친목, 지원, 지도를 받을 수 있도록 장려한다.

18. 지역사회 기관에서 제공하는 임시 위탁 간호 서비스에 대해 탐색하거나 ARCH 국립 임시 위탁 간호 네트워크 및 자원 센터((800) 773-5433)로부터 임시 위탁간호 시설 목록을 이용하도록 한다.

19. 가족 구성원, 교회 단체, 친구로 구성된 임시 위급 상황 지원 가능성 목록을 작성하도록 돕고 소진되는 것을 피하기 위해 도움을 요청하도록 권장한다.

20. 자녀의 문제해결 능력과 독립심 계발을 돕기 위하여 부모가 제한 설정을 하게 한다(예 : "약을 점심식사 전에 먹고 싶니 아니면 그 후에 먹고 싶니?").

21. 부모가 자연스럽고 논리적인 결과를 통해 자녀의 책임 있는 행동을 장려하도록 지도한다(예 : 일과나 숙제를 완료하지 않으면 특권을 잃게 됨, 운동을 다 할 때까지 자유 시간 지연).

22. 부모는 일부 결정과 문제해결 과정에서 자녀가 중요한 사람이 될 수 있도록 질문을 통해 자존감과 자립심을 강화하도록 장려한다(예 : "의사 선생님과 약속을 정하는 데 가장 좋은 시간이 언제니?").

23. 유사한 환경에 있는 동료와의 관계 유지

에 참여하여 유사한 장애를 가진 자녀들과 놀이 및 여가 활동을 할 수 있도록 한다. (23, 24)

12. 모든 자녀 각각에 대해 연령 및 능력에 맞는 개별화된 목표를 말로 표현하고 지원함으로써 도덕성과 개인적 최고 목표 달성의 가치를 증진시킨다. (25, 26)

13. 신체장애가 있는 자녀의 형제자매가 집중 토론과 전체 가족 활동을 통해 분노감을 해결하도록 돕는다. (27, 28)

가 중요함을 강조하고, 어린 자녀를 위해 놀이 집단에 들어가서 취학 연령 자녀의 학교와 협력하여 동아리를 개발하며 유사한 장애가 있는 집단에 자녀를 참여시키도록 장려한다.

24. 특수아동협회(www.fcsn.org/camps/2003/resources.html 또는 (800) 331-0688 참조)나 미국캠핑연합((765) 342-8456)에서 제공하는 신체장애 자녀를 위한 캠프에 대한 정보를 모을 수 있도록 지도한다.

25. 부모가 애정, 관심 및 자녀의 신체적 욕구 충족을 똑같이 주기보다는 독특하게 개별화하도록 한다(예 : "나는 너한테만 맞는 유일한 방식으로 너를 사랑하며 기르고 있어. 너는 숙제나 축구를 할 때 도움이 필요하고 네 언니는 약을 먹고 물리치료를 하는 데 도움이 필요해.").

26. 자녀를 서로 비교하기보다는 연령, 능력 및 개인적 최선에 대한 기준을 이용해 부모가 바라는 긍정적인 행동을 가르치고 모델링하며 확실히 인정해주어 자녀 각자의 능력을 발휘할 수 있도록 격려한다(예 : 인내, 책임감, 공감).

27. 부모가 형제자매의 분노, 적의, 질투, 우울함의 반응을 주시하고, 필요 시 상담과 지원을 요청할 수 있도록 격려한다.

28. 부모에게 가족이 병이나 장애에 관련이 없거나 집중할 필요가 없는 활동에 참여하도록 해서 함께 즐겁게 지내는 계획을 세우도록 한다(예 : 수영장이 있는 숙소에서 가족이 하룻밤 보내기, 가족 영화

14. 배우자와의 활동을 강화하는 질 높은 시간과 관계를 계획한다. (29, 30, 31)

15. 에너지를 충전하고 균형을 다시 잡기 위한 개인 시간을 계획한다. (32)

16. 조부모 및 다른 확대가족 구성원이 신체장애가 있는 자녀의 돌봄과 활동에 참여하도록 한다. (33, 34)

17. 신체장애가 있는 자녀의 질병이나 장애를 극복하기 위한 계획에 참여

나 비디오를 보며 하룻밤 보내기).

29. 위기 상황에서 감정과 생각을 나누고 서로를 후원하여 시간을 내어 개인적인 관계를 키우고 지원하는 것의 중요성을 부모에게 알린다.

30. Chapman의 다섯 가지 사랑의 언어(*Five Love Languages*)를 읽고 의미 있는 방법으로 서로 사랑과 감사를 어떻게 표현할 수 있는지 이해할 수 있게 한다.

31. 부모의 일과 무관하고 가족과 관련이 없는 사회 활동이나 교회 활동, 다른 오락 활동에 부부로 참여해 스트레스를 줄이고 자신의 성격대로 즐겁게 놀면서 친밀감을 느낄 수 있도록 조언한다.

32. 신체장애가 있는 자녀의 양육을 위한 에너지를 충전할 수 있게 날마다 스스로 개인 시간을 확보할 수 있도록 지도한다.

33. 부모가 문제점, 좌절, 진행과정, 목표 달성을 공유함으로써 조부모 및 모든 가족 구성원이 자녀의 모든 생활을 함께할 수 있도록 장려한다.

34. 부모가 의사 방문, 작업치료 약속, 물리치료 섹션, 활동 및 특수교육을 위한 이동, 자녀 돌보기 등을 포함해 모든 가족 구성원들에게 도움을 요청하여 신체장애가 있는 자녀와 도움을 줄 수 있는 가족 구성원 간 애정 관계를 만들어주도록 하는데, 이는 주 양육자에게 큰 안도감을 준다.

35. 신체장애가 있는 자녀의 질병이나 장애를 극복하기 위한 계획을 세우는 데 참

시킨다. (35, 36)

여시키고 이러한 목적을 달성하기 위해 장기 목표와 단기 목표를 설정하는 것의 중요성을 부모에게 설명한다.

36. 심각한 신체장애나 질병을 가지고 생활하는 것의 장기적 문제와 이를 해결하는 데 필요한 일상의 협력을 위해서 부모가 장애 자녀와 함께 Knapp의 *Parenting Skills Homework Planner*의 '함께 계획 만들기' 활동을 완료할 수 있도록 한다.

18. 신체장애가 있는 자녀와 가족의 미래에 대한 희망과 꿈을 정의하고 이에 대해 낙관적인 표현을 한다. (37)

37. 부모는 신체장애가 있는 자녀와 가족 전체의 미래에 대해 희망적이고 현실적으로 낙관적인 자세를 유지하도록 장려하고 자녀가 가족에게 기여한 것을 부모가 인정할 수 있도록 격려한다.

—. _____

—. _____

—. _____

—. _____

—. _____

—. _____

진단 제안

ICD-9-CM	ICD-10-CM	DSM-5 장애, 상태 또는 문제
316	F54	기타 의학적 상태에 영향을 주는 심리적 요인
_____	_____	_____
_____	_____	_____

품행장애/비행

행동 정의

1. 품행장애로 진단받은 자녀는 가족, 학교, 지역사회 규칙을 심각하게 위반한다.

2. 자녀는 사람이나 동물에게 신체적으로 공격적이고 난폭하다.

3. 자녀는 고의적으로 집, 학교, 그리고 지역사회에 있는 소유물을 파괴한다.

4. 자녀는 어떤 양심의 가책이나 결과에 대한 고려 없이 속이고 거짓말하며 훔치고 반사회적인 행동을 한다.

5. 자녀의 공격적인 행동으로 인해 개인적 안전과 다른 사람들의 안전을 위협받는다.

6. 자녀의 발달 단계마다 아무것도 아닌 것처럼 느끼게 하고 헐뜯으며 무시하고 공격적인 양육 방식이 현저하게 사용되었다.

7. 정서 불안정과 폭발하기 쉬운 개인적인 갈등은 가족과의 갈등을 유발한다.

8. 약물 또는 알코올의 남용도 가족들의 생활 방식에 영향을 미친다.

9. 다른 사람들은 자녀의 사회적 부적응 행동을 좋지 않은 가정교육의 탓으로 돌린다.

10. 같이 사는 가족 안에서 형제나 자매가 정신적이거나 행동적인 어려움이 있을 때, 그들 또한 사회적으로 적응하지 못하거나 공격적인 행동을 유발하게 된다.

11. 문제의 심각성으로 인하여 절망적인 감정이 너무 크기 때문에 어떠한 기관이나 전문가도 도움을 줄 수 없다.

_____

_____

장기 목적

1. 폭력적이고 무관심한 양육 대신에 자녀를 존중하고 보살피는 상황을 조성한다.
2. 공격적이고 반사회적인 행동을 하는 자녀에게 고도의 구조화 및 강화된 단계의 규율을 적용시킨다.
3. 품행장애를 가진 자녀를 위해 기관과 전문가는 서로 함께 단합한다.
4. 문제가 있는 자녀와 가족이 안전하도록 보장한다.
5. 품행장애 자녀와 가족 구성원들이 필요한 의료적 · 교육적 · 행동적 · 정신적 도움을 구한다.
6. 품행장애를 가진 자녀를 양육하는 힘든 과정을 견디기 위해서는 신체적 · 정신적 · 감정적 건강의 균형을 유지한다.

—. _____
_____
—. _____
_____

단기 목표

1. 품행장애가 있는 자녀의 신체적 · 정신적 평가를 완수한다. (1, 2)

2. 부모와 자녀 사이에 공격적이고 무관심한 행동을 없앤다. (3, 4)

치료적 개입

1. 부모와 만나서 발달 기록을 모으고 자녀에게 일어난 부적응적인 행동이나 학습적 · 사회감정적 문제에 대한 걱정을 점검한다.
2. 자녀가 정신보건센터, 병원, 기관, 학교에 의하여 정신적 · 의학적 · 교육적으로 평가를 완수하도록 부모를 지원한다.
3. 자녀의 공격적이거나 반사회적인 행동을 유발했을지도 모르는 부모의 폭력적이고 무관심하며 폭발하기 쉬운 성격, 또는 과도하게 엄격한 부모의 양육 태도를 검토한다.
4. 자녀의 행동에 대하여 엄격하게 혼내거나 폭발하거나 폭력적인 규율로 반응하는 대신 긍정적인 훈육으로 대체하겠다

3. 애정 어리지만 매우 확고하고 구조화된, 감정적이지 않은 규율의 양육 방식을 채택하도록 한다. (5, 6, 7, 8)

4. 문제 행동을 타깃으로 하는 행동관리 계획을 수립한다. 그리고 구조화된 간단한 양육 방식과 결과를 제공한다. (9, 10, 11, 12)

고 구두 또는 서면 약속을 한다.

5. 자녀가 부모의 지시에 질문을 하거나 권위에 도전할 때 같은 말을 반복하는 기술을 사용하게 한다(예 : "너는 숙제를 지금 해야 해.", "그렇게 생각할 수 있지만 너는 지금 숙제를 끝내야만 해.").

6. 부모에게 단호함(자녀의 부적절한 행동에 대하여 부모의 규율 방식을 바꾸지 않는 것)과 가혹함(자녀의 성격을 공격하거나 자존감을 무너뜨리는 것)의 중요한 차이점을 강조한다.

7. 자녀가 결정을 하거나 삶을 선택할 때 자녀에게 완벽하게 통제된 선택을 하도록 부모에게 조언한다(예 : 강아지한테 지금 밥을 줄래, 15분 후에 밥을 줄래?). 만약 여기서 선택을 거절하거나 선택사항을 변경한다면 부모가 대신 결정을 해야 한다.

8. 자녀의 행동이 부정적이거나 통제가 되지 않을 때 부모에게 활용할 수 있는 계획을 만들도록 한다. 그리고 이러한 과정이 자녀가 진정하고 가다듬고 다시 적절한 행동을 취하도록 하는 기회가 되도록 한다.

9. 정말 바꾸고 싶은 중요한 몇 가지 행동에 대해 우선순위를 정하고 자녀에 대한 바뀐 기대와 적절한 행동을 정의하도록 한다.

10. 부모에게 자녀가 부적절한 행동을 적절한 행동으로 바꾸고 알아차릴 수 있도록 자녀를 격려하기 위해 *Parenting Skills*

5. 품행장애 자녀를 양육하기 위하여 다각적인 문제에 초점을 맞춰 지속적인 상담에 참여시킨다. (13, 14)

6. 전문가와 정신보건기구 또는 10대 품행장애에 대한 치료와 진단을 기술하는 문헌을 읽음으로써 정보를 찾는다. (15, 16)

Homework Planner(Kanpp)에서 양육기술과제 계획에서부터 활동까지 '불순종적인 행동을 순종적이고 협조적인 행동으로 바꾸기' 활동을 하도록 이야기한다.

11. 실패를 피하고 성공 확률을 높이기 위해서는 부모가 행동계획을 현실적으로 표현하도록 한다.

12. 부모가 자녀의 상습적이며 부정적이고 저항적인 반항 행동에 대해 미리 준비하고 계획된 개입을 실행할 때 침착함을 유지하며 강하고 단호한 태도를 유지하도록 한다.

13. 품행장애 자녀를 양육하는 데 감정을 소모하는 특성에 대해 이야기를 나누고 자녀에게 발생할지 모르는 중요한 문제의 해결을 돕기 위해 규칙적으로 계획된 상담에 참여하도록 격려한다.

14. 반사회적 감정과 행동에 대응하도록 부모에게 학교에서 자녀를 위해 진행하는 상담 또는 개인 상담을 지속적으로 받도록 권유하고, 대체 행동과 성공적으로 대처하기 위한 전략을 교육한다.

15. 부모에게 10대 품행장애 관련 서적을 읽게 한다(예 : Barkley의 *Your Defiant Child*, Forehand와 Long의 *Parenting the Strong-Willed Child*, Koplewicz의 *It's Nobody's Fault*).

16. 부모에게 정보와 지원을 줄 수 있는 기관에서 제공되는 품행장애에 대해 알려 준다(예 : 미국 소아청소년정신의학회―(202) 966-7300 또는 www.aacap.org; 아

7. 지역사회 기관, 위탁부모 프로그램, 병원 및 훈련된 다른 가족 구성원들로부터 휴식의 시간을 제공받음으로써 양육의 부담을 나누는 것에 동의한다. (17, 18)

8. 자녀의 행동이 다른 사람들을 위협하지 않는다는 것을 확실히 하기 위해서 학교와 협력한다. (19, 20)

9. 품행장애 자녀가 범죄 행동을 지속적으로 하는 것을 막기 위해서 청소년 사법제도에 협조한다. (21, 22)

동과 청소년 부모를 위한 가족 자조 그룹 —(800) 950-6264 또는 www.nami.org).

17. 지역사회 단체 또는 ARCH 국가 위탁 네트워크 및 자원센터((800) 773-5433)에서 작성된 위탁 시설을 이용할 수 있도록 부모에게 조언한다.

18. 행동이 통제 불가능하거나 본인이나 다른 사람들을 위협할 때 자녀를 정신치료 병원이나 주거치료센터 또는 대안학교에 보내도록 한다.

19. 자녀가 방해되거나 협조적이지 않은 행동을 할 때 진정시키고, 더 적절한 행동을 보이도록 하고, 정상 수업 활동으로 돌아가기 전에 더 적절한 계획을 세우도록 학교와 부모가 타임아웃 영역이나 학생책임센터와 같은 것을 만들도록 지원한다.

20. 부모와 학교에게 자녀가 성공적으로 교육환경에 참여하도록 돕기 위해서 고려된 특수교육이나 제504조항의 조정을 추천한다(예 : 소수 정예반, 특수수업, 단축수업).

21. 부모에게 자녀가 법을 어기려고 할 때 즉시 지역법집행기관의 도움을 요청할 수 있도록 조언한다. 범죄나 범죄 전 행동에 대한 조기 개입은 추후 충동을 줄이는 데 중요하다.

22. 부모는 지역에 있는 청소년 사법제도에서 제공되는 프로그램에 익숙해질 것이며, 반사회적 행동을 조절하는 데 도움이 되는 프로그램에 자녀를 등록하게 한다.

10. 품행장애를 가진 자녀에 관련된 감정이나 문제, 또는 개인적인 관심사에 대해 정기적으로 만나서 의논하는 데 동의한다. (23, 24)

11. 품행장애를 가진 자녀에 대한 전략과 계획을 점검하기 위하여 규칙적으로 교직원, 다른 도우미 및 전문가를 만난다. (25, 26)

12. 부모 훈련 프로그램에 참여한다. (27, 28)

13. 자녀와 협조하고, 자녀가 순종하도록 그리고 긍정적인 행동을 하도록 관리하기 위해서 특권을 사용한다. (29, 30)

23. 품행장애를 가진 자녀의 양육과 관련된 문제, 걱정, 감정을 나눌 수 있도록 사적인 대화를 한다.

24. 자녀에게 휘말려서 부모 한쪽이 자녀 편을 드는 행동을 하지 않도록 하고 양육전략에 따라서 서로 지원하도록 한다.

25. 교사와 부모가 만날 수 있도록 주선을 하고 서로 동의하에 앞으로 자녀가 학교와 가정에서 유지해야 할 학업 성취도를 결정한다.

26. 자녀의 행동계획을 세우고 문제 행동을 조정하며 문제 상황을 해결하고 현재의 적응 능력을 명확히 하기 위해 자녀를 돕는 모든 사람들과 정기적으로 만나도록 조언한다.

27. 긍정적인 훈육 방법 기술을 사용하고 익힐 수 있도록 부모에게 양육교실을 제안한다(예 : Dinkmeyer와 McKay의 효과적인 양육을 위한 체계적 방법).

28. 강의나 추천도서나 테이프를 통해 양육방식을 배워가며 긍정적 훈육방식 전략을 시작하는 부모를 돕기 위해서 만난다(예 : Barkley의 *Your Defiant Child* 또는 Dreikurs와 Stoltz의 민주적인 부모가 된다는 것).

29. 부모는 자녀가 적절한 행동을 했을 때 상을 주거나 그러지 못했을 때 다시 빼앗아가는 특권 목록을 만들도록 돕는다.

30. 부모에게 자녀가 좀 더 적절한 행동을 하도록 도와주기 위해서 *Parenting Skills Homework Planner*(Knapp)에서 제시된

14. TV와 비디오 게임을 하는 시간을 제한한다. (31)

15. 품행장애가 있는 자녀에게 영향을 미치고 있을지도 모르는 만성질환의 가능성을 조사한다. (32, 33)

16. 학교와 정신건강 사회 조직에서 운영하고 있는 프로그램을 채택하고 신체적·정신적 건강을 강화한다. (34)

17. 알코올이나 약물의 남용을 없애는 프로그램에 가입하고 신체적·정신적으로 건강을 강화한다. (35, 36)

18. 본인이나 가족의 스트레스를 줄이기

'우발적 행동과 결과에 따라 특권 이용' 활동을 통해 완벽하게 갖추도록 한다.

31. 부모에게 폭력, 약물 및 알코올 사용, 성적인 것 그리고 10대에게 주어진 현실적이지 않은 내용으로 가득 찬 TV, 비디오 및 컴퓨터 게임 목록을 제시하여 그런 모든 매체를 하루에 1~2시간 이상 사용하지 않도록 제한하라고 조언한다.

32. 품행장애는 종종 다른 정신적인 장애를 동반하는 경우가 있으므로 부모가 상태를 발견할 수 있도록 자녀가 정신적·심리적 평가를 받도록 한다.

33. 부모를 품행장애나 다른 병적인 증상에 대한 의학적인 치료의 가능성을 찾도록 자녀가 의사와 상담받을 수 있게 한다.

34. 부모가 품행장애 자녀를 위해 학교나 소년원 또는 지역사회 보건기관에서 제공되는 분노조절 및 사회적 기술 프로그램을 찾을 수 있도록 돕는다.

35. 부모가 품행장애 자녀의 양육으로부터 받는 극도의 어려움을 받아들이도록 준비할 수 있는 일상적인 행동을 취하도록 돕는다(예 : 충분한 숙면, 규칙적인 운동, 건강한 음식 먹기, 알코올 남용 없애기, 불법적이거나 반항적인 상황 등).

36. 부모에게 스트레스를 줄이고 감정적인 균형을 강화하도록 하거나 계획된 프로그램에 참여하도록 격려한다(예 : 할 일 줄이기, 일지 쓰기, 도움 주는 네트워크 만들기).

37. 부모에게 자녀를 돌볼 때 요구되는 압박

위한 전략을 도입한다. (37, 38)

에서부터 벗어나는 저녁 시간을 매주 한 번씩 만들도록 지시한다.

38. 부모에게 다른 형제자녀 또한 학교나 개인적인 상담사 또는 품행장애를 지닌 형제자매와 함께 사는 데에서 오는 감정적 스트레스를 관리하도록 도움을 주는 기관의 상담에 참가하도록 조언한다.

__. _____
_____

__. _____
_____

__. _____
_____

__. _____
_____

__. _____
_____

__. _____
_____

진단 제안

ICD-9-CM	ICD-10-CM	DSM-5 장애, 상태 또는 문제
312.81	F91.1	품행장애, 아동기 발병형
313.81	F91.3	적대적 반항장애
314.01	F90.1	주의력결핍 과잉행동장애, 과잉행동/충동 우세형
V71.02	Z72.810	아동 또는 청소년 반사회적 행동
V61.20	Z62.820	부모-아동 관계 문제
_____	_____	_____
_____	_____	_____

의존적인 자녀/과잉보호 하는 부모

행동 정의

1. 자녀의 복지(welfare)에 대한 만성적이고 강박적인 걱정을 한다.

2. 자녀의 나이에 적합한 정상적인 행동을 제한한다.

3. 자녀에게 독자적으로 문제를 해결하거나 결정할 기회를 거의 주지 않은 상태에서 모든 의사결정을 통제한다.

4. 자녀가 연약하고 무능하고 보호를 필요로 한다는 비현실적인 신념을 지닌다.

5. 자녀가 실패나 실수 때문에 엄청난 충격을 받게 될 것이라는 두려움이 있다.

6. 자녀가 자신감이나 용기나 책임감 있는 행동을 하지 못할 것에 대한 좌절감을 갖고 있다.

7. 다른 아이들은 혼자 하는 활동을 자녀가 참여하는 동안에는 가까이에 머물거나 지나치게 붙어서 함께한다.

8. 자녀가 의존적인 행동을 나타내고 부적절한 감정을 말로 표현한다.

9. 자녀가 지지, 방향, 안내를 받기 위해 과도하게 다른 사람들에게 의존한다.

10. 자녀가 주도성을 갖거나 친숙하지 않은 일을 시도하거나 또는 리더의 역할을 맡는 것을 주저한다.

—. _____
   _____

—. _____
   _____

장기 목적

1. 자녀를 지지하고 '할 수 있다'는 용기를 줌으로써 나이에 적절한 활동들에 독립적으로 참여하도록 격려한다.

2. 자녀가 실수로부터 배우도록 허락한다. 그리고 그 결과를 경험할 때 공감과 지지로 반응한다.

3. 자녀가 혼자 문제를 해결하도록 격려한다. 단, 요청을 하는 경우에는 최소한의 안내를 하도록 한다.

4. 책임감 있는 행동과 독립적인 사고를 촉진할 수 있는 긍정적 훈련 기술을 활용한다.

5. 자녀에게 행동이나 성취에 기반을 두지 않는 무조건적인 사랑을 준다.

6. 자녀가 장·단기 개인적인 목표를 세움으로써 미래를 계획하도록 격려한다.

—. _____

_____

—. _____

_____

단기 목표

1. 자녀의 복지에 관해 가졌던 부적절하거나 과도한 두려움과 걱정을 확인한다. 그리고 더욱 긍정적이고 현실적인 기대치를 형성할 수 있도록 한다. (1, 2, 3)

2. 자녀를 위해 언어와 행동으로 무조건적인 사랑을 표현한다. (4, 5)

치료적 개입

1. 부모의 가족 이력을 검토하고 자녀의 의존적 욕구에 대한 걱정을 의논한 다음 부모와 자녀 간의 관계에 있어서 자신의 역할을 정의한다.

2. 부모가 과잉보호 하며 양육하도록 만드는 두려움과 걱정과 우려의 목록을 작성하도록 한다(또는 Knapp의 *Parenting Skills Homework Planner*에서 '과잉보호 부모 대 긍정적인 부모' 활동을 한다).

3. 부모가 오디오 테이프인 *Helicopters, Drill Sergeants and Consultants*(Fay)를 듣게 하고 다음 회기 때 세 가지의 다른 양육 방법에 대해서 의논할 수 있도록 한다.

4. 부모에게 무조건적인 사랑(예 : 개인적 특성, 태도, 행동 또는 성과와 상관없이 주

어지는 완전하고 지속적인 사랑)을 정확히 알려주고 이러한 종류가 어떻게 자녀의 적응성과 자아 존중 발달에 필수적인지에 대해서 논의한다.

5. 무조건적인 사랑이 주는 다양한 방식에 대해 부모와 브레인스토밍한다(예 : "나는 너를 사랑한다."라고 자주 말한다, 자녀와 놀이를 한다, 자녀가 말할 때 주의를 집중한다, 자녀를 안아준다, 자녀와 함께 양질의 시간을 보낸다).

3. 자녀의 자아개념에 상처를 입히는 말이나 행동을 하지 않고 존중감을 가지고 자녀를 대함으로써 상호 존중하도록 격려한다. (6, 7, 8)

6. 품위를 손상시키는 말이 의존감과 부적절감을 생성한다는 것을 부모에게 설명한다. 부모에게 한 주간 자신들의 부모-자녀 상호작용을 관찰하고 자녀가 모욕을 받았다고 생각할 수 있는 행동 목록을 작성하도록 과제를 낸다.

7. 자녀의 품위를 손상시키는 상호작용에 대한 부모 목록을 평가한 후에 이러한 관계를 다루기 위해서 자녀를 존중하는 긍정적인 방법으로 역할극을 해본다.

8. 부모를 교육할 때 자녀가 아닌 행동에 초점을 맞추고 비록 행동이 수용할 만하지 않더라도 사랑은 무조건적으로 주어진다는 것을 자녀가 깨닫게 함으로써 자녀를 존중하도록 한다.

4. 자녀가 책임감을 가지도록 가르치는 워크숍에 참석하고 관련 도서를 읽는다. (9, 10)

9. 자녀가 책임감 있는 행동을 발전시키도록 돕는 일에 초점을 맞추는 양육 수업을 부모에게 알아보도록 한다(예 : Fay, Cline, Fay의 **사랑과 논리를 가진 부모 되기**).

10. 자녀의 책임감을 증진하도록 아동발달에 관한 책을 읽도록 부모에게 권장한다

5. 좀 더 독립적이고 조직적이며 자신 감 있는 행동을 하도록 격려하는 상 호작용을 자녀와 함께 시작한다. (11, 12, 13)

6. 집에서 책임감 있는 행동을 할 수 있 도록 계획적인 전략을 실시한다. (14, 15)

(예 : Dreikurs와 Stoltz의 민주적인 부모가 된다는 것).

11. 자녀가 미래에 긍정적 노력을 하도록 '하 지 마'라는 말을 '다음번에는'(Moorman 의 *Parent Talk* 참조)이라는 어구로 대체 하여 표현하도록 부모에게 충분히 조언 한다(예 : "다음번에는 차고에 자전거를 세워다오." 대 "비가 오는데 자전거를 밖 에 세워 두지 마라.").

12. 자녀가 실패에 대한 두려움에도 불구하 고 노력하도록 격려하기 위해 부모에게 '마치 ~한 것처럼 행동하라'(Moorman의 *Parent Talk* 참조)라는 말을 사용할 수 있도록 한다(예 : "마치 저 나무를 그리 는 방법을 알고 있었던 것처럼 행동해 봐.", "네가 줄넘기를 할 수 있는 것처럼 해봐.", "네가 이전에 해본 것처럼 연기 해봐.", "네가 해낼 때까지 할 수 있는 척 을 해봐.").

13. 큰 과업을 완성하기 위해서 처리하기 쉬 운 더 작은 규모의 과제로 세분화하는 기술을 자녀에게 가르치도록 부모를 지 도한다(예 : 침대 정리−시트를 평평하게 피고, 커버를 씌운 다음에 베개를 놓고 이불로 덮는다).

14. 부모가 '책임감으로 가는 4단계'를 실시 하도록 지도한다(Fay, Cline, Fay의 *Be- coming a Love and Logic Parent* 참조). (1) 자녀가 할 수 있는 능력 범위 안의 업무를 준다. (2) 배우는 기회가 될 수 있도록 실수를 허락한다. (3) 적절한 행

동을 가르칠 수 있도록 결과를 사용한다. (4) 배운 것을 확인할 수 있도록 동일한 과제를 다시 준다.

15. 다음 사항을 실시함으로써 무책임한 행동이 책임감 있는 행동으로 변화되도록 부모에게 '빨간불, 초록불'(Moorman의 *Parent Talk* 참조)을 사용할 것을 부모에게 권장한다. (1) 빨간불 : 자녀에게 부적절한 행동을 설명한다(예 : 정돈되지 않은 침대, 마루 위에 젖은 수건). (2) 초록불 : 기대되는 행동을 설명한다(예 : 학교 가기 전에 잘 정돈된 침대, 선반 위의 수건).

7. 독립적으로 기능할 수 있는 자녀의 능력에 대한 신뢰감을 말로 표현한다. (16, 17, 18)

16. 자녀가 과도하게 의존적으로 행동하고 지나치게 도움을 요청할 때, 자녀가 문제의 대부분을 해결할 수 있도록 자녀에게 용기를 주고 지지하는 역할로만 돕도록 부모에게 조언한다.

17. 부모에게 다음의 문장을 사용하도록 조언한다. "네 스스로 확인해라"(Moorman의 *Parent Talk* 참조)(예 : "오늘은 학교에서 나눔의 날이다. 나눌 순서가 되었을 때 네가 필요한 것을 확실히 가지고 있는지 스스로 확인해보아라."). 이 문장은 자녀가 다가올 사건과 개인적인 경험에 대해 성공적으로 대처할 수 있는 능력을 개발하도록 도울 수 있다.

18. 부모에게 자녀가 필수적인 할당 과업에 우선순위를 정하도록 도와주고 자녀에게 목표 완성 시간을 명시하도록 한다.

8. 독립심을 획득하고 책임감을 가지도

19. 절제된 태도로 자녀가 책임감 있는 행동

록 자녀를 지지하라. (19, 20)

9. 실수나 잘못된 결정의 결과로부터 자녀가 안전하게 배울 수 있는 상황에 대해 설명한다. (21, 22)

10. 자녀가 실수를 저지르는 경험에서 지혜를 얻도록 허용하는 것에 대한 이점을 찾아 토론하고 목록을 작성해본다. (23, 24)

11. 책임감 있는 행동을 증진하고 긍정적인 기대를 가져올 수 있는 집안의 규칙을 개발한다. (25, 26)

과 독립심을 보였을 경우 칭찬을 통해 확신을 주는 것에 대한 중요성을 부모와 논의한다.

20. 부모가 자녀 앞에서 자녀의 독립적이고 책임감 있는 행동을 인정할 수 있도록 협조한다.

21. 심각한 위험이나 파괴 또는 고통을 야기하지 않으면서도 잘못된 결정의 결과로부터 배울 수 있는 상황이 무엇이 있는지 부모가 브레인스토밍하도록 한다.

22. 부모가 자녀의 개인적 실수나 또는 잘못된 판단의 결과로 고심하도록 허용할 수 있었던 상황을 구체적으로 확인하도록 한다.

23. 자녀가 실수로부터 배울 수 있도록 허락함으로써 부모와 자녀 모두에게 도움이 될 만한 것을 찾을 수 있도록 돕는다 (예 : 좋고 나쁜 결정으로 인한 결과를 통해서 자녀의 책임감을 수용하는 법을 알게 된다).

24. 자녀가 잘못된 판단이나 무책임한 행동의 결과로 고심할 때 이를 통해 배울 수 있도록 간섭하지 않고 부모가 자녀에게 공감과 이해를 표현하도록 지도한다.

25. 긍정적인 언어를 사용하여 자녀와 같이 가정 규칙을 만들어 지켜나갈 수 있도록 부모에게 조언한다(예 : 옷을 옷장에 걸기, 식사 시간에 맞춰서 오기, 잠자는 시간은 8시 30분 등).

26. 부모와 자녀가 가족의 규칙을 만드는 작업을 하는 동안 협동심을 증진시킬 수 있

12. 자녀에게 책임감을 가르칠 수 있도록 논리적이거나 자연적 결과를 사용한다. (27, 28)

도록 *Parenting Skills Homework Planner* (Knapp)에 나오는 '가족의 규칙을 만들어 협력하기'라는 활동을 부모와 자녀가 완수할 수 있도록 한다.

27. 자녀의 미성숙한 결정으로 인해서 얻은 자연적인 결과(예 : 먹지 못하면 배고프게 되고, 잠이 부족하면 피곤해지는 것)를 스스로 깨달을 수 있도록 한다. 부모가 이러한 교훈을 얻는 것에 간섭하지 않으면 자연적 결과가 강력하다는 것을 상기시켜준다.

28. 부모는 논리적 귀결이나 부모가 부과하는 결과에 대한 목록을 만들도록 돕는다(예 : 숙제를 하지 않았을 때 TV의 사용 제한, 자녀가 취침시간 규칙에 비협조적일 때 더 일찍 잠자리에 들도록 하는 것). 이 목록은 자연적 결과가 자녀의 행동을 수정할 수 있을 만큼 유용하지 않을 때 사용한다.

13. 자녀에게 책임감 있는 의사결정을 가르치기 위해서 선택사항과 명확한 한계 설정을 제시하도록 한다. (29, 30)

29. 부모에게 자녀가 책임감 있는 결정을 가능하게 하고 자녀와 통제를 함께 공유할 수 있게 제한된 선택을 사용하도록 지정해준다. 선택은 수용될 수 있는 선택사항으로 구성하고(예 : "오늘 빨간셔츠를 입고 싶니, 초록셔츠를 입고 싶니?") 구체적으로 진술된 대안으로 한정되어야 한다(예 : "오늘 밤 햄버거를 먹고 싶니, 피자를 먹고 싶니?"). 그리고 부모는 자녀가 선택하기를 거절할 경우 선택할 준비가 되어 있어야 한다.

30. 적절한 행동과 책임감 있는 결정에 대해

14. 자녀가 독립적일 수 있도록 최소한 의 지침을 주고 문제를 해결하도록 가르치기 위하여 현실 기반의 의사 결정 과정을 사용해야 한다. (31, 32)

15. 어떤 필요한 편의시설을 위한 계획 이나 특별한 욕구를 가진 자녀에 의 해 요청받은 특별한 고려사항을 말 로 표현한다. (33, 34)

자녀가 원하는 혜택이 조건적으로 부여 될 수 있다는 진술을 사용함으로써 부모 가 자녀에게 합리적인 제한점을 설정하 도록 지도한다(예 : "방을 깨끗하게 청소 하면 친구와 자유롭게 외출할 수 있어.").

31. 도움을 요청받았지만 자녀를 대신해서 해결할 수 없을 때 5단계의 과정을 사용 하여 자녀가 가능한 한 많은 문제를 해 결할 수 있도록 부모에게 조언한다. (1) 자녀에게 문제를 설명하도록 한다. (2) 문제를 해결할 수 있는 계획을 자녀에게 요청한다. (3) 도움을 요청할 경우에만 자녀와 함께 해결책을 브레인스토밍하 도록 제안한다. (4) 해결책이 최상으로 작동할 수 있도록 자녀와 함께 의논해본 다. (5) 선택된 해결책의 결과를 공유하 도록 자녀에게 조언한다.

32. 자녀가 힘들어할 때 옆에서 경청을 해주 고 공감대를 형성하는 것만으로도 자녀 가 문제를 해결하도록 충분히 도와줄 수 있는 것이라는 점을 부모에게 조언한다.

33. 부모에게 특별한 욕구 때문에(예 : 신체 적·정신적 장애, 만성질환, ADHD, 심 리적 장애) 자녀가 필요로 하는 편의시 설의 목록을 만들도록 요청하고, 과잉보 호나 불필요한 의존성을 조성하지 않고 이러한 편의시설을 제공하기 위한 계획 을 세우도록 부모에게 요청한다.

34. 개인적 성장과 독립적 기능을 격려하기 위해 필요한 계획을 세우는 데 자녀가 다니는 학교 직원들과 다른 특수 영역

16. 자녀가 부적절한 감정과 낮은 자존감을 나타낼 때 격려의 말을 해준다. (35, 36)

17. 매일 가족 식사와 매주 가족 미팅을 체계적으로 구성하고 유지한다. (37, 38)

18. 자녀가 미래를 위한 희망과 중요한 장·단기 목표를 말로 표현하도록 격려한다. (39)

—. _____
_____

—. _____
_____

전문가들과 협력할 수 있도록 한다.

35. 부모가 자녀를 2주 동안 관찰하여 낮은 자존감과 부적절감을 나타내는 행동목록을 작성하도록 한다.

36. 자녀가 부적절감을 드러낼 때 격려의 말을 해주도록 당부한다. 그리고 자녀를 지지해주기 위해 사용할 수 있는 긍정적인 진술을 연습하도록 한다(예 : "나는 네가 그것을 해낼 수 있다고 생각한다.", "네가 할 수 있다는 걸 알고 있어.", "나는 네가 그것을 해결할 수 있다고 확신한다.").

37. 부모에게 밤마다 가족 식사 시간을 정하도록 하고 모든 가족이 한 식탁에 앉았을 때 TV와 다른 매체를 끄고 일상의 사건과 관심 있는 일을 대화하는 것에 집중하라고 지도한다.

38. 부모가 매주 각 가족 구성원이 가족 사업과 관심사, 가정 규칙을 토론하고 개인의 성취를 인정하며 가족 행사와 활동을 위한 계획을 세울 수 있는 가족회의를 하도록 부모를 지도한다.

39. 부모가 자녀의 미래 교육, 생활양식, 직업을 위한 장기목적을 세우고 이러한 목적에 도달하기 위해 단기적으로 필요한 단계를 기록하는 작업을 자녀와 함께하도록 지도한다.

—. _____
_____

—. _____
_____

—. _____   —. _____

_____   _____

진단 제안

ICD-9-CM	ICD-10-CM	DSM-5 장애, 상태 또는 문제
314.01	F90.2	주의력결핍 과잉행동장애, 복합형
300.02	F41.1	범불안장애
309.21	F93.0	분리불안장애
_____	_____	_____
_____	_____	_____

우울

행동 정의

1. 자녀가 우울, 기분저하, 양극성장애 또는 자살성 사고로 진단받았다.

2. 자녀가 매일 우울 증상을 보인다(예 : 우울한 또는 초조한 기분, 활동에 대한 흥미의 감소, 피로, 무기력, 낮은 에너지, 죄책감).

3. 자녀가 우울 치료를 위해 약을 처방받았거나 입원 경력이 있다.

4. 부모 중 한 사람 또는 둘 모두 우울증 이력을 가지고 있다.

5. 만성적인 결혼의 어려움, 별거, 이혼을 한 경우이다.

6. 부모 중 한 사람 또는 둘 모두 약물 혹은 알코올 남용의 이력이 있다.

7. 자녀의 우울은 가족 기능과 연관해 유의하게 연관되고, 이를 방해한다.

8. 불안정한 가족 관계, 비현실적인 기대, 안정적인 부모/자녀 정서적 지지의 결핍이 있다.

9. 비일관적인 양육 방식과 일정하지 않은 훈육 전략을 지닌다.

10. 만성적인 비고용 상태, 가난, 재정적 지원의 결핍, 불안하고 안전하지 못한 일상 조건에 놓여 있다.

__. _____

_____

__. _____

_____

장기 목적

1. 자녀의 우울증 치료를 위한 의학적이고 심리적인 처치를 시작한다.
2. 긍정적이고 상호의존적인 부모-자녀 관계를 새롭게 만든다.
3. 자녀와 부모 관계를 향상시키고 안정화하도록 한다.
4. 가족 구성원의 정신건강과 정서적 안정성을 수립한다.
5. 약물과 알코올 남용을 치료한다.
6. 긍정적이고 효과적이며 일관적인 훈육 전략을 시행한다.

—. _____
_____
—. _____
_____

단기 목표

1. 자녀의 우울 증상과 가정 내의 영향을 설명한다. (1, 2)

2. 자녀의 우울 정도와 원인을 파악하기 위하여 모든 신체적·심리적 평가를 한다. (3, 4)

3. 아동기 우울 치료를 위한 다양한 대안을 살펴보고 치료 목적을 이루기 위한 실질적인 행동과정을 선택한다.

치료적 개입

1. 가족력을 수집하고 자녀의 우울 증상에 대한 그들의 관찰사항을 살펴보며 우울 증상의 가족에 대한 영향력을 설명하기 위해 부모를 만난다.

2. 자녀의 우울 증상과 관련하여 정보를 얻고, 이러한 증상이 학교 적응에 어떻게 영향을 미치는지를 알기 위해 학교와 연락할 것을 부모에게 허락받는다.

3. 자녀의 우울 증상에 대한 신체적 원인을 배제, 진단하기 위해 부모에게 내과의가 수행하는 신체적·신경학적 검사를 계획하도록 과제를 할당한다.

4. 자녀의 개인 치료사, 정신건강 클리닉, 또는 정신병원에서 수행하는 모든 심리평가를 받도록 부모를 교육한다.

5. 부모와 함께 치료적 선택사항(예 : 개입이 없는 것, 행동적 개입, 인지치료, 약물, 입원)을 개관하게 하고, 다음의 고려

(5, 6)

사항을 기초로 한 첫 치료계획을 결정할 수 있도록 돕는다. (1) 자녀의 연령, (2) 질병의 심각도, (3) 공병의 존재 여부, (4) 약물치료에 대한 부모와 아동의 태도.

6. 자녀 우울에 대한 처치로 부모 및 다른 가족 구성원들이 즉각적으로 얻을 수 있는 것을 부모에게 알려주고, 현재의 문제가 성공적으로 치료된 후에 미래의 이야기가 변경 가능함을 알려준다.

4. 지원 집단에 참여하기, 추천도서 읽기, 또는 우울과 관련된 영상 보기 등을 함으로써 우울의 원인, 치료적 전략 등에 대한 보다 깊은 이해를 하도록 한다. (7, 8)

7. 부모에게 아동기의 치료와 10대의 우울에 대해 알려줌으로써 최선의 실제적 개입을 할 수 있는 정보의 원천을 제공한다(예 : 미국 소아 · 청소년정신의학회—www.aacap.org; 아동 · 청소년 조울증 재단—www.bpkids.org; 국립 정신건강협회—www.nmha.org).

8. 우울의 원인과 대처 전략을 설명하는 전문서적을 부모에게 권장한다(예 : Dubuque의 *Survival Guide to Childhood Depression* 또는 Fassler와 Dumas의 *Help Me I'm Sad*).

5. 자녀에게 현재 우울증의 원인이 되고 있는 왜곡, 부정적인 인식을 긍정적이고 현실적인 생각으로 바꿀 수 있게 충분히 지도한다. (9, 10)

9. 부모에게 자녀의 부정적 사고를 증명하고 감소시키는 것, 그리고 긍정적 인식으로 대체하는 것을 도와주도록 과제를 내준다(또는 Knapp의 *Parenting Skills Homework Planner*에 있는 '긍정적인 셀프언어 만들기'를 하도록 요청한다).

10. 부모는 자녀가 먼저 긍정적이거나 낙천적인 결말을 가지고 있는 이야기를 할 수 있도록 지도해주고 그 후 같은 방법으로 부모가 이야기할 수 있도록 충분히

6. 자녀의 연령에 적합하고 창의적이며 즐거운 활동이나 사회적 일에 참여할 수 있도록 한다. (11, 12)

7. 우울증에 영향을 미치고 있는 요인들을 알아보기 위해 자녀의 일상의 모든 관계를 검토한다. (13, 14)

8. 자녀가 적극적으로 학교와 학교가 후원하는 활동에 참여할 수 있도록 격려한다. (15, 16, 17)

지도한다.

11. 부모는 우울한 자녀가 일상의 활동과 사회적 일에 참여하도록 하고, 이러한 활동에서 자녀의 참여 여부에 따라 원하는 특권을 얻을 수 있도록 이끈다.

12. 부모는 자녀가 무기력을 이겨낼 수 있도록 하기 위해 연령에 적합한 활동 집단에 등록하도록 과제를 할당한다.

13. 자녀의 일상생활에서 나타나는 모든 관계를 목록화하도록 하고, 자녀에게 긍정적 · 부정적 · 중립적인 각각의 관계를 평가하도록 부모에게 과제를 내준다. 자연스러운 관계에서 자녀와의 관계가 조정적이거나 통제적인지 또는 학대적인지를 부모가 찾아낼 수 있도록 교육한다.

14. 자녀의 일상에서 긍정적인 관계를 촉진하고, 부정적 관계를 줄일 수 있도록 한다(또는 Knapp의 *Parenting Skills Homework Planner*에 있는 '긍정적 · 부정적 관계 다루기'를 완성한다).

15. 부모가 자녀에게 학교에 정기적으로 참석하고 학교와 관련된 프로그램과 활동을 참여하도록 지원하고 격려할 수 있도록 충분히 지도한다.

16. 부모에게 학교에 있는 사회복지사 또는 상담자를 만나 자녀를 위한 상담에 등록하게 하고, 학교에 있는 상담 집단에 참여하는 것을 확인하는 과제를 할당한다.

17. 부모에게 학교 상담가를 만나고, 학습장애 또는 자녀 우울증에 영향을 미치는 문제들을 확인하고, 특수교육이나 다른

9. 자존감을 증진시키기 위해 우울증 자녀의 형제자매와 함께 시간을 보내도록 하고, 이러한 시도를 강화시킨다. (18, 19)

10. 자녀가 우울증을 극복할 수 있도록 돕기 위해 모든 가족 구성원이 협력한다. (20)

11. 결혼생활의 유대감을 강화시키기 위해 상담과 부부 중심의 활동에 참여한다. (21, 22, 23)

12. 우울증에 시달리는 자녀와 다른 가족 구성원의 정서적 안녕감에 영향을 미칠 수 있는 부정적 인지, 왜곡된 인식을 확인하고 대체한다. (24, 25)

학업적 적응이 가능하도록 한다.

18. 우울증 자녀의 형제자매의 욕구에 민감하고 공감적으로 반응하도록 부모를 격려하고, 일주일마다 정해진 시간을 상호작용 활동을 위한 시간으로 배정하도록 한다.

19. 자녀의 형제자매의 감정, 우울증 자녀와 함께 생활하는 좌절감을 평가하도록 하고, 긍정적 상호작용에 형제자매가 참여하는 방법으로 역할극을 하도록 한다.

20. 자녀의 우울증을 다루기 위해 이혼 후 자녀를 돌보지 않거나 별거 중인 부모 또는 혼합되거나 확대된 가족 구성원의 지지를 받기 위한 방법을 양쪽 부모 혹은 한 부모와 함께 브레인스토밍한다.

21. 부모의 책임을 서로 지지하고, 자녀의 우울증에 영향을 미칠 수 있는 조정이나 삼각관계를 피할 수 있는 방법을 목록화한다.

22. 자녀의 우울증이 부부 사이에 어떤 영향을 미치는지를 확인해보고, 서로의 사랑을 유지하고 도와줄 수 있도록 하는 방법에는 무엇이 있는지 부부와 함께 찾아본다.

23. 매일 부모에게 개인적인 의사소통을 위해 '부부 시간'과 서로의 흥미가 있는 활동을 할 수 있게 과제를 준다.

24. 부모 자신의 우울증과 다른 정신질환 이력을 다시 한번 함께 검토해보고, 병리적 증거가 있다면 정신건강 전문가에게 평가와 치료를 의뢰한다.

13. 재정적인 불안정성이 가족 기능에 부정적 결과를 미치고 있음을 확인한다. (26)

14. 구직이나 지역 공동체 보조금을 통한 가족의 수입을 증가시킨다. (27, 28)

15. 가족을 위해 안전하고 안정적인 주택을 공급한다. (29, 30)

16. 개인적 안전에 대해 자녀를 안심시키고 두려움에 대한 인식을 표현하고 공감해주며 지지적인 태도와 사랑하는 관계를 유지하도록 한다. (31, 32)

25. 부모에게 자녀의 우울증에 영향을 주는 부정적 인식 또는 태도가 있는지를 확인해보고, 보다 긍정적인 태도에 대한 모델링의 방법을 브레인스토밍한다.

26. 부모에게 가정과 자녀의 빈곤(영양학적 식사 또는 적절한 의류, 잦은 이사)에 영향을 미치는 이유를 확인하게 한다.

27. 부모가 안정적 고용, 필요로 하는 경제적 보조와 서비스를 얻기 위한 계획을 세울 수 있도록 돕는다. 이러한 목표를 성취하는 데 방해가 되는 장애물에 주목한다.

28. 사회적·재정적·경제적 서비스를 제공하거나 이러한 서비스를 적용하여 가족을 도울 수 있는 기관에 부모를 의뢰한다.

29. 부모가 빈곤과 안전하지 못한 주거 환경이 가족의 불안함과 자녀의 우울에 기여하는지 확인하고 안전함, 안정성, 적합성에 의해 주변과 현재 주거 형태를 평가하도록 한다.

30. 부모가 안전하고 안정적인 주거 환경을 찾는 데 지역사회 기관(예 : 해비타트—www.habitat.org; 주택도시개발부—(800) 569-4287)의 도움을 받을 수 있도록 한다.

31. 부모에게 자녀와 긍정적 의사소통을 할 수 있도록 돕기 위해 Faber와 Mazlish의 하루 10분 자존감을 높이는 기적의 대화 (*How to Talk so Kids Will Listen and Listen so Kids Will Talk*)를 읽도록 한다.

32. 자녀의 말에 경청하고 개인의 안정감을 느끼게 해주며 자녀의 두려움, 무력감,

무상감의 인식을 표현하게 하고 공감할 수 있도록 하기 위해 부모가 매일의 시간을 계획하도록 교육한다.

17. 알코올과 약물 의존을 치료한다. (33, 34, 35)

33. 약물남용 치료 프로그램에 참여하여 화학약품 의존 문제와 약물남용의 장기 종결을 위해 부모를 교육한다.

34. 우울증 자녀가 불법 약물을 복용하였다고 의심된다면 즉시 약물 및 알코올 검사를 받을 수 있도록 부모를 지도한다.

35. 자녀가 알코올이나 약물을 복용한 증거가 있다면 아동을 재활 프로그램에 등록하도록 부모를 교육한다.

18. 책임감과 독립심을 가르치기 위해 훈육 전략을 활용한다. (36, 37)

36. 책임감으로 가는 4단계를 시행함으로써 자녀의 책임감 있는 행동을 발전시킬 수 있도록 부모에게 과제를 준다. (1) 자녀에게 집안일을 준다. (2) 일부 불이행이 있을 수 있다. (3) 불이행에 대한 논리적 결과를 알려준다. (4) 학습을 확인하기 위한 동일한 과제를 다시 준다(Fay, Cline, Fay의 *Becoming a Love and Logic Parent* 참조).

37. 우울증 자녀의 행동을 개선하고 의사 결정 능력을 증진시키며 권한에 대한 감정을 격려하기 위해 통제된 선택을 사용하도록 부모를 교육한다(예 : "저녁 먹기 전에 숙제할래 아니면 그 후에 할래?", "학교까지 걸어갈래 아니면 차를 타고 갈래?").

19. 가족의 응집력과 감정의 표현을 촉진하기 위해 규칙적으로 계획된 가족 모임을 시행한다. (38)

38. 가족 응집력 그리고 가족 기능과 가족 문제의 해결에 참여하는 것을 각 자녀에게 격려하기 위해 규칙적인 가족 모임을

20. 가족 내의 모든 자녀에게 긍정의 말을 언어화하는 빈도를 증가시키고 기록한다. (39)

21. 자녀에게 문제해결 기술을 가르친다. (40)

계획하도록 부모에게 교육한다.

39. 가족 내의 모든 자녀가 긍정의 표현을 자주 할 때의 치료적 이점을 부모에게 알려주고(예 : 자기 존중감 증진하기, 용기 있게 표현하기, 자기 확신감 형성하기), 자녀에게 즉각적으로 할 수 있는 진술을 브레인스토밍한다.

40. 자녀와 함께 해결을 위한 주요한 책임은 남겨놓지만 지지와 안내를 제공하여 문제 해결적 접근을 통하여 개인적 문제를 다루어 자녀를 도와줄 수 있도록 부모를 교육한다(예 : 공감하며 듣기, 해결을 위한 아이디어를 공유할 것을 요청하기, 가능한 해결책에 대해 브레인스토밍하기, 상황을 다룰 수 있는 방법을 결정하기 위해 자녀를 포함하기).

__. _____

_____

__. _____

_____

__. _____

_____

진단 제안

ICD-9-CM	ICD-10-CM	DSM-5 장애, 상태 또는 문제
309.0	F43.21	적응장애, 우울 기분 동반
300.4	F34.1	지속성 우울장애(기분저하증)
296.xx	F33.x	주요우울장애, 재발성 삽화
296.xx	F32.x	주요우울장애, 단일 삽화
_____	_____	
_____	_____	

이혼/별거

행동 정의

1. 이혼 및 별거가 예정 또는 진행되고 있거나 이미 완료되었다.
2. 여러 가족 구성원이 스트레스, 피로감, 우울, 긴장감 혹은 급격한 감정 변화를 경험한다.
3. 가정 내 가사 업무가 과다해지고 잘 정돈되지 않으며, 이로 인해 압도되는 감정을 느낀다.
4. 자신의 문제에 대해 지나치게 몰두하거나 집착하여 자녀에 대한 관심이 줄어든다.
5. 일관성 결여, 긍정적 시각 감소, 감정적 훈육이 이루어진다.
6. 소득의 급격한 감소 및 모자간 삶의 변화가 발생한다.
7. 자녀는 부모로부터의 개입이 감소함을 경험할 뿐 아니라 아버지로부터 재정적·감정적 지원 감소를 경험한다.
8. 자녀는 쇼크, 정신적 외상 및 미래에 대한 불안을 경험한다.
9. 자녀는 이혼 결정에 대한 강한 반대의사를 표현한다.
10. 자녀는 화, 걱정, 죄책감, 우울, 낮은 자존감, 낮은 성취도 혹은 부정적 행동이 늘어나는 것을 경험한다.

—. _____

_____

—. _____

_____

장기 목적

1. 자녀와 함께 가족이 하나의 단위가 되어 차분하고 현실적이며 신뢰할 수 있는 태도로 별거 및 이혼과 이로 인해 예상되는 효과에 대해 논의한다.
2. 모든 가족 구성원의 재정적 지원에 대한 공정한(납득 가능한) 계획을 세운다.
3. 자녀에 관한 문제를 해결하기 위해 협력한다.
4. 주거 환경을 안정화시킨다.
5. 자녀를 양육하기 위한 일관되고 긍정적인 기술 및 훈육 기준을 설정한다.
6. 자녀에 대한 양육, 지도 및 감정적 지지를 위한 책임을 부모가 공유한다.

—. _____

_____

—. _____

_____

단기 목표

1. 현재 별거 및 이혼의 상태에 대해 기술하고, 그러한 상태가 일상생활, 감정적 안정, 양육권, 방문권, 이사 가능성 등과 관련하여 아동 및 가족에 미치는 효과를 파악한다. (1, 2, 3)

2. 자신의 안전에 대한 의구심을 표현하는 자녀를 안심시키고, 자녀의 두려움에 대해 공감하며, 친밀하고 사랑하는 관계를 유지하기 위해 헌신한다. (4, 5, 6)

치료적 개입

1. 현재 가족의 상황 및 이혼 혹은 별거가 자녀에 미치는 영향을 사정하기 위해 필요한 경우 양쪽 부모를 함께 혹은 각자 만난다.

2. 양육권, 방문권 혹은 이사 가능성 등과 같은 자녀와 관련한 긴급한 계획의 세부 사항에 대해 부모에게 묻는다.

3. 이혼이 자녀에 미치는 영향을 기술한 책 (예 : Teyber의 *Helping Children Cope With Divorce*)을 부모가 읽도록 한다.

4. 자녀에게 별거 및 이혼의 계획에 대해 말할 시기와 방법을 설정하도록 부모를 돕고, 이러한 행동이 야기하는 두려운 감정에 대한 공감 및 자각을 표현하도록 지도한다.

5. 부모로 하여금 사적인 논쟁으로부터 자녀를 보호하고, 다툼에 자녀를 중개자로

하고픈 유혹에서 벗어나도록 조언한다.

6. 양부모의 애정적이고 긍정적인 관계는 자녀의 가장 큰 관심사임을 부모에게 교육시키고, 자녀를 대상으로 서로를 비난하거나 다른 부모에 대해 비판적인 언행을 하지 못하도록 교육시킨다.

3. 추후 일어날 자녀의 감정적인 고통의 증가나 증후가 있다면 목록화하고 이러한 문제를 해결할 수 있도록 계획을 세운다. (7, 8)

7. 자녀는 극한의 슬픔, 분노, 두려움뿐 아니라 무력감, 절망 등을 느낄 수 있음을 부모에게 알린다.

8. 만약 자녀가 이혼으로 인해 심각한 정신건강상의 문제를 보이는 경우 개인 상담을 받도록 부모에게 조언한다.

4. 자녀의 감정을 수용하고 있음을 표현하고 이러한 감정을 적절하게 표현하는 방법에 관해 조언한다. (9, 10, 11)

9. 자녀의 감정에 대해 잘 보살필 수 있고 지지적이며 방어적이지 않은 태도로 대응하도록 부모를 교육시키기 위한 역할극을 한다.

10. 이혼 및 가족의 계획에 대해 논의할 때 경청하는 법 및 '나' 전달법을 사용하는 것에 대해 부모와 좀 더 논의하고 역할극을 수행한다(Gorden의 **부모 역할 훈련** 참조).

11. 자녀와의 긍정적인 의사소통 기술을 촉진시키기 위해 부모로 하여금 Faber와 Mazlish의 **하루 10분 자존감을 높이는 기적의 대화**를 읽도록 격려한다.

5. 재정적인 필요 및 자원을 목록화하고, 모든 가족 구성원의 기본적 필요조건에 부합할 수 있는 공평한 계획을 수행한다. (12, 13)

12. 부모로 하여금 가족이 현재 보유한 자산목록을 만든 후 가족이 필요로 하는 것의 목록과 비교해보도록 한다. 이는 모든 가족 구성원의 기본적인 욕구를 충족시킬 수 있도록 자산을 배분하기 위함이다.

6. 재정 문제 또는 기타 분쟁 중인 이혼 문제의 해결이 어려워지면 중재를 요청한다. (14, 15)

7. 직면한 문제와 자녀에 관한 걱정을 해결하기 위해 가족이 협력할 수 있는 방안을 말로 표현한다. (16, 17)

8. 자녀에게 이혼은 부모 양쪽 간의 관계로 인하여 이루어지는 결정일 뿐 자녀의 행동으로 이루어지는 결정이 아님을 명확하게 설명한다. (18, 19)

9. 자녀의 학교에 가족의 상태가 변화하였음을 알리고 학교와 관련한 문제를 해결하기 위해서 교직원의 도

13. 부모 양쪽 모두 자녀가 성인이 될 때까지 재정적 지원을 하도록 약속할 것을 요청한다.

14. 부모로 하여금 인터넷 등에서 이혼 소송 및 가족 개입에 관한 정보를 찾도록 한다(예 : 국가 중재—www.nationalmediation.com; 이혼 조정—www.coloradodivorcemediation.com).

15. 만약 부부가 재정적 문제, 양육권, 방문권에 관해 합의에 도달하지 못하는 경우 중재에 임하도록 조언한다.

16. 자녀의 정서적 안정에 도움이 되는 양육권 설정, 방문권 협의 등과 같은 사안에 대해 부모를 돕는다.

17. 양쪽 부모가 가족 구조의 변화에서 기인한 자녀의 불안을 안심시키고, 자녀의 감정에 공감하고 있음을 표현하도록 한다.

18. 별거 및 이혼이 자녀에 의해서 발생하는 것이 아닌 부모 사이의 문제에 의해 발생한 일이라고 자녀를 안심시키도록 지도한다(또는 Knapp의 *Parenting Skills Homework Planner*에 나오는 '이혼은 내 잘못이 아닌 것' 활동을 하도록 한다).

19. 이혼이 어른들의 결정이라는 것을 확실히 알려주기 위해서 자녀와 함께 *Divorce Is Not the End of the World*(Stern, stern, stern)를 부모가 읽을 수 있도록 한다.

20. 자녀의 선생님 및 학교 상담사에게 부모의 별거 및 이혼 계획에 대해 알리고, 자녀가 학교생활에서 보이는 고통 및 감정

움을 요청한다. (20, 21, 22)

10. 이혼은 모든 연령의 자녀에게 심각한 정서적 혼란을 초래할 수 있고 불안정성과 변화를 감소시키는 것이 스트레스를 감소시킬 수 있음을 자각하도록 한다. (23, 24)

11. 가족을 위한 안전하고 안정적인 주택을 마련한다. (25, 26)

적 반응의 다양한 표현에 대해 부모에게 알려주기를 요청하도록 한다.

21. 가족 분열에 자녀가 적응할 수 있도록 학교에서 이루어지는 지원 서비스[예 : 이혼 관련 집단상담, 개인 상담, 학업적 지지, 동료(친구) 평가 등]를 신청할 수 있도록 조언한다.

22. 자녀의 학교 관련 생활을 돕기 위해 부모가 별거 및 이혼 후의 계획을 세울 수 있도록 돕는다.

23. 양육권, 방문권, 이사 가능성 등과 같은 아동의 신변상 변화와 관련한 문제를 계획하기 전에 이러한 영향력을 적절하게 고려하도록 돕는다.

24. 부모로 하여금 *Children of Divorce: A Developmental Approach to Residence and Visitation*(Baris, Garrity)을 읽도록 하는데, 이는 자녀가 직면할 새로운 양육권 및 방문권 협의에 관한 사항에 대한 이해를 돕기 위한 것이다.

25. 재정적으로 적절하고 가능한 경우 자녀와 양육권을 가진 부모가 현재 주거지에 거주하도록 합의함으로써 삶의 변화 및 불안정성을 최소화시키는 결정을 하도록 부모를 돕는다.

26. 주거 및 이웃 환경과 관련하여 안전, 안정성, 적합성의 차원에서 별거 및 이혼 후 상황을 사정하고, 만약 열악하고 안전하지 않은 생활 조건이 가족의 불안정성을 증가시키는 경우 이에 대해 조사하도록 부모에게 의무를 부과한다.

12. 별거 또는 이혼 상황에서 자녀의 양육 및 관리에 관한 정보 및 전문적 지도를 찾는다. (27)

13. 자녀의 양육 및 훈육에 있어 부와 모 양쪽을 활용할 방법에 대해 서로 타협하고 의견을 합치시킨다. (28, 29)

14. 자녀의 행동 문제를 다루기 위한 긍정적인 훈육기술을 활용한다. (30, 31, 32)

27. 부모로 하여금 자녀교육 강좌(예 : Fay, Cline, Fay의 사랑과 논리를 가진 부모 되기, Moorman과 Knapp의 부모대화법)에 등록하도록 하고, 이러한 강좌를 듣고 난 후 습득한 기법을 가족 상황에의 적용 방식에 관해 논의한다.

28. 부모가 자녀의 행동에 대해 합리적 기대를 유지하고 자녀를 책임 있게 대하기 위해 애정, 공감 및 안정적인 태도로 훈육하도록 부모를 지도한다.

29. 부모의 문제를 사적으로 논의하고, 서로의 관점을 공유하며, 문제에 대한 해결책을 브레인스토밍하며, 양쪽 부모 모두 수용 가능한 범위 내에서 이러한 문제해결에 대한 접근법을 결정함으로써, 더 광범위한 훈육에 대한 공동 접근 방식을 부모가 활용하도록 한다.

30. 자녀가 긍정적인 행동을 취할 때 자녀의 행동을 자주 격려하고, 구체적인 칭찬을 하도록 지도한다. 또한 자녀의 행동에 변화가 필요한 경우에는 부모가 건설적인 피드백을 하도록 지도한다.

31. 가족이 우려하는 훈육에 관한 사항에 대해 우선순위를 매기도록 하고, 이러한 문제들을 한번에 해결하려 하기보다는 하나씩 논의하고 해결하도록 부모를 격려한다.

32. 부모가 자녀의 삶 및 활동과 관련하여 친밀하게 개입하도록 조언한다. 자녀의 행동에 대한 세심한 관찰은 항상 인정받는 것은 아니지만 양육권을 가진 부모뿐

15. 자녀 양육에 있어 부모 양쪽이 서로 조력하고, 자녀를 대상으로 양 배우자가 저항, 기만 및 경쟁을 하지 않는다. (33, 34, 35)

16. 이혼 이후 가족 관계에서의 부모 역할 및 책임성에 대해 목록화하고 각자 할 일을 할당한다. (36, 37)

아니라 양육권이 없는 부모 양 당사자의 기본적인 책임임을 부모에게 설명한다.

33. 부모가 자녀에게 한계를 설정한 선택을 하도록 하여(예 : "토요일이나 일요일에 네 방을 청소할래?) 자녀와의 힘겨루기를 하는 것보다는 책임감 있는 행동에 대한 권리를 허용하는 수반성 관리 전략(예 : "숙제를 다 한 후에 TV 시청을 하는 것이 어때?")을 활용하도록 조언한다.

34. 자녀의 긍정적 행동 강화, 공정하고 합리적인 방식으로 훈육하는 것, 자녀에게 다른 부모에 대해 비난하거나 삼각관계를 형성하는 등의 행위를 줄이는 것이 얼마나 중요한 것인지 부모에게 교육한다.

35. 자녀에 대한 과도한 부모의 개입을 경계하고, 누가 문제를 가지고 있는지 정의한 후 필요한 경우에만 조력이나 가이드라인을 제시하는 차원에서 자녀 스스로 문제를 해결하도록 돕는다.

36. 부모의 역할을 설정하게 함으로써 자녀의 신체적·재정적 욕구가 충족되도록 부모를 돕는다(또는 Knapp의 *Parenting Skills Homework Planner*에 나오는 '부모책임성 평가' 활동을 부모가 완수하도록 한다).

37. 부모로 하여금 미래에 자녀에게 발생할 수 있는 욕구들을 미리 알아보도록 한다. 또한 양육, 지도, 훈육 및 정서적·재정적 지지를 포함한 자녀와의 지속되는 관계 유지 및 개인적 개입과 같은 의무를 부모에게 부과한다.

—. _____   —. _____
_____   _____

—. _____   —. _____
_____   _____

—. _____   —. _____
_____   _____

진단 제안

ICD-9-CM	ICD-10-CM	DSM-5 장애, 상태 또는 문제
309.24	F43.22	적응장애, 불안 동반
309.0	F43.21	적응장애, 우울 기분 동반
309.21	F93.0	분리불안장애
_____	_____	_____
_____	_____	_____

섭식장애

행동 정의

1. 단기에 많은 양의 음식을 섭취한 후에 저절로 치솟는 구토 또는 체중 증가에 대한 두려움으로 인해 완화제(변비약)를 복용한다.

2. 매우 부족한 섭취를 하여 최소 적정 체중 유지를 거부함으로써 급격히 체중이 감소된다(그리고 여성의 경우 월경불순).

3. 자녀가 신체적 매력, 성공, 남녀 역할에 관한 대중매체와 문화적 인식에 의해 지나치게 영향을 받는다.

4. 자녀가 내적이고 개인적인 특징과 강점보다 외적인 신체적 조건을 더 많이 강조한다.

5. 자녀가 신체적 매력, 행복, 성공의 수단으로써 과도한 다이어트와 운동에 초점을 맞춘다.

6. 자녀의 음식, 신체 이미지, 체중, 신체 사이즈에 관한 왜곡되고 비현실적인 생각이 잘못된 섭취 습관과 운동 요법을 야기한다.

7. 자녀는 낮은 자존감, 부족함, 관리 결여, 우울증, 걱정, 분노, 외로움을 경험한다.

8. 자녀 식습관과 그에 따른 해로운 신체적·정신적·사회적 영향은 가족이 가장 걱정하는 영역이 된다.

9. 공포, 걱정, 가족의 정신적 외상이 자녀의 자기 파괴적 행동을 바꾸지 못한 것으로부터 야기된다.

10. 폭력적인 가정 환경과 스트레스가 많고 굉장히 힘든 가족 관계로 인해 시작된다.

—. _____
_____

장기 목적

1. 섭식장애를 가진 자녀를 위한 정신적 치료법을 찾는다.
2. 신체 이미지, 섭식습관, 운동에 관한 긍정적이고 건강한 태도의 본보기가 된다.
3. 이상적인 신체적 매력과 비현실적인 남녀 역할과 관계에 관한 해로운 문화와 대중매체의 강조에 저항한다.
4. 섭식장애를 극복하기 위해서 장기적인 노력을 하고 있는 자녀를 지원한다.
5. 소통의 문을 열어놓고 협조적이고 공감대를 주는 가족 관계를 형성한다.

—. _____
_____
_____

—. _____
_____

단기 목표

1. 가족력을 검토하고 자녀의 섭식장애의 현 상태와 그것이 자녀와 가족에게 미치는 영향을 파악한다. (1, 2)

2. 면허가 있는 의료 종사자에게 자녀의 정밀한 의학검진, 치과검진, 심리검사를 받을 수 있도록 한다. (3, 4, 5)

치료적 개입

1. 여건이 된다면 섭식장애가 일어나게 된 가족력을 검토하고 사회적·정서적·문화적 환경을 파악하기 위해 부모와 자녀를 만난다.

2. 실제적이고 치료 가능한 질병으로 섭식장애를 정의하고 부모와 자녀에게 현재의 상태를 열거하게 하며 장애의 심각성을 표현하고, 그것이 자녀와 가족에게 미치는 영향을 작성한다.

3. 부모에게 자녀의 섭식장애로 인한 신체적 영향을 파악할 수 있는 정밀한 의학검진과 치과검진의 예약을 하도록 하고 자녀와 함께 검진에 오도록 안내한다.

4. 부모가 섭식장애 분야를 전문으로 하는 병원, 클리닉 혹은 민간 치료를 추천받

아 자녀의 심리적 평가를 받을 수 있게 스케줄을 정하도록 한다.

5. 부모에게 치료를 위한 지역사회 자원을 말해주고 안내 전화 상담 서비스를 통하여 지역 치료센터에 접근할 수 있도록 함으로써 치료를 받도록 돕는다(예 : 국립 섭식장애 협회 정보와 위탁 전화 상담서비스–(800) 931-2237 혹은 www.National EatingDisorders.org의 referral 참조).

3. 자녀의 치료 팀과 규칙적으로 소통하고 모든 치료 권고사항을 이행하도록 도와준다. (6, 7)

6. 잠재적 치료 제공자를 인터뷰하고 치료 방식과 관련된 질문을 하도록 부모에게 안내한다(예 : 치료 경험, 전문 분야, 치료법, 치료 기간 등).

7. 부모가 자녀의 치료 팀원들과 규칙적으로 예약된 약속에 참석하도록 하고 치료 일지에 있는 권고받은 모든 치료 개입 방법을 기록하도록 한다.

4. 자녀가 권고된 치료와 섭식장애를 치료할 수 있는 질적인 수준의 치료를 받을 수 있도록 한다. (8, 9)

8. 부모가 섭식장애에 따라 적합하게 추천된 수준의 치료법을 검토하고 적응할 수 있도록 충분히 지도한다(예 : 입원 환자, 요양, 부분 입원, 외래 환자 등).

9. 부모가 지역 정신건강 클리닉 혹은 의과대학에서 치료 방법을 모색하거나 환자보호 단체(예 : 환자 옹호 단체–(800) 532-5274, www.patientadvocate.org)에서 정보를 찾을 수 있도록 저소득층 의료보장 제도(Medicaid) 혹은 국민건강보험에 지원하여 보험 범위를 결정함으로써 자녀의 치료를 위해 지불할 수 있는 능력을 평가하도록 한다.

5. 자녀의 섭식장애에 기여하는 가족의

10. 부모가 자녀의 섭식장애에 영향을 줄 수

태도, 가치관, 기대를 검토하고 목록을 작성한다. (10, 11)

6. 자녀와 다른 가족 구성원의 많은 성격적 강점을 인식하고 확인한다. (12, 13)

7. 건강한 행동과 긍정적인 자기 대화에 대한 지지와 강화를 통하여 신체 이미지에 대한 인식을 바꿀 수 있도록 자녀를 도와준다. (14, 15)

있는 개인적 태도와 가족의 태도에 대해 가치관 목록을 작성할 수 있도록 한다(예 : 마른 것은 매력적 혹은 성공적이다, 과체중은 게으르고 통제력이 부족하다는 것과 같다).

11. 부모가 내적인 가치에 근거하여 인성과 자존감을 장려하는 가치관과 기대감의 목록을 작성할 수 있도록 지도한다(또는 Knapp의 *Parenting Skills Homework Planner*에 나오는 '내부의 아름다움' 활동을 하게 한다).

12. 자녀가 자신의 내재적 특성을 가치 있는 것으로 여길 수 있도록 가족과 공동체에 자녀가 공헌하고 있다는 것을 인식할 수 있도록 부모에게 조언한다(예 : "지미는 믿음직스럽고 시키지 않아도 많은 집안일을 한다.", "로즈는 약속한 것은 꼭 지킨다.").

13. 가족이 함께 나가서 시간을 보낸다거나 매주 가족회의를 통해 각 가족 구성원의 타고난 기질과 성취를 의미 있게 여기도록 부모를 격려한다.

14. 부모가 신체 이미지와 연관되지 않는 개인적 자산(특성) 목록에 대하여 자녀와 함께 브레인스토밍할 수 있게 하고, 부정적 자기진술을 대체할 긍정적인 자기 대화를 할 수 있도록 자녀를 격려한다.

15. 신체 이미지에 대한 건전한 인식과 자기 수용을 촉진하는 자녀의 행동을 격려하도록 부모를 지도한다(예 : 시도 때도 없이 몸무게 재는 버릇을 없애는 것, 거울

8. 전문 기관, 추천도서를 통해 정보를 읽으며, 치료 전문가와 이야기 나눔으로써 섭식장애에 대한 교육을 받는다. (16, 17)

9. 자녀와 함께 잘못된 식이행동, 인식, 자신에 대한 기대감, 장애가 삶의 질에 어떠한 영향을 미치는지에 대하여 이야기한다. (18, 19)

10. 건강한 수준의 식습관, 운동, 사회화를 촉진하는 가족 활동에 참여한다. (20, 21)

11. 식단과 운동에 대한 개인의 가치관을 평가하고 신체 사이즈와 이미지

앞에서 보내는 시간을 줄이는 것, 편안한 옷을 입는 것).

16. 부모에게 섭식장애를 정의하고 치료법과 자녀와 가족을 위한 전략을 제공하는 책을 읽게 한다(예 : Siegel, Brisman과 Weinshel의 *Surviving an Eating Disorder*).

17. 섭식장애를 가진 자녀의 가족을 위한 지역 협력 단체(병원, 클리닉, 혹은 지역사회 정신건강 기관의 후원을 받는)에 부모가 참여하도록 한다.

18. 부모에게 판단을 하는 방식이 아니라 사적으로 자녀와 섭식장애에 대하여 이야기할 수 있게 하고, 하루 10분 자존감을 높이는 기적의 대화(Faber, Mazlish)에서 제안하는 의사소통 도구를 이용하도록 안내한다.

19. 부모가 자녀와 논쟁하거나 힘겨루기를 하는 것보다 자녀의 치료사와 걱정과 갈등 같은 민감하고 중요한 영역에 대해 논의하도록 한다.

20. 부모가 자녀와 함께 건강한 수준의 운동을 촉진하고 사회적 환경에서 영양가 있는 식습관을 격려하는 활동을 구성하고 참여할 수 있도록 한다.

21. 가족 모두가 식탁에 앉고 TV, 비디오, 전화, 그리고 다른 매체의 방해를 받지 않는 스트레스 없는 환경에서 밥 먹을 수 있는 규칙적인 가족 식사 시간을 가질 수 있도록 부모를 지도한다.

22. 부모가 개인의 식습관과 개인적 일지에 적힌 체중 및 신체 이미지에 대한 의견

에 대한 긍정적이고 건강한 태도와 행동을 본보기 삼는다는 약속을 말로 표현한다. (22, 23)

12. 모든 가족 구성원의 개인적인 신체적 특징에 대한 감사함을 말로 표현한다. (24, 25)

13. 대중매체와 다른 문화적 영향이 이상적인 몸에 관하여 어떻게 자녀와 다른 가족 구성원의 인식에 영향을 미치는지 객관적인 평가를 말로 표현한다. (26, 27)

을 기록하도록 지도한다(또는 Knapp의 *Parenting Skills Homework Planner*에 나오는 '영양, 운동, 신체 이미지에 관한 건강한 태도 가꾸기' 활동을 하도록 한다).

23. 부모는 국립섭식장애 협회((206) 382-3587)에서 나온 '몸무게에 집착하는 세계로부터의 독립선언'을 자녀와 함께 읽고 고유의 신체 모양과 사이즈를 수용하도록 하는 제안에 서명함으로써 다짐하도록 한다.

24. 부모와 함께 각 가족 구성원의 긍정적인 신체적 특징에 대하여 브레인스토밍한다(예 : "아널드는 에너지가 넘친다.", "카를라는 애교 있는 미소를 갖고 있다."). 그리고 가족의 다양한 신체적 특징의 진가를 표현하도록 그들의 특징을 자주 말로 표현하도록 한다.

25. 부모에게 각 가족 구성원의 신체적 장점을 생각해보고 그것의 진가를 표현하고 신체에 감사하며 그것이 어떻게 활동과 삶을 존재하게 하는지에 대하여 이야기할 수 있는 시간을 보내도록 한다.

26. 대중매체가 문화적으로 적절한 것, 바람직한 것, 수용되는 것에 대한 자녀들의 관점을 어떻게 왜곡시키는지 이해하기 위해 부모가 자녀와 함께 TV 프로그램과 비디오를 보게 지도한다.

27. 대중매체가 비정상적으로 바르고, 지나치게 활동적이며, 비범하게 아름답고, 굉장히 성적인 모델을 문화적으로 정상적인 것으로 제시하여 아동의 삶에 영향

14. 가족이 TV, 비디오, 영화, 인터넷, 잡지에 노출되어 있는 시간을 감소시키고 자녀가 모든 대중매체에 노출되어 있을 때 모든 대중매체를 안목 있게 바라보는 시청자가 되도록 도와준다. (28, 29)

15. 자녀가 책임감과 독립심을 가지고 행동할 수 있도록 힘을 부여해주며 자제력을 길러주는 긍정적인 훈육 전략을 도입하도록 한다. (30, 31, 32)

을 미치는 것에 대해 부모가 이야기하고 일상생활에서 롤모델을 찾도록 격려할 수 있게 지도한다.

28. 가족의 TV와 비디오 시청 시간을 하루에 1~2시간으로 제한하고 자기수용과 신체적 긍정을 촉진하는 대체물로 가치 있는 활동을 격려하도록 부모를 지도한다.

29. 부모가 지나친 마름과 과도한 다이어트, 운동, 폭식행동을 조장하는 패션 정보와 웹사이트에 노출되는 것을 모니터링하게 한다.

30. 서둘러 충고를 하는 것보다 공감적 경청을 하며, 자녀의 섭식장애 문제를 해결하려 부담감을 가지는 것을 피해야한다고 지도한다.

31. 적절한 행동과 책임감 있는 결정에 따라 자녀가 원하는 특권을 설명하는 문장을 사용하여 합리적인 한계를 설정할 수 있도록 지도한다(예 : "저녁 식사를 끝내는 대로 컴퓨터를 사용할 수 있다.", "네가 다음 주 식단 계획 짜는 것을 도와준다면 쇼핑을 갈 수 있다.").

32. 자녀의 책임감 있는 의사 결정을 도와주고 자제력을 길러주기 위해서 부모가 제한된 선택 방안을 만들 수 있도록 도와준다. 선택 방안 중 하나는 자녀들이 수용할 수 있는 범위 안에서 만들어져야 하며(예 : "저녁으로 감자와 고기를 먹고 싶니 아니면 생선과 밥을 먹고 싶니?") 반드시 구체적인 대안이 있어야 하고 (예 : "오늘 밤 부엌에서 먹을래 아니면

거실 식탁에서 먹을래?") 만약 자녀가 거
절할 시에는 부모가 선택할 수 있는 준
비가 되어 있어야 한다.

16. 스스로 건강한 자존감, 신체 이미지,
삶의 방식을 만들 수 있도록 자녀가
시도하는 것을 지지한다고 말해준
다. (33, 34)

33. 섭식장애를 통제하기 위해, 건강한 삶을
만들기 위해, 자기 수용의 태도를 갖기 위
해 언어적으로 자녀를 지지하도록 한다.

34. 섭식장애 치료는 보통 모든 가족 구성원
의 지지와 협력을 요하는 장기적인 과정
이라는 것을 부모가 이해할 수 있도록
도와주어야 하지만 장애를 극복하고 건
강한 삶을 만드는 주된 책임은 결국 자
녀에게 있다는 것을 이해할 수 있도록
한다.

—. _____

—. _____

—. _____

—. _____

—. _____

—. _____

진단 제안

ICD-9-CM	ICD-10-CM	DSM-5 장애, 상태 또는 문제
307.1	F50.02	신경성 식욕부진증, 폭식/제거형
307.1	F50.01	신경성 식욕부진증, 제한형
307.51	F50.2	신경성 폭식증
307.50	F50.9	명시되지 않는 급식 및 섭식 장애
309.28	F43.23	적응장애, 불안 및 우울 기분 함께 동반
309.21	F93.0	분리불안장애
_____	_____	_____
_____	_____	_____

천재/영재 아동

행동 정의

1. 가족 중 한 사람은 한 분야 또는 여러 분야의 학습에서 천재적이고 같은 연령의 아동에 비해 고급 어휘나 놀라운 논리력을 보인다.

2. 자녀가 관심 있는 분야를 배우는 데 강한 욕구가 있고 기본적이거나 평범한 작업보다는 도전과 복잡한 작업을 선호한다.

3. 자녀가 고르지 못한 인지 발달을 보여 일부 분야에서는 뛰어난 능력과 발달을 보이지만 다른 분야에서는 능력 발휘가 더디거나 발달이 덜 되어 있다.

4. 자녀에게 가정에서 부적절한 성인과 같은 대우나 권한을 부여받아 다른 가족들이 이에 대해 부당하다고 인식하게 된다.

5. 자녀의 사회성/감정의 성숙도를 과대평가 하고 자녀의 일반적인 아동기 발달을 무시하며 자녀의 기능이 높은 수준이라고 추측하는 경향이 있다.

6. 천재/영재 자녀의 독립적 기능을 개발하고 한계를 정하는 긍정적 훈육 전략이 부족하다.

7. 천재/영재 자녀에 대한 분열된 양육 접근법으로 인해 훈육을 남발하고 부모/자녀 관계를 파괴하는 부모의 조정 및 삼각관계가 생겨난다.

8. 자녀에 대해 최상의 성적을 독려하기 위한 최우수 교육 전략에 관해 자녀의 담당 교사와 갈등이 생긴다.

9. 학업, 성적, 평생학습에 대해 제시되거나 모형화된 의견과 기대치가 천재/영재 자녀가 따라 하기에 좋지 못한 사례를 제공한다.

—. _____

_____

—. _____

_____

장기 목적

1. 자녀에게 일, 학업의 우월성, 성적 및 평생 학습의 가치에 대한 긍정적인 메시지를 주는 의견과 기대치를 모형화하고 표현한다.

2. 행동, 요구, 사회적 · 감정적 · 학업적 욕구를 다룰 때 일관된 양육 방식을 활용하기 위해 부모가 함께 협력하고 지원한다.

3. 천재/영재 자녀의 한계를 정하고 자존감을 높이며 독립적 기능을 증진시키는 긍정적 훈육 기법을 이행한다.

4. 가족에게 성인으로서 리더십 지위를 유지하고 자녀 연령에 맞는 책임감과 특권을 부여한다.

5. 학업적 성공을 강화하고 행동에 관한 책임과 사회적 책임을 증진시키는 학업 및 공부 기술을 가르친다.

6. 천재/영재 자녀가 가능성을 완전히 개발하도록 독려하는 학업 전략을 개발하기 위해 학교와 협력한다.

—. _____

_____

—. _____

_____

단기 목표

1. 직업, 훈련, 교육과 관련하여 자녀에게 긍정적으로 말함으로써 긍정적 직업윤리를 보여준다. (1, 2)

치료적 개입

1. 부모가 가족회의에서, 그리고 자녀에게 직접적으로 일과 관련하여 긍정적으로 말함으로써 개인 직업에 대한 긍정적인 태도를 전달하도록 한다.

2. 부모는 '근로자의 날에 자녀 데려오기'나 직업 체험 기회에 참여하도록 하고, 제품을 만들거나 작업복을 입히거나 실

2. 교육, 계획 및 훈련이 여러 가족 구
   성원의 개인적 성공에 어떻게 기여
   하는지에 대해 자녀와 논의한다. (3,
   4, 5)

3. 훈육 및 행동 관리의 문제에 공동 양
   육자를 지원한다. (6, 7)

4. 자녀에게 공동 양육자의 강점과 긍
   정적 성격을 강조하여 공동 양육자
   를 지원한다. (8, 9)

제 작업 공정에 참여하는 것을 도움으로
써 천재/영재 자녀가 경험에 적극적으로
참여하도록 한다.

3. 부모가 여러 핵가족 및 확대가족 구성원
   의 교육과 직업을 나열하는 교육적 가족
   이력을 작성하여 자녀에게 도움을 줄 수
   있도록 지도한다(또는 Knapp의 *Parenting
   Skills Homework Planner*에 나오는 '가
   족 경력 나무'를 작성한다).

4. 부모가 천재/영재 자녀의 긍정적이고 열
   정적인 일을 하는 습관을 만들 수 있도
   록 한다(예 : 일하는 날을 위해 준비하
   기, 병가를 제한하기).

5. 부모가 앞으로의 교육이나 경력 결정에
   대해 자녀의 태도를 긍정적으로 만들어
   줄 업무 경험과 개인적 이야기를 해주도
   록 장려한다.

6. 부모가 자녀 관리 문제를 다룰 때 협력
   적인 연대를 형성하도록 조언하고 모든
   훈육의 결정에 대해 서로 지원하도록 안
   내한다.

7. 부모가 자녀로부터 멀리 떨어진 곳에서
   자녀 관리의 차이점에 대해 논의하고 둘
   다 지원할 수 있는 합의에 이르도록 안
   내한다.

8. 자녀는 모두로부터 긍정적인 점을 모범
   으로 삼고자 하는 욕구가 있다고 부모에
   게 조언하고, 부모가 배우자의 장점과
   능력에 대해 자녀에게 긍정적이고 열정
   적으로 말하도록 지도한다.

9. 별거하거나 이혼한 부부는 이전 배우자

의 긍정적 측면을 말하도록 하고 부모/자녀 관계를 방해할 수 있는 비난의 말은 피하도록 지도한다.

5. 자녀에게 연령과 능력에 맞는 임무와 책임감을 주도록 한다. (10, 11)

10. 가정에서 자녀에게 연령과 능력에 적절한 책임과 심부름을 하게 하여 이러한 일의 노력과 적시에 일을 완수하는 것에 대한 가치를 가르치도록 안내한다.

11. Cline과 Fay의 *Parting with Love and Logic*에 설명된 4단계 절차를 사용하여 자녀에게 책임감을 가르치기 위하여 임무와 심부름을 활용하도록 한다(또는 Knapp의 *Parenting Skills Homework Planner*에 나오는 '책임 가르치기' 활동을 하도록 한다).

6. 통제된 선택을 사용하여 천재/영재 자녀에게 제한을 설정한다. (12, 13)

12. 부모가 여러 통제된 선택을 제공하여 자녀의 의사결정 기술을 구축하도록 안내한다(예 : 빨간셔츠를 입을지 초록셔츠를 입을지 여부, 숙제를 식사 전에 할지 식사 후에 할지 여부).

13. 부모가 자녀의 연령 및 능력에 따라 자녀의 선택을 통제하도록 조언한다(예 : 어린 자녀에게는 작은 선택—치즈 아니면 땅콩버터; 나이 든 자녀를 위한 큰 선택—스페인어를 배울지 프랑스어를 배울지, 피아노를 배울지 바이올린을 배울지 여부).

7. 자녀의 자의식을 키워주는 토론과 조심스러운 말을 통해 천재/영재 자녀를 독려한다. (14, 15)

14. 부모가 긍정적 성격, 높은 기준, 근면성을 겨루는 행동을 지켜보고 다른 가족 구성원의 존재 속에서나 개인적으로 자녀에게 확신을 주도록 안내한다.

15. 부모가 감정, 특별한 관심 및 능력에 대

8. 양육 관련 강의를 듣고 여러 자료를 읽어서 한계를 설정하고 건전한 독립심을 장려하는 긍정적인 양육 기법을 배운다. (16, 17, 18)

9. 논리적이고 자연스러운 결과를 활용하여 협력하는 행동을 증진시킨다. (19, 20)

10. 자녀가 능력과 성숙도에 따라 의사

해 자녀와 대화하여 자의식을 개발하는 것과 개인의 성격과 가치를 평가하는 데 도움을 주는 인터넷 검사에 자녀와 함께 참여하도록 안내한다(예 : 감정 다루기 – http://www.kidshealth.org/ kid/feeling).

16. 부모에게 자녀가 자신감과 책임감 있는 행동을 개발하는 데 도움을 주는 수업을 제시해준다(예 : Dinkmeyer와 McKay의 **효과적인 양육을 위한 체계적 훈련** 또는 Moorman과 Knapp의 **부모대화법**).

17. 부모에게 천재/영재 자녀를 위한 효과적인 양육 기법을 설명하는 자료를 읽도록 한다(예 : Rimm의 *How to Parent so Children Will Learn*).

18. 부모에게 학업성취 저하, 학업적 동기부여 또는 자녀의 천재성을 다루는 지원집단을 제시해준다(예 : 특별한 자녀를 위한 상담 센터 – (703) 620-3660, www. cec.sped.org).

19. 부모가 자연스럽고 논리적인 결과를 통해 천재/영재 자녀의 독립심을 기르고 특성을 개발할 수 있도록 가르친다(예 : 인과적 사고, 책임감 있는 결정하기, 문제의 소유, 자립적 행동 등을 구축한다).

20. 처벌로 연결되는 분노(예 : "우유를 엎질렀구나. 엉망이네! 지금 당장 네 방에 들어가!")보다는 논리적 결과와 결합된 공감과 동정(예 : "우유를 엎질렀구나. 이걸 어쩌니? 행주 가져와서 닦아줄래?") 이 훨씬 더 강력하고 효과적이다.

21. 심각하지 않고 자녀의 연령에 해당하는

결정을 하고 특권을 누릴 수 있도록 한다. (21, 22)

11. 기대치를 명확히 설계하고 실행 가능한 제한을 정하여 힘겨루기를 피한다. (23, 24)

12. 긍정적인 성인과 동료의 모델을 장려한다. (25, 26)

문제일 경우 부모가 자녀에게 결정을 하도록 요청함으로써 책임감 있는 결정을 하도록 하고, 보다 심각한 문제인 경우 자녀는 부모가 제공하는 제한과 지도 내에서 결정하도록 한다.

22. 자녀의 능력과 책임감에 기초한 특권을 부모가 부여하도록 한다(예 : 자녀가 음식을 던지지 않고 앉을 수 있게 되면 높은 의자에서 탁자로 옮기기, 자녀가 안전 규칙을 완전히 습득한 후에 혼자 길을 건너게 하기).

23. 기대치를 명확히 정의해 표현하고 규정 준수에 따라 특권이 생기는 수반성 관리 전략을 사용하여(예 : "숙제가 끝나면 바로 TV를 볼 수 있어.") 자녀와의 힘겨루기를 피하도록 조언한다.

24. 다른 사람과 협력적으로 작업하는 데 필요한 개인적인 인성에 대해 부모가 자녀와 함께 브레인스토밍하고(예 : 말하고 듣기, 문제 해결하기, 수용) 가정과 학교에서 이러한 기술을 개발하고 실습할 수 있는 기회를 나열하도록 한다.

25. 자녀가 선택한 성인 롤모델과 부모가 연락하여 의사소통하고(예 : 코치, 음악 선생님, 가족의 친구, 가족 구성원 등), 해당 롤모델에게 그들의 영향력을 조언하고 계속 긍정적이고 지원적인 메시지를 줄 수 있도록 요청한다.

26. 부모가 인기는 학교에 다니는 동안 과대평가된 것이며 공유된 관심, 지원 및 상호 참여를 기반으로 한 진정한 우정이

13. 식사, 취침 시간, 아침 일상, 공부 시간 등에 예측 가능한 절차를 정한다. (27, 28)

14. 자녀에게 학문적 성공을 증진하기 위한 공부 기술, 시험 준비, 프로젝트 기획, 창의적인 기법을 가르친다. (29, 30)

15. 가족 여행, 외출, 활동을 활용하여 발견과 학습의 즐거움을 증진하도록 한다. (31, 32)

고등학교 고학년을 넘어서까지 잘 유지된다는 것을 설명하여 또래 롤모델의 부정적인 영향이 없도록 한다.

27. 자녀가 준비하는 것에 책임을 지도록 부모가 식사, 취침 시간, 아침 일상을 위한 가정의 절차를 만들도록 지도한다(또는 Knapp의 *Parenting Skills Homework Planner*에 나오는 '식사, 취침 시간, 아침 일상을 위한 절차' 활동을 하게 한다).

28. 부모는 자녀가 학교 숙제를 위한 시간과 장소, 공부할 시간, 공부 확인 방법, 부모의 학습관여 등의 기술을 개발하는 데 도움을 주도록 한다.

29. 자녀의 긍정적인 행위를 인지할 때 칭찬으로 자주 독려하고, 자녀의 행동이 바뀔 필요가 있을 때 건설적인 지도 방법을 사용하기 위해 함께 협력하도록 가르친다.

30. 부모가 자녀의 학교 출석, 시간 엄수, 학문적 성취를 모니터링하고 이러한 분야에 있어서 절차와 목표 달성을 인식하며 안내, 독려, 그리고 필요한 경우 훈육을 하도록 한다.

31. 부모는 자녀와 함께 여러 실제 또는 가상(책이나 비디오 사용)의 분야별 여행을 하여 지역사회, 국가, 전 세계의 유적지 및 관심이 가는 지역을 탐험하도록 한다.

32. 가족 프로젝트로 외국어를 학습함으로써 자녀를 다양한 다국어에 노출시키고 다국어를 사용하는 목적지로의 여행 기

16. 자녀의 담당 교사나 교육 관련 직원을 만나 천재/영재 자녀를 효과적으로 자극하고 도전하게 할 수 있는 계획을 개발하도록 한다. (33, 34)

17. 잘 균형 잡힌 학업, 사회 및 교육 과정 외에 다른 프로그램에 참여하도록 장려한다. (35, 36, 37)

18. 천재/영재 자녀의 졸업 후 교육, 경력, 생활 방식에 대한 기대치를 결정한다. (38, 39)

간 동안 제2외국어를 활용하도록 한다.

33. 여러 등급 수준에서 자녀가 이용할 수 있는 적성 검사 및 흥미 있는 시험에 관해 학교와 상의하도록 조언한다.

34. 부모가 특정 교육과정이 직업 현장에서 어떻게 사용되는지를 자세히 설명하여 자녀의 경력 선택에 있어서 학교 성적과 미래의 성공 간 중요한 연결 관계가 있음을 강조하도록 장려한다(예 : 수학은 자금 관리를 용이하게 하고, 독서는 직업 관련 방향에 대해 쉽게 알게 하며, 작문은 다른 사람들과의 의사소통을 쉽게 해준다).

35. 부모가 진행 보고, 성적표, 회의 입력 자료, 자녀에 대한 시험 및 평가 결과를 즉시 논의하여 자녀에게 계속 알리고 자녀의 관점을 이해하며 수준 있는 교육에 가족의 초점을 맞추도록 안내한다.

36. 부모는 자녀의 특별 관심사나 능력을 지원하고 증진하는 한 가지 이상의 비교과 활동에 자녀를 참여시키도록 한다.

37. 부모가 자녀 개인의 관심사와 능력에 초점을 맞추고 형제자매 및 또래 경쟁자를 방해하는 경쟁보다는 자신의 최선을 다하여 목표를 달성하는 것에 중점을 두도록 장려한다.

38. 부모와 자녀가 중요한 인구학적 및 개인적 자료를 자세히 열거하는 해당 자녀의 일지나 포트폴리오 작성을 시작하도록 장려한다(예 : 유아기 정보, 건강 이력, 학교 정보).

39. 부모는 자녀와 함께 진행 중인 자녀의
향후 목표와 포부의 목록을 작성하여 자
녀의 학업 및 경력 일지에 기입하도록
한다.

—. _____   —. _____
    _____   _____
—. _____   —. _____
    _____   _____
—. _____   —. _____
    _____   _____

진단 제안

ICD-9-CM	ICD-10-CM	DSM-5 장애, 상태 또는 문제
309.24	F43.22	적응장애, 불안 동반
309.0	F43.21	적응장애, 우울 기분 동반
313.81	F91.3	적대적 반항장애
V61.20	Z62.820	부모-아동 관계 문제
_____	_____	_____
_____	_____	_____

조부모 육아 전략

행동 정의

1. 조부모가 지나치게 관여하고 원치 않는 조언을 하며 성인이 된 자녀와 손주에게 자신들의 경험과 가치관을 강요한다.

2. 조부모가 손주와 관계가 부족하고 애정이 넘치는 유대관계 형성에 실패한다.

3. 조부모가 성인 자녀와 손주로부터 멀리 떨어져 살며 불규칙적으로 상호작용한다.

4. 조부모가 부모의 권한을 무시하고 손주를 양육하기 위한 부모의 노력을 방해한다.

5. 조부모가 과도한 용돈, 선물, 지원으로 손주를 버릇없게 키운다.

6. 조부모가 훈육기술이 부족하며 손주에게 한계를 정해주는 일에 실패한다.

7. 조부모가 성인 자녀의 부부관계에 간섭한다.

8. 조부모가 손자와 그들의 부모가 갈등이 있을 때 손주의 편을 든다.

9. 조부모가 성인 자녀와 충돌하는데, 이는 손주의 애정관계 형성을 제한하거나 방해하게 된다.

10. 부모는 손주에 대한 육아, 돈, 그리고 다른 지원에 대해 타당하지 않은 요구를 한다.

—. _____

_____

—. _____

_____

장기 목적

1. 손주 및 그의 부모와 친밀한 관계로 발전시킨다.
2. 책임을 가지고 양육할 수 있도록 성인 자녀의 노력을 지원한다.
3. 성인 자녀와 손주가 필요로 할 때는 합리적인 경제적 지원, 지도, 조력자 역할을 제공한다.
4. 선물을 이용해 성인 자녀들과 손주의 응석을 받아주고 싶은 충동을 참는다.
5. 성인 자녀와 손주의 독립심과 책임감 있는 행동을 장려한다.
6. 손주와 그들 부모에게 관여할 때 개인적인 경계와 한계를 적당하게 유지한다.

—. _____
   _____
—. _____
   _____

단기 목표

1. 손주가 태어났을 때 격려와 지원을 한다. (1, 2)

2. 손자와 정기적으로 교류한다. (3, 4)

3. 손주의 특별활동에 참석하거나 관심

치료적 개입

1. 부모의 바람에 따라서 각 손주의 출산 전후를 기념하는 지원이 얼마나 중요한지 조언한다(예 : 병원 방문, 임시 간호, 전화통화).

2. 가족의 문화에 따라 손주의 출산 축하 모임에 참여하도록 한다(예 : 선물을 가지고 오고, 음식을 준비하며, 세례나 다른 출산 의식 절차에 참여).

3. 손주와 상호교류가 가능한 활동이나 프로젝트를 통해 유대감 형성을 할 수 있도록 조부모를 지도한다(예 : 책 읽기, 게임이나 장난감 가지고 놀기, 외부 활동).

4. 조부모는 유대감을 형성하고 공동의 추억을 쌓기 위해 손주를 위한 미스터리 여행(예 : 사과 과수원, 볏짚 오르기, 산책)을 계획하도록 권유한다.

5. 손주가 참여하는 운동회, 학예회, 발표

거리에 관해 대화를 나눠 손주가 성취해낸 일에 흥미를 보인다. (5, 6)

4. 가족의 역사, 개인적 경험과 가치관 등을 손주와 공유한다. (7, 8)

5. 애정이 넘치는 장거리 관계를 유지하고 발전시키는 전략을 실행한다. (9, 10)

6. 손주의 부모와 양육의 기본 개념과 전략에 대해 논의하고 분석한다. (11, 12, 13)

회 등이나 특별활동을 지원하고 자녀의 참여 활동에 관해 알기 위해 조부모가 동참할 수 있도록 격려한다.

6. 학교와 활동 수행에 관해 이야기하고 진행사항을 확인함으로써 손자의 성취도에 흥미를 가지고 있음을 보여주도록 지도한다.

7. 개인, 가족, 문화역사적 지식을 손주와 공유하도록 지도한다.

8. 손주 앞에서 조부모가 윤리적으로 행동하는 모습을 보여주고 다른 가족에 의해 묘사된 가치관의 예와 이야기를 연관시켜서 개인적 가치관을 보여주는 롤모델이 되도록 지도한다.

9. 조부모가 멀리 사는 손주와 이메일이나 다른 기기를 사용하여 계속 연락하고 관계를 형성하도록 한다.

10. 멀리 사는 손자와 만나기 위해 그들의 집, 손자의 집, 그리고/또는 중간지점에서의 만남을 정기적으로 계획해서 방문하도록 한다.

11. 성인 자녀들과 함께 양육 수업(예 : Fay, Cline, Fay의 **사랑과 논리를 가진 부모 되기**)에 참여할 수 있도록 지도하고 배운 전략을 손주에게 적용할 수 있는 기회에 관해 이야기한다.

12. 조부모는 손주에 관련된 효과적인 전략을 발전시키기 위해 성인 자녀들에게 승인받은 양육에 관한 책(예 : Coloroso의 *Kid are Worth It!*)을 읽고 강의를 듣도록 격려한다.

7. 책임감을 가지고 양육할 수 있도록 성인 자녀들의 노력을 말로써 지지한다. (14, 15, 16)

8. 성인 자녀 가족의 재정적 · 사회적 · 정서적으로 필요한 것들에 대한 책임을 가지고 관리할 수 있도록 말로써 힘을 북돋아준다. (17, 18)

9. 가능한 시간, 에너지, 관심에 기초한 양육을 제공하는 데 동의한다. (19,

13. 조부모는 성인 자녀의 교육 철학을 이해할 수 있도록 하고 손주를 돌볼 때 건강하고 생산적인 부모의 자녀 양육 전략을 시행하도록 돕는다.

14. 성인 자녀가 책임을 가지고 양육할 수 있도록 말로써 지지하도록 조언한다.

15. 손자와 대화에서 성인 자녀의 장점과 노력을 언급해줌으로써 그들을 도울 수 있도록 지도한다(예 : "네 엄마는 정말 너를 사랑해.", "네 아빠는 테니스에 흥미가 있는 너를 지원하기 위해서 많은 시간을 투자하고 있단다.").

16. 자녀 양육에 관해 성인 자녀들과 이견이 있을 경우에는 개인적으로 논의 후 양쪽 모두 동의한 결론을 도출하고, 후에 손주를 양육할 때 서로 일치된 행동을 취한다.

17. 문제가 생겼을 때 이를 해결해주는 방법으로 그들을 돕는 것을 거부하고 공감하고 염려하며 조부모는 성인 자녀가 책임을 가지고 가정의 재정 관리를 할 수 있도록 격려한다.

18. 성인 자녀와 손주에게 조부모의 지원이 필요하게 되면 문제해결 과정을 거칠 수 있도록 지도한다(예 : 연민을 가지고 들어주고, 해결책을 함께 찾고, 각 전략의 장단점에 대해 조사하고, 언제 그리고 어떻게 문제를 해결할지 스스로 결정하게 한다).

19. 정기적으로 제공되는 양육 지원은 조부모의 능력, 자발적인 시간과 에너지 할

20)

10. 개인적·가족적인 트라우마가 있을 경우에 성인 자녀들과 손주를 지원한다. (21, 22, 23)

11. 성인 자녀와 손주에게 필요한 종류와 개인의 능력에 따라서 제공 가능한 재정 지원, 주택 그 외의 지원 등을 늘린다. (24, 25)

애에 기초해야 하고 성인 자녀와 서면 또는 구두로 약속되어 있어야 한다고 알려준다.

20. 자녀 양육이 길어지는 상황은 조심스럽게 다가가라고 조언하고 장기적 또는 영구적 양육을 시작하기 전에 잠재적인 긍정·부정의 요소에 관한 목록을 작성할 수 있도록 돕는다.

21. 극심한 감정의 변화나 트라우마가 진행되는 동안(예 : 해고, 퇴거, 이혼)에는 성인 자녀들과 손주의 고충을 적극적으로 들어주고 기꺼이 돕고자 하는 마음과 동정심을 보여줄 수 있도록 지도한다.

22. 조부모는 이혼이나 양육권 분쟁 중에 한쪽 편을 들거나 비판적으로 말하지 않도록 하고 그들의 사랑은 지속적으로 유지될 것이라고 손주가 확신할 수 있도록 조언한다.

23. 손주가 개인이나 가족의 트라우마에 대처할 때 도와주기 위해서 가능한 지원을 준비하기 위해서 Coloroso의 *Parenting with Wit and Wisdom in Times of Chaos and Loss*를 읽도록 권유한다.

24. 성인 자녀의 가족이 위기에 처했을 때 조부모에게 특별한 지원을 하도록 조언한다(예 : "내가 6주 동안 생필품을 사줄 수 있어.", "2주에 한 번씩 자녀를 돌봐줄게", "6개월간 우리와 함께 지내자.").

25. 늘어난 조부모의 역할에 대해 관련 기관에 문의해서 정보를 조사할 수 있도록 돕는다(예 : 조부모 정보조직−(800) 424−

12. 선물을 주거나 응석을 받아주는 일
    은 조절해서 성인 자녀나 손주가 혜
    택을 당연시하는 태도를 취하는 것
    을 예방한다. (26, 27)

13. 손주가 방문할 때 가족 규칙과 제한
    을 설정한다. (28, 29, 30)

14. 손주가 독립적이고 책임 있는 행동
    을 하도록 격려하는 긍정적 훈육에
    대한 전략을 실행한다. (31, 32, 33,
    34)

3410 또는 www.aarp.org/confacts/pro
grams/gic.html).

26. 손주에게 과도한 선물을 주거나 호의를
    베푸는 것을 제한하고 더 작고 싼 선물
    을 주며 물질적 선물보다는 시간과 관심
    을 줄 수 있도록 지도한다.

27. 손주가 진심으로 감사하게 여길 만한 적
    당한 선물과 호의, 재정 지원에 대해 조
    부모가 성인 자녀와 대화할 수 있도록
    조언한다.

28. 가족의 규칙과 절차를 정하고 성인 자녀
    와 손주가 방문하기 전에 이에 대해 대
    화할 수 있도록 지도한다.

29. 혼란한 상황을 피하기 위해서 사전에 그
    들의 규칙을 명확히 전할 수 있도록 조언
    한다(또는 Knapp의 *Parting Skills Home-
    work Planner*에서 '부모양육의 규칙 대
    조부모 양육의 규칙'을 정해본다).

30. 자녀에 대한 권한과 책임이 정해진 정도
    에 따라서 특권을 인정해주도록 조부모
    에게 설명한다(예 : 안전교육을 받고 난
    후에 혼자서 횡단보도를 건너게 하고,
    주의력을 기르는 훈련을 한 후에 깨지기
    쉬운 인형을 가지고 놀도록 허락한다).

31. Cline과 Fay의 *Grandparenting wit Love
    and Logic*에서 '책임감으로 가는 4단계'
    를 활용하여 손주가 책임감 있는 행동을
    할 수 있도록 조부모를 지도한다. 4단계
    는 다음과 같다. (1) 책임감 있는 행동을
    할 수 있도록 자녀에게 기회를 준다. (2)
    실수를 통해 배울 수 있도록 기다린다.

(3) 결과를 사용해 적절한 행동을 지도한다. (4) 가능한 책임감 있는 행동을 할 수 있도록 같은 기회를 준다.

32. 명확하게 원하는 바를 표현하고 규정을 준수하면 특권이 생기는 수반성 관리 전략을 활용해 손자와 힘겨루기를 피하라고 조언한다(예 : "내가 설거지하는 것을 도와준 후에는 컴퓨터를 사용해도 좋아.").

33. 논리적인 결과와 결합된 공감대와 동정심을 갖는 것(예 : "우유를 쏟았구나. 안 됐네. 행주를 가지고 와서 닦으렴.")은 분노를 하며 훈육을 하는 것(예 : "우유를 쏟았구나. 네 방으로 가, 지금!")보다 상당히 강력하고 효과적이란 것을 조부모에게 알려준다.

34. 손주가 방문할 때마다 통제된 결정권을 주고 결정을 내리는 기술을 익히고 책임감을 길러주도록 지시한다(예 : "함께 공놀이 하거나 영화를 보자.").

15. 손주가 개입하는 개인의 경계와 한도를 정하고 이를 그 부모에게 말로 표현한다. (35, 36)

35. 손자와 함께하고 싶은 일에 대해 개인적인 기대를 목록으로 작성해보도록 권유한다(또는 Knapp의 *Parenting Skills Homework Planner*에 나오는 '손주와의 관계에서의 개인적인 경계' 활동을 하도록 한다).

36. 손주와 부모에게 개인적 경계에 대해서 말할 때는 '나' 또는 '우리'와 같은 단어를 사용하도록 지도한다(예 : "내가 2시간 동안 차를 빌려줄 수 있어. 하지만 그 후에는 일을 해야 해. 일요일에는 우리가 아이들을 데리고 갈 수 있지만 토요

16. 성인 자녀, 손주가 염려되고 논란의 여지가 있는 문제에 대해서 이야기할 때는 애정적이고 긍정적이며 적극적인 자세로 대한다. (37, 38)

—. _____

—. _____

—. _____

일에는 우리가 집에서 일을 해야 해.").

37. 논란이 생기는 일에 대해서는 성인 자녀와 솔직하게 대화하고 양측 모두 받아들일 수 있는 결론을 도출하기 위해 함께 고민할 수 있도록 조언한다.

38. 성인 자녀와 손주와 문제점이나 고민거리를 표현할 때 적대적으로 대하거나 충고 하려고 하지 말고 적극적으로 들어주라고 조언한다.

—. _____

—. _____

—. _____

진단 제안

ICD-9-CM	ICD-10-CM	DSM-5 장애, 상태 또는 문제
309.28	F43.23	적응장애, 불안 및 우울 기분 동반
300.2	F41.1	범불안장애
V61.20	Z62.820	부모-아동 관계 문제
_____	_____	_____
_____	_____	_____

슬픔/상실

행동 정의

1. 사망, 헤어짐, 이혼 또는 감정적 유기 등으로 인해 중요한 관계인 사람을 잃는 것에서 초래된 깊은 슬픔을 경험한다.

2. 충격, 깊은 상실감, 취약성을 느낀다.

3. 부모로서의 책임, 직업 활동, 일상생활을 기대할 수 있는 감정적 에너지가 부족하다.

4. 기분 변화, 권태, 우울을 보이며 정상적인 가족 기능을 중단한다.

5. 상실된 관계에 대한 내부 기억이나 외부적 환기로 압도적인 감정적 반응이 촉발된다.

6. 개인적 슬픔과 상실감을 우선적으로 느끼며 이것이 아동의 슬픔에 대한 인지 및 공감 반응을 막는다.

7. 상실감을 설명하고 슬픔의 깊은 감정을 아동에게 전달하는 것에 대한 어려움을 호소한다.

8. 자녀는 격리, 혼동 및 공포의 감정을 겪는다.

9. 자녀는 충동성, 과장된 행동, 자멸적·퇴행적·강박적 행동을 통해 슬픔을 표현한다.

10. 가족 구성원들이 충격, 강한 고통, 깊은 비애에서 슬픔의 단계를 지나면서 서로 다른 속도로 수용과 평온이 혼합된 슬픔으로 나아간다.

—. _____

_____

—. _____

_____

장기 목적

1. 자신의 깊은 슬픔과 상실감을 확인하고 그것을 아동의 이해 수준에서 의사소통한다.
2. 중요한 관계에 있는 사람의 상실을 점차 받아들일 수 있도록 가족으로서 함께한다.
3. 가족의 일상, 일, 사회 활동의 참여를 재개한다.
4. 자녀가 슬픔의 단계들을 지나고, 부적절하거나 자기 파괴적인 상실의 표현에 대해 자제하도록 도와준다.
5. 가족으로부터의 지속적인 사랑, 돌봄, 지원을 아동에게 확인시켜준다.
6. 미래에 대해 낙관적인 느낌을 발달시키며 새로운 관계에 투자를 시작한다.

—. _____
_____
—. _____
_____

단기 목표

1. 상실에 관계된 개인적 감정을 표현하고 이런 감정을 다루는 적절한 방법을 확인하며 그것을 자녀와 공유한다. (1, 2)

2. 강한 슬픔의 감정을 다룰 행동기술의 목록을 정하고 실행한다. (3, 4)

치료적 개입

1. 개인적인 감정, 의문, 두려움 및 상실에 대한 인식을 표현하면서 가족 구성원이 헤어진 사랑하는 사람에게 편지를 쓰게 한다.

2. 자녀에게 상실 반응에 대해 그림을 그리거나 노래나 시를 쓰거나 음악을 연주하거나 조각이나 모래 놀이를 하게 하고, 이러한 예술적 표현을 부모 및 상담자와 공유하도록 한다.

3. 한 주간 강한 슬픔의 반응을 처리할 수 있는 계획을 고안하도록 부모가 돕는다 (예 : 친구나 가족 구성원과 이야기하기, 그림 그리기, 일기 쓰기, 열 번 심호흡하기 등).

4. 슬픔을 다루는 방식이 개별화되도록 부모가 돕고 일시적으로 압도되었다가 시간이 지나면서 약화될 수 있는 전형적인

3. 자녀의 슬픔과 상실의 감정을 말로 인정하고 지속적인 감정 교환이 이루어지도록 한다. (5, 6)

4. 슬퍼하기와 상실에 대한 적응은 성인과 자녀 모두에게 대해 시간과 노력이 필요하다는 것에 대한 이해를 언어로 표현한다. (7, 8)

5. 슬퍼하기에 대한 정보를 모으거나 슬픔 지원 집단에 가입한다. (9, 10)

슬픔의 흐름을 인지하도록 한다.

5. 부모가 자녀를 도와 그림 그리기나 일기 쓰기를 통해 상실에 대한 그들의 반응을 관찰하도록 한다(또는 Kanpp의 *Parenting Skills Homework Planner*에서 '변화와 상실에 대한 우리의 반응 관찰하기'를 소개해준다).

6. 부모가 하루 10분 자존감을 높이는 기적의 대화(Faber, Mazlish)를 읽고 자녀들과 더 활발하고 공감적인 의사소통을 발달시키도록 한다.

7. 슬픔을 극복하는 과정을 부모에게 알려주며(예 : 충격과 부정, 분노, 상실, 수용 고통 경험, 변화에의 적응, 바뀐 생활양식에 대한 적응 노력) 자녀와 함께 현재 어떤 상태를 겪고 있는지 결정하고 다가올 단계에 대한 계획을 세운다.

8. 부모가 비밀의 화원(플레이하우스비디오) 또는 라이온 킹(월트디즈니홈엔터테인먼트)을 자녀들과 함께 보고 사랑하는 사람의 상실이나 죽음 후에 주인공들이 경험하는 슬픔의 상태에 대해 이야기한다.

9. 지역 병원, 호스피스, 종교 집단 또는 지역사회 기관이 제공하는 슬픔 지원 집단을 부모에게 소개한다.

10. 부모가 문학작품을 읽거나(예 : Coloroso의 *Parenting with Wit and Wisdom in Times of Chaos and Loss*) 인터넷에서 정보에 접속함으로써(예 : 아동의 슬픔과 상실 문제—www.childrensgrief.net) 가족 및 개인적 슬픔에 대한 정보를 모으

6. 확대가족, 학교, 직장 환경 및 지역
   사회 내에서 위안의 원천을 확인한
   다. (11, 12)

7. 죽음 그리고/또는 상실의 영적 측면
   을 논의하기 위해 성직자와 만난다.
   (13, 14)

8. 자녀의 슬픔과 상실에 대한 반응을
   발달적 관점에서 이해함을 언어로
   표현한다. (15, 16)

9. 자녀와 부모는 감정 및 행동에서 슬
   픔의 증상을 묘사한다. (17, 18)

게 한다.

11. 부모가 가족, 동료, 자녀의 학교 및 친구
    로부터 여러 가지 지원 및 보살핌 등을
    확인하여 개인적 지원 시스템을 확인하
    게 한다(또는 Kanpp의 *Parenting Skills
    Homework Planner*에 나오는 '슬픔과 상
    실의 지원 집단'을 소개한다).

12. 부모가 자녀의 교사 또는 학교 상담사와
    만나서 가족에서 상실의 영향과 아동에
    대한 영향을 논의하도록 한다.

13. 부모가 자녀 또는 전체 가족 구성원과
    랍비, 목사, 청년부 목사 등이 만나는 자
    리를 마련하여 영적 측면에서 상실을 논
    의하고 안내와 지원을 받도록 한다.

14. 부모는 자녀가 가족의 신앙 장소에서 슬
    픔 및 상실 지원 집단에 참여하도록 장
    려하도록 격려한다.

15. 부모가 *Explaining Death to Children*
    (Grollman) 및 *The Way Children Grieve*
    (Bissler)를 읽고 자녀에게 미치는 슬픔의
    영향에 대한 성찰을 얻도록 한다.

16. 부모가 *Developmental Considerations
    Concerning Children's Grief*(Metzgar)를
    읽고 슬픔과 상실에 대한 자녀의 반응을
    발달적 관점에서 논의한다.

17. 슬픔과 상실에 대한 공통적 반응(예 : 충
    격, 분노, 죄책감, 부끄러움, 집중력 저
    하, 행동 변화, 기분 변화, 퇴행, 집착)을
    묘사한다. 부모가 개인적으로 겪거나 자
    녀에게 관찰한 증상을 추가하도록 요청
    한다.

10. 기념일, 명절 또는 기타 슬픔을 느끼는 기간에 대처할 전략을 계획하고 실행한다. (19, 20)

11. 슬퍼하는 자녀에게 편안함과 지원을 제공하는 데 초점을 둔 전략을 실시한다. (21, 22)

12. 슬픔의 반응이 심하거나 길어지면 자녀가 개별 상담을 받게 한다. (23, 24)

18. 부모가 자녀와 함께 '이야기하기, 감정 및 게임하기'(Gardner, 웨스턴 심리학 서비스)나 '언게임(The Ungame)'(타이코 사)을 하여 가족 구성원 각자가 죽음이나 상실에 대한 감정을 확인하고 표현하도록 돕게 한다.

19. 부모와 함께 애도일, 생일, 기념일을 맞이할 아이디어를 브레인스토밍한다(예 : 가족과 함께할 활동을 계획하기, 좋았던 기억을 서로 나누기, 묘지를 방문하고 헤어진 사랑하는 이에게 이야기하기 등).

20. 부모는 자녀가 헤어진 사랑하는 사람에 관계된 특별한 기억, 이야기, 경험(그 사람을 잃은 날, 생일 또는 명절)을 기억하는 일에 참여하게 한다.

21. 자녀가 슬픔을 다루는 것을 도울 수 있는 전략을 부모에게 가르쳐준다(예 : 열린 마음으로 진실을 말하기, 슬픔 표현하기를 주저하지 않기, 죽음이나 상실이 자녀의 잘못이 아니라고 안심시키기).

22. 부모가 자녀와 함께 슬픔과 상실에 대한 책을 읽거나 비디오를 보고[예 : **스프링 칸타타 : 작은 나뭇잎 프레디의 여행**(*The Fall of Freddie the Leaf*; Buscaglis), *Don't Despair on Thursdays*(Moser)] 그 이야기들로 촉발되는 생각과 감정을 이야기하도록 한다.

23. 부모는 자녀의 슬픔 반응에 대한 일기를 쓰도록 하고 이어지는 상담 시간 중에 그것을 이야기하고, 심하거나 길어지는 슬픔 과정을 나타내는 징후에 신경을 쓴다.

13. 일관성 있고 지지적인 훈육 전략을 유지한다. (25, 26)

14. 개인적 안전에 대해 자녀를 안심시킨다. 기존의 두려움에 대한 인식과 공감을 표현한다. 그리고 가깝고 사랑하는 관계를 유지하는 데 노력한다. (27, 28)

15. 상실은 인생에서 피할 수 없는 부분이라는 것을 이해하도록 언어로 표현한다. (29, 30)

24. 부모는 자녀의 길고 심각한 슬픔에 대한 반응을 살펴보고(예 : 일상적 활동에 대해 계속 흥미를 잃음, 식욕 부진, 수면의 어려움, 퇴행이 길어짐, 관계로부터 후퇴) 적절한 개인 치료를 소개한다.

25. 부모가 계속해서 자녀의 행동에 대해 합리적인 기대를 갖고 사랑하며 따뜻하고 일관성 있는 방법으로 훈육하여 자녀를 책임감 있게 만들도록 한다.

26. 부모에게 자녀의 모든 삶과 활동에 지속적으로 친밀하게 참여하도록 조언한다. 자녀의 행동을 조심스럽게 관찰하는 것이 항상 환영받지는 못하더라도 그것이 특히 가족이 정신적 외상을 당한 상황에는 부모 모두의 중요한 책임이라는 것을 설명한다.

27. 부모가 개인적 안전에 대해 자녀를 안심시킬 시간과 방법을 계획하고 자녀의 두려움과 슬픔의 감정에 대한 인식과 공감을 표현하도록 돕는다.

28. 자녀가 슬픔을 처리할 수 있도록 연령에 맞는 긍정적인 개입을 확인할 수 있게 부모를 돕는다(예 : 적극적으로 들어주기, 자주 인정해주기, 질문에 대답하기, 함께 슬픔과 상실에 대한 책 읽기, 지원과 격려를 계속 표현하기).

29. 부모가 자녀와 협조하여 출생, 죽음, 결혼 및 졸업 등 중요한 사건의 연대표를 만들어 가족 역사 안에 포괄되어 있는 축하할 일과 상실에 대한 시각적인 관점을 얻게 한다.

16. 절망을 긍정적이고 생산적인 노력으로 바꿀 방법을 설명한다. (31, 32)

17. 개인 및 가족의 목표 목록을 작성하고 가족과 개인 간의 미래 관계에 대한 낙천적인 생각을 표현한다. 장래의 가족과 개인적 관계에 대한 긍정적인 기대를 표현한다. (33, 34)

—. _____

_____

—. _____

_____

—. _____

_____

30. 부모가 더 나이 든 가족 구성원에게 슬픔과 상실에 대처하는 지혜와 경험을 자신과 자녀에게 나눠주기를 요청한다.

31. 자녀가 가족의 슬픈 경험에 대한 글을 쓰고 그것을 슬픔 지원 집단 구성원과 공유하거나 슬픔 뉴스레터나 웹사이트에 제출하는 것을 부모가 도와주도록 격려한다.

32. 부모가 자녀와 함께 정신적 외상 사건에 대한 반응을 긍정적으로 바꿀 수 있는 방법에 대해 브레인스토밍하고(예 : 슬퍼하는 다른 사람을 돕는 자원봉사, 의미 있는 구호 활동, 변화를 위한 프로젝트 시작하기, 안전벨트법을 홍보하기) 가족이 참여할 한 가지 프로젝트를 선택한다.

33. 부모가 자녀와 함께 성취, 활동, 직업 경로, 개인 및 가족 관계에 초점을 맞춘 5년 후의 모습을 나타내는 콜라주 그림을 만들도록 한다.

34. 부모가 자녀와 함께 *Lessons from Geese* (Clayton)를 읽고 거위처럼 어떻게 슬픔과 상실의 시기에 서로를 도울 수 있을지에 대한 토론을 한다.

—. _____

_____

—. _____

_____

—. _____

_____

진단 제안

ICD-9-CM	ICD-10-CM	DSM-5 장애, 상태 또는 문제
296.xx	F32.x	주요우울장애, 단일 삽화
296.xx	F33.x	주요우울장애, 재발성 삽화
V62.82	Z63.4	단순 사별
309.0	F43.21	적응장애, 우울 기분 동반
300.4	F34.1	지속성 우울장애(기분저하증)
_____	_____	_____
_____	_____	_____

적대적 반항장애

행동 정의

1. 반항적인 자녀는 일상 관리를 위해 요구되는 힘, 참을성, 인내심 등이 부족하다.

2. 자녀는 분노와 분개하는 행동으로 인해서 피로하고 불만스러우며 혼란스러워한다.

3. 비효율적이고 단합되지 않는 행동 관리 전략으로 인해서 자녀의 거짓, 의사소통 근절 현상과 불만을 야기한다.

4. 까다로운 자녀를 다루기 위해 필요한 지원 시스템과 위탁 자원이 부족하다.

5. 자녀는 부모 및 다른 가족 구성원과 잦은 대립과 언쟁을 한다.

6. 자녀는 고의로 다른 사람들을 화나게 하거나 귀찮게 하고 잘못된 행동이나 실수를 다른 사람의 탓으로 돌린다.

7. 자녀는 부정적이고 반항적인 행동 때문에 가족, 사회 또는 학업 기능에 심각한 어려움을 겪는다.

8. 자녀의 행동과 부모의 조절 능력 부족을 비난하는 가족과 친구들이 늘어난다.

9. 형제들은 반항적인 자녀의 행동에 불만을 나타내거나 창피함을 당하고 반항적인 자녀와 거리를 두려고 한다.

—. _____
_____

—. _____
_____

장기 목적

1. 반항적인 자녀의 훈육을 위해 확고하고 구조화된, 그리고 지속적인 시스템을 시행한다.
2. 반항적인 자녀와 대면하더라도 사랑, 지지, 공감을 가지고 자녀를 대한다.
3. 반항적인 자녀를 양육하면서 매일 겪게 되는 어려움을 극복하기 위해 육체적 · 정신적 · 심리적 건강의 균형을 유지한다.
4. 친구들과 다른 가족 구성원에게 반항적인 행동을 하는 자녀를 관리하는 데 필요한 도움과 휴식 기간을 요청한다.
5. 자녀의 반항적인 행동에 대해 형제들이 적절하게 대처할 수 있도록 지도하고 도와준다.
6. 반항적인 자녀와의 관계를 위해 정신적 · 교육적 · 행동적 · 심리적 도움을 찾는다.

—. _____

_____

—. _____

_____

단기 목표

1. 반항적인 자녀의 발달 과정과 현재 문제점에 대해 기술한 것을 제공한다. (1)

2. 전문가들과 정신건강 기관 그리고 반항적인 행동을 보인 자녀의 치료법과 진단이 설명되어 있는 관련 서적을 읽으면서 정보를 수집한다. (2, 3, 4)

치료적 개입

1. 자녀의 발달력을 수집하고 적대적 반항장애를 가진 자녀가 보여준 행동, 학업, 사회정서적인 문제점과 가족에 미치는 영향과 관련된 부모의 염려를 검토한다.

2. 자녀의 학교와 연계된 정신건강 전문가로부터 자녀에 대해 포괄적으로 내려진 사회심리적 · 의료적 · 교육적 평가를 정리할 수 있도록 부모님을 돕는다.

3. 자녀에게 발생한 적대적 반항장애를 다루고 있는 문헌을 읽을 수 있도록 부모를 지도한다[예 : Greene의 아이의 대역습 : 감정 폭발하는 아이에게 지금 필요한 건 부모의 열린 마음(_The Explosive Child_), Forehand와 Long의 고집쟁이 변화시키는 5주 프로그램(_Parenting the Strong-Willed Child_)].

3. 반항적인 자녀에게 영향을 미치는 동반이환이 있을 가능성을 조사한다. (5, 6)

4. 반항적인 자녀를 양육하는 것의 다면적인 문제점을 분석하는 상담에 부모와 자녀가 함께 참여한다. (7, 8)

5. 자녀의 반항적 행동이 학업 성취도나 사회성에 방해되지 않는다는 것을 확실히 하기 위해 학교와 협력한다. (9, 10)

4. 적대적 반항장애의 진단, 치료, 행동관리에 관한 정보에 접근할 수 있는지 부모에게 알려준다(예 : 미국 소아 · 청소년 정신의학회—(202) 966-7300 또는 www. aacap.org; 아동 · 청소년 부모를 위한 가족 자료 모임—(800) 950-6264 또는 www. nami.org).

5. 적대적 반항장애는 종종 다른 신경정신 병적 질환과 함께 발생한다는 것에 대해 조언하고 공존하는 다른 질병을 알아내기 위해 자녀의 정신의학적 · 심리학적 평가를 부모와 검토해본다(예 : ADHD, 우울증, 불안감, 학습장애).

6. 자녀의 정신과 주치의와 함께 적대적 반항장애와 다른 의학적 질환의 증상을 치료하기 위한 치료법에 대해 상담하도록 부모를 지도한다.

7. 반항적인 자녀를 양육하는 것의 감정적 손실에 관하여 부모와 이야기를 공유하고 그들이 대면하는 치명적인 문제의 극복을 도와주기 위해서 정기적으로 계획되어 있는 상담에 참여할 수 있도록 부모를 격려한다.

8. 반항적인 자녀를 위해 학교에서 진행 중인 개별 상담이나 민간 치료사와의 상담을 준비할 수 있도록 조언한다.

9. 부모에게 자녀가 학업 환경에 성공적으로 참여하는 것을 돕기 위해서 학교와 특수교육이나 제504조항 시설 등과 관련한 상담을 하도록 조언한다(예 : 소규모 교실, 교육 또는 행동에 관한 특수교육

보조원의 도움, 특별수업).

10. 학교에 휴식 공간, 다른 학생들을 방해하는 학생책임센터(Student Resposibility Center), 또는 진도를 따라갈 수 있도록 도와주는 배움센터(Learning Center)를 만들도록 권유할 수 있게 조언한다.

6. 자녀의 선생님과 다른 교육 관련 직원을 정기적으로 만나서 학업적·행동적 문제에 대응하기 위한 전략을 조정한다. (11, 12)

11. 자녀의 가정 또는 학교에서의 특혜를 얻기 위해서 유지되어야만 하는 학업적 성과의 수준을 논의하고 자녀의 학업적 인내심 평가를 위해 선생님을 만나도록 한다.

12. 자녀가 성공적으로 학업수행을 할 수 있는 적절한 교육 시설을 결정하기 위해 부모와 교직원의 만남을 용이하게 한다(예 : 과도기 동안의 철저한 관리, 선생님 책상 근처에 앉기, 집중을 방해하지 않는 곳이나 좋은 롤모델 근처에 앉기, 토론 수업에 자녀 참여시키기, 단순하고 명료하게 지시하기, 보충 수업 준비하기).

7. 반항적인 자녀를 학교나 지역 정신건강 기관에서 제공하는 분노조절과 사회성 교실에 참여하게 한다. (13, 14)

13. 부모는 반항적인 자녀가 학교 상담가나 학교 사회사업가에게 책임감 있는 행동을 기를 수 있도록 돕는 프로그램에 관해 상담하도록 지도한다.

14. 학교나 지역 정신건강 기관에서 제공하는 분노조절, 사회성 교실을 찾아 반항적 자녀를 참여시킬 수 있도록 돕는다.

8. 대화기술 향상과 스트레스 감소 및 부모가 서로 간의 육아 노력을 지원하도록 한다. (15, 16)

15. 육아의 압박과 요구가 많은 자녀로부터 잠시 떨어져 사교적인 저녁을 매주 한 번씩 계획할 수 있도록 지도한다.

16. 반항적 자녀로 인해서 부부 사이에 생겨난 갈등과 의사소통 단절 현상을 인지하

9. 건강한 생활태도를 촉진하고 신체 및 정신 운동을 할 수 있는 프로그램에 참여한다. (17, 18)

10. 부모교실에 참여하고 가정 안에서 올바른 훈육을 하기 위한 제도를 시행한다. (19, 20)

11. 애정적이나 확고하고 정교한 양육 접근법을 배우고 훈육에 감정을 배제한다. (21, 22)

고 지지해줄 수 있도록 조언한다.

17. 반항적인 자녀를 키우는 매우 도전적인 일을 준비하기 위해서 매일의 생활 습관을 기르도록 권고한다(예 : 충분한 숙면과 규칙적인 운동).

18. 스트레스를 줄이고 감정의 균형을 맞추기 위해 고안된 프로그램에 부모가 참여할 수 있도록 격려한다(예 : 업무량 줄이기, 관련 잡지 읽기, 협력 네트워크 구축하기).

19. 긍정적 훈련의 기술을 익히기 위한 부모교실을 알아보도록 한다(예 : Fay, Cline, Fay의 사랑과 논리를 가진 부모 되기 또는 Moorman과 Knapp의 **부모대화법**).

20. 고민을 나누고, 긍정적인 이벤트를 생각하며, 서로 협력하고, 서로의 가치를 되돌아볼 수 있는 질문을 하고 긍정적인 상호관계에 대해 계획하는 주간 가족 모임을 시작하도록 격려한다.

21. 부모에게 엄격함(훈련적인 개입을 하고 자녀의 부적절한 행동에 초점을 맞춘다)과 가혹함(자녀의 인격을 공격하고 자존감에 상처를 준다)의 결정적인 차이를 강조하고 자녀를 훈육할 때 분노와 혐오 대신 공감과 연민으로 대하라고 알려준다.

22. 자녀가 반항적인 행동을 시작할 때 자녀에게 타임아웃 기술을 이용하는 계획을 세우라고 지도한다. 자녀에게 진정하고 마음을 가다듬으며 올바른 행동을 회복할 수 있는 기회를 주는 등의 과정을 설명한다.

12. 문제 행동을 목표로 하는 행동 관리 계획을 세우고 구조화되고 간단한 부모의 행동과 결과를 제공한다. (23, 24)

13. 협동, 순종, 긍정적 행동을 형성하기 위해 특권을 이용한다. (25, 26)

14. 자녀의 TV, 영화, 컴퓨터, 비디오 게임에 대한 노출을 제한하고 감독한다. (27)

23. 부모에게 몇몇의 매우 부적절한 행동(예 : 때리고 욕하는 일)에 대한 우선순위를 정하고 반대로 기대했던 적절한 행동(예 : '가족적이고 친근한' 단어의 사용, 본인의 기분을 설명하는 단어의 사용)을 정의하도록 지도한다.

24. 부모에게 장기간에 걸친 부정적 행동에 대한 반응을 미리 계획하고 준비해서 개입을 실행할 때는 차분하고 대단히 엄격하게 대하라고 지도한다(또는 Knapp의 *Parenting Skills Homework Planner*에 나오는 '문제 행동을 위한 계획' 활동을 한다).

25. 부모에게 자녀가 올바른 행동을 하면 보상을 활용하거나 행동계획에 충실하기를 거부했을 때 보상의 활용을 금지시키는 등 특권에 대한 목록을 정하라고 지도한다(예 : 가족 컴퓨터의 사용, 음악 감상, TV 시청의 제한).

26. 부모가 자녀에게 조금 더 올바르고 유순한 행동을 할 수 있도록 격려하기 위해 *Parenting Skills Homework Planner* (Knapp)에 나오는 활동인 '만일의 사태와 결과에 대한 특권의 이용'을 완수하라고 조언한다.

27. 부모에게 자녀의 컴퓨터와 인터넷을 포함한 매체의 사용을 관찰하고 TV와 비디오 시청을 함께하라고 조언한다(또는 Knapp의 *Parenting Skills Homework Planner*에 나오는 '가족이 허락하는 매체 목록'을 정한다).

15. 다른 형제를 위한 상담이나 다른 지원 서비스를 마련한다. (28, 29)

16. 친구들과 돌봄 제공자, 가족에게 적대적 반항장애에 대한 정보를 제공하는 모임이나 상태를 설명하는 서적을 읽는 교육을 진행하도록 한다. (30, 31)

28. 반항적인 행동을 하는 형제자매와 함께 사는 것에 대한 자녀의 정신적인 스트레스를 관리하기 위해 학교나 민간 치료사나 단체의 상담을 신청하도록 조언한다.

29. 부모에게 형제들의 고민과 감정을 적극적으로 들어주고 그들에게 가치 있고 확신에 찬 느낌을 줄 수 있도록 의미 있는 시간을 규칙적으로 갖도록 조언한다.

30. 부모에게 행동계획을 관리하고, 문제 상황을 고민하며, 현재 적응 단계를 명확히 하기 위해 반항적인 자녀를 돌봐주는 사람과 정기적으로 만날 수 있도록 조언한다.

31. 부모에게 가족 구성원과 매일 돌봐주는 사람들을 초대해서 상담, 양육교실이나 정보교류 모임에 참여하고 반항적인 자녀를 지도하는 데 도움이 되는 전략에 조금 더 친숙해지도록 지도한다.

—. _____
_____
—. _____
_____
—. _____

—. _____
_____
—. _____
_____
—. _____

진단 제안

ICD-9-CM	ICD-10-CM	DSM-5 장애, 상태 또는 문제
313.81	F91.3	적대적 반항장애
312.9	F91.9	명시되지 않는 파괴적, 충동조절 및 품행 장애
312.89	F91.8	달리 명시된 파괴적, 충동조절 및 품행 장애
314.01	F90.1	주의력결핍 과잉행동장애, 과잉행동/충동 우세형

314.01	F90.9	명시되지 않는 주의력결핍 과잉행동장애
314.01	F90.8	달리 명시된 주의력결핍 과잉행동장애
V61.20	Z62.820	부모-아동 관계 문제
————	————	————————————————————
————	————	————————————————————

또래 관계/영향

행동 정의

1. 자녀가 친구, 사회 활동, 또래 집단 영향력 및 기대치에 대해 알지 못하거나 참여하지 않거나 관심이 없는 태도를 보인다.

2. 자녀가 학교 및 이웃이나 지역사회에서 경험한 또래 집단 문제에 대한 인식이나 공감이 부족하다.

3. 자녀에게서 부적절하거나 반사회적이며 정직하지 않거나 예의 바르지 못한 사회적 상호작용이 형성된다.

4. 가혹하고 공격적이며 협박하는 형식의 훈육을 사용한다.

5. 과도한 업무, 개인 활동, 관심의 부족 등으로 인해 자녀와 함께 즐기고 사회 활동하는 데 제한된 시간을 쓴다.

6. 만성적 신체장애나 정신장애로 인해 자녀와의 정서적 거리를 둔다.

7. 사회, 학문, 운동, 예술 등에서 자녀가 우수한 인재여야 한다고 과도한 압박을 준다.

8. 자녀는 사회적 성공 또는 조화를 이루기 위해 필요한 능력에 대해 자존감과 자신감이 부족하다.

9. 자녀는 미숙한 사회적 행동을 보이고, 사회적 행동으로 기대되는 공손함이 부족하다.

10. 자녀는 학교나 지역사회에서 또래 집단과 친밀하고 긍정적인 관계를 형성하는 데 무능함을 보인다.

—. _____

_____

장기 목적

1. 자녀의 친한 친구, 또래 집단, 사회 경험에 대해 현재 활용할 수 있는 실제적인 지식을 발전시킨다.
2. 가정과 지역사회에서 긍정적이며 적절한 사회적 상호작용의 모범을 보여준다.
3. 가정과 지역사회에서 긍정적인 부모/자녀 상호작용의 기회를 자주 만든다.
4. 또래 집단의 가치, 기대, 영향을 잘 알게 된다.
5. 자녀가 긍정적인 사회 활동에 적극적으로 참여할 수 있도록 안내, 지원, 격려를 제공한다.
6. 자녀가 적절한 사회적 기술, 공감, 단호함, 자신감, 책임감 있는 또래 집단 관계를 보여준다.

—. _____

_____

—. _____

_____

단기 목표

1. 자녀의 사회정서적 적응과 친구들 및 또래 집단과의 관계를 평가한다. (1, 2)

2. 기존 친구 관계, 또래 집단 관계, 그리고 자녀를 수용하고 자녀가 소속감을 느끼는 중요한 다른 사람들에 대해 확인한다. (3, 4)

치료적 개입

1. 부모에게 자녀의 사회정서적 적응 상태와 긍정적 관계를 형성하는 능력에 대해 강점과 약점을 나열하여 격식 없이 평가해보라고 요청한다.

2. 부모에게 자녀의 학교 및 다른 사회 활동 경험에서 사회정서적 평가와 비공식적 자료를 얻으라고 안내한다.

3. 부모에게 자녀와 관련된 중요한 관계 목록을 작성하게 한다(또는 Knapp의 _Parenting Skills Homework Planner_에 나오는 '내 자녀의 생활에 미치는 사회적 영향' 활동을 하도록 한다).

3. 자녀가 긍정적인 사회적 상호작용에 참여할 수 있도록 격려하고 준비한다. (5, 6, 7)

4. 부모가 각 영역이 1에서 5까지로 되어 있는 척도를 사용하여 다양한 영역(예 : 가정, 또래 집단, 이웃)에서 자녀의 사회적 수용도(social acceptance)를 평가하고, 자녀의 개인적 평가와 그들의 수치를 비교해본다.

5. 부모가 자녀에게 긍정적인 사회적 상호작용을 위한 기회를 마련해주도록 안내한다(예 : 놀이 집단, 교회 활동, 보이스카우트/걸스카우트).

6. 자녀가 친구와의 우정을 쌓을 수 있도록 브레인스토밍하고 그 전략(예 : 웃기, 대화하기, 주고받기)을 사용하여 자녀와 함께 역할극을 하게 한다.

7. 부모가 자녀를 위해 공감을 정의하고(예 : 다른 사람의 감정과 인식을 이해하기, 누군가가 가지고 있는 생각과 감정에만 초점 맞추기) 우정과 긍정적인 관계를 유지함에 있어서 공감의 역할에 대해 이야기해보도록 한다.

4. 자녀와의 효과적인 의사소통 전략을 활용한다. (8, 9)

8. 부모는 자녀와 함께 '나' 전달법과 버그-위시 기법을 사용하여 역할극을 하고, 다른 사람이 자녀에게 부정적인 행동으로 반응할 때 자녀가 이러한 전략을 사용하도록 가르친다(예 : "네가 ~할 때면 나는 괴로워. 나는 네가 ~하면 좋겠어.").

9. 부모는 적극적인 경청(Gordon의 *Teaching Children Self-Discipline at Home and at School* 참조)을 정의하고(예 : 방해하지 않고 듣기, 말하는 사람이 전달하려는 내용 해석하기, 인지된 내용을 다시 반

5. 토론과 예시를 통해 가정에서 자녀에게 적절한 사회적 기술을 가르친다. (10, 11)

6. 자녀가 다른 사람에 대해 참을성 있고 공감을 잘하며 다른 사람을 존중할 수 있도록 가르친다. (12, 13)

7. 상호작용을 할 수 있는 많은 부모/자녀 및 가족 기반 활동에 자녀가 참여하도록 하여 긍정적인 대인관계 전략을 보여준다. (14, 15)

영하기) 자녀와 대화를 하는 동안에는 이 기법을 실행하도록 한다.

10. 부모가 문제를 설명하고 해결 방법 개발에 관해 자녀와 서로 이야기하는 과정을 통해서 또래 집단 문제를 해결하기 위한 전략을 개발하는 데 도움을 줄 수 있도록 격려한다.

11. 부모가 가정에서 '동등함'보다는 '고유함'의 개념을 강조하여 서로 사랑하고 존중하는 형제자매의 상호작용을 가르치고, 사랑과 다른 가족의 자원을 분배하며 다스리며, 이를 통해 존경과 위엄을 갖춰 서로를 대할 수 있도록 모든 가족 구성원을 격려한다.

12. 부모가 자녀의 능력에 부정적으로 영향을 미칠 수 있는 편협한 가족 의식(예 : 인종적 비방, 윤리적 고정관념)을 나열하도록 안내하여 서로의 차이점을 받아들이도록 한다.

13. 부모가 긍정적인 또래 집단 내 상호작용을 방해하는 것을 자녀와 브레인스토밍하고 여러 집단 간 교량 역할을 구축하기 위한 전략(예 : 친하지 않은 친구와 점심 식사하기, 새로 전학 온 학생을 환영하기)을 나열해보도록 한다.

14. 부모가 즐길 수 있는 부모/자녀 활동의 목록을 자녀와 브레인스토밍을 하고(예 : 보드 게임, 함께 요리하기, 함께 책 읽기) 가족 참여를 위해 한 주에 1~2개를 선택한다.

15. 자녀가 가족 모임, 종교에 기초한 행사

및 가족 친구와의 외출을 통해 지역사회와 문화, 사회적 규범 및 기대에 익숙해지게 한다.

8. 건전한 또래 상호작용을 증진시킬 수 있도록 설계된 학교 활동 및 프로그램에 자녀를 등록시킨다. (16, 17)

16. 부모가 대인관계에 어려움이 있는 학생을 위해 학교가 후원하는 사회성 기술 단체에 자녀를 등록하도록 한다.

17. 부모가 학교에서 제공하는 생활기술 수업에 자녀를 참여시키고 가치관과 전략에 대해 토론할 수 있도록 격려한다.

9. 자녀의 학교 안에서 이루어지는 학부모 회의에 적극적으로 참여한다. (18, 19)

18. 학교 환경과 문화에 친숙해지고 자녀의 참여를 격려해주기 위해서 부모가 부모/학교 활동에 적극적으로 참여하도록 한다.

19. 부모가 자녀의 담당 교사, 상담자, 자녀 친구들이나 또래 단체 구성원들의 부모와 정기적으로 연락하며 지내도록 한다.

10. 또래 집단의 가치, 기대 및 활동에 대해 자녀와 의사소통하며 모니터링한다. (20, 21)

20. 부모가 자녀의 현재 또래 집단 영향에 대해 인지한 것을 나열해보고 자신들의 인식을 자녀의 관점과 비교하도록 한다 (또는 Knapp의 *Parenting Skills Homework Planner*에 나오는 '동료 압력, 가치 및 영향' 활동을 하도록 한다).

21. 부연 설명(행동하는 동안에 설명하기)을 사용하는 것에 대한 강점을 부모를 위해 알아보고 자녀에게 개인 또는 가족의 가치가 또래의 가치에 반하는 경우 개인 또는 가족의 가치를 준수하는 것이 더 중요함을 강조한다(예 : "나는 봉사 활동을 이행한다.", "내 계획이 변경되면 집에 전화한다.").

11. 자녀가 흥미 있는 긍정적 사회 활동과 교육과정 이외의 활동에 참여하

22. 부모가 학교나 지역사회에서 제공하는 다양한 교육과정 이외의 활동 목록을 자

도록 격려한다. (22, 23)

12. 자녀의 친구 관계나 또래 집단 활동에 합리적인 한계를 정한다. (24, 25)

13. 자녀에게 부정적인 또래 압력을 처리하고 또래 관계의 문제를 해결하기 위한 전략을 가르친다. (26, 27)

14. 자녀가 사회적 갈등을 다루는 갈등해결 전략을 개발할 수 있도록 도와준다. (28, 29)

녀와 함께 나열해보고, 한 단체나 관련 활동을 선택하는 데 도움을 줄 수 있도록 한다.

23. 자녀가 부모에게 고용, 사회적 활동, 학문, 건강한 생활 방식, 기타 봉사 등에 균형을 맞추겠다는 약속을 하도록 하고, 그러한 균형이 적절하지 않을 때 활동에 관여하고 제한을 두도록 안내한다.

24. 부모는 자녀가 보여주는 책임감 수준에 따라 수정될 수 있는 또래 집단과의 상호작용에 한계를 정하도록 조언한다(예 : 연령에 맞는 통금 시간, 소재지 알리기).

25. 자녀는 학교가 아닌 단체에서 후원하는 활동에 참여하도록 허락을 받을 때는 부모의 승인을 받을 수 있는 합리적 전략이 자세히 기술된 계획을 부모에게 제시하게 한다.

26. 부모가 또래 문제를 긍정적으로 해결하는 것(서로에게 도움이 됨)이 우정을 강화하는 데 얼마나 도움이 되는지를 설명하기 위해 자녀와 함께 *Mop, Moondance, and the Nagasaki Knights*(Meyers)를 읽도록 한다.

27. 부모가 학교와 협력하여 효과적인 왕따 반대 프로그램 및 정책을 개발하도록 한다(예 : 의식 캠페인, 학급 토론 및 규칙, 갈등해결책).

28. 공격적이거나 부적절한 사회적 상호작용의 계기와 문제점을 적절하게 사회적으로 수용할 수 있는 방법으로 다루는 것에 대해 자녀와 함께 브레인스토밍할

15. 개인적인 행동에 대해 책임감을 보이고 사회적으로 부적절한 행동에 대해서는 긍정적인 대안을 개발하도록 자녀를 격려한다. (30, 31)

16. 교실과 지역사회에 소속감을 증진시켜주는 프로그램을 지지한다. (32, 33)

17. 학교와 지역사회에서 또래 집단과의 책임감 있는 사회적 상호작용을 증

수 있도록 조언한다(예 : '나' 전달법 사용하기, 걷기, 유머 사용하기, 개인 시간을 보내기, 어른으로부터 도움받기).

29. 부모는 자녀가 또래와의 갈등을 해결하기 위한 노력을 할 때 필요한 갈등해결에 대한 다양한 방법(예 : 공유하기, 교대로 하기, 듣기, 서로 이어받기)의 목록인 갈등해결표 작성을 도와준다.

30. 다음을 통해 자녀에게 가정에서의 예의 없고 부정적인 행동은 고치도록 안내한다. (1) 개인의 부적절한 행동으로 인해 발생한 문제(손해)를 확인한다. (2) 해로운 행동에 대해 사과하고 이를 고치겠다고 약속한다.

31. 부모에게 자녀와 *Everything I Do You Blame on Me*(Abern)를 읽도록 하여 가정과 사회 환경에서의 개인적 행동에 대한 책임감을 가지는 것이 얼마나 중요한지를 강조한다.

32. 부모에게 소속감과 자아 존중감을 향상시켜주는 상호작용 활동에 자녀가 참여할 수 있도록 담임 선생님과 학교 관계자를 격려할 수 있게 조언한다(예 : 일대일 대화, 일상적인 인사, 상호 간의 미소).

33. 부모에게 자녀가 협동심과 팀 협력이 필요한 자원봉사에 참여할 수 있게 격려할 것을 지도한대(예 : 학교 급식 운동, 갈등 관리자 되기, 사랑의 집 짓기 운동(해비타트)에서 활동하기).

34. 부모는 자녀에게 가정을 기반으로 많은 기회를 제공하여 자녀가 훌륭한 리더십

진시킨다. (34, 35)

과 책임감을 개발하게 하고(예 : 아기 돌보기, 형제자매에게 기술 가르치기, 매주 집안일하기), 이를 통해 자신감과 독립적 사회 활동을 강화할 수 있게 한다.

35. 부모에게 자녀가 매주 하나의 새로운 사회적 상호작용을 접할 수 있게 격려하고 이후 상담 회기에서 진행 상황을 기록할 수 있게 지도한다.

—. _____

_____

—. _____

_____

—. _____

_____

—. _____

_____

—. _____

_____

—. _____

_____

진단 제안

ICD-9-CM	ICD-10-CM	DSM-5 장애, 상태 또는 문제
300.23	F40.10	사회불안장애(사회공포증)
312.9	F91.9	명시되지 않는 파괴적, 충동조절 및 품행 장애
312.89	F91.8	달리 명시된 파괴적, 충동조절 및 품행 장애
V71.02	Z72.810	아동 또는 청소년 반사회적 행동
_____	_____	_____
_____	_____	_____

외상후 스트레스장애

행동 정의

1. 개인의 불안 수준이 높아서 정신적 외상을 입은 자녀에게 지원, 양육, 편안함을 주지 못한다.

2. 정신적 외상을 입은 자녀가 압도적인 두려움과 불안을 다룰 수 있게 도와주는 데 필요한 지식과 기술이 부족하다.

3. 미래의 정신적 외상 사건에 대한 노출로부터 자녀를 보호하는 데 필요한 자원이 부족하다.

4. 자녀의 전체적인 기능에 정신적 외상이 미치는 깊은 영향을 인지하지 못하거나 인지하지 않으려 한다.

5. 자녀가 재난과 같은 사건(예 : 자연재해, 사망, 심각한 부상, 테러, 폭력, 전쟁)에 대한 노출에서 초래된 신체적 및 감정적 외상을 경험하였다.

6. 자녀가 만성적으로 상당히 충격적인 삶의 경험에 노출되어 왔다(예 : 신체적 학대, 정서적 학대, 성추행, 방임, 심한 빈곤, 유기).

7. 자녀가 정신적 외상을 주는 사건을 다루고 인지하고 논의하는 것에 대해서 억압, 부정, 실패하는 모습을 보인다.

8. 자녀가 정신적 외상을 일으킨 사건에 장기간 집착을 보이며 생활양식을 조정하고 정상화하지 못한다.

9. 자녀가 외상에 집착하여 과거 회상, 악몽 그리고/또는 지속적인 생각패턴 방해를 재경험한다.

10. 자녀가 정신적 외상 경험으로 인해 점점 더 흥분하는 증상을 지속적으로 경험하며 수면의 어려움, 민감성, 집중의 어려움, 과민반응 등을 보인다.

—. _____

_____

—. _____

_____

장기 목적

1. 가정 환경을 안정시키고 자녀에게 신체적 및 감정적 보호, 위안, 지지 및 양육을 제공한다.
2. 자신과 자녀의 강한 스트레스와 불안 증상을 인정한다.
3. 가족 구성원들이 정신적 외상을 일으키는 경험을 다루고 조정하도록 도울 수 있는 전략을 배운다.
4. 미래의 재난 사건을 이겨낼 수 있도록 자신 및 자녀가 준비할 수 있는 기술을 얻는다.
5. 걱정과 두려움의 전체적인 수준을 낮춘다.

—. _____

_____

—. _____

_____

단기 목표

1. 정신적 외상 사건을 설명하고 상승된 불안 반응을 확인한다. (1, 2)

2. 정신적 외상 사건에 대해 자녀의 보

치료적 개입

1. 부모로부터 정신적 외상 사건에 대한 정보와 그 사건이 그들과 자녀 및 기타 가족 구성원에게 미치는 영향을 수집한다.

2. 아동용으로 설계된 불안척도[예 : 개정된 아동용 발현불안척도(RCMAS), Briere 아동용 정신적 외상 증상 점검표]를 적용하여 자녀의 현재 불안 수준을 측정하거나 상담자나 치료사로부터 평가 결과를 얻는다.

3. 표현하는 감정과 의견을 모두 수용하고

고를 듣는다. (3, 4, 5)

3. 개인과 가족의 안녕에 대해 자녀를 안심시킨다. (6, 7, 8)

4. 두려움, 감정 및 정신적 외상과 관련된 생각을 개방적으로 의사소통할 수 있도록 격려한다. (9, 10, 11)

열어두어, 비판단적이며 지지하는 대화 방식을 사용하여 불안을 만들어내는 정신적 외상에 대해 자녀가 보고하는 것을 들으라고 부모에게 알려준다.

4. 부모에게 자녀의 그림, 구조화되지 않은 놀이, 상호 이야기해주기 등을 통해 불안, 감정, 반응을 표현하는 것을 장려하라고 지도한다.

5. 불안감 상승에 기여할 수도 있는 표현되지 않은 생각과 감정을 발견하도록 부모가 자녀와 치료 게임을 하도록 한다(예 : 창의적 치료에서 나온 이야기, 감정 및 행동 게임 또는 언게임 컴퍼니에서 나온 언게임).

6. 부모는 자녀에게 정신적 외상 이후 조정 기간 내내, 그리고 그 이후에도 그들의 무조건적 사랑과 지원이 계속된다는 것을 확인시켜주도록 조언한다.

7. 정신적 외상 경험의 불안한 영향에도 불구하고 모든 가족 구성원의 감정적 · 신체적 욕구를 채워주기 위해 부모가 함께 노력하도록 가르쳐준다.

8. 정신적 외상을 겪고 있는 가족에게 도움을 제공하는 민간 및 지역사회 단체들을 부모에게 소개시켜준다(예 : 적십자, 교회 구조 단체, 병원, 정신건강 단체).

9. 양육적 · 지지적 · 비방어적 태도로, 자녀의 지속적인 스트레스 및 걱정에 대한 반응을 그들 스스로 준비할 수 있도록 부모와 역할극을 한다.

10. 불안감을 만들어내는 상황을 논의할 때

'나'라는 주어를 사용해 말하는 기술과 적극적인 경청기술을 사용하도록 부모와 논의하고 역할극을 한다(Gordon의 **부모 역할 훈련** 참조).

11. 부모에게 자녀와의 긍정적인 의사소통을 할 수 있는 기술을 개발하는 데 도움이 되는 문헌을 읽도록 한다(예 : Faber와 Malish의 **하루 10분 자존감을 높이는 기적의 대화**).

5. 자신과 자녀의 일상 기능에 미치는 정신적 외상 스트레스의 영향에 대한 목록을 만든다. (12, 13)

12. 부모와 함께 외상 후 어떻게 해야 하는지에 대해 브레인스토밍하고 그것들 중 중복을 없애고 겹치는 것들을 합쳐서 문제가 큰 것부터 작은 것까지 우선순위를 정한다.

13. 부모가 자녀와 함께 '나에게 스트레스를 주는 것' 및 '평온함을 주는 것'이라는 제목으로 치료적 그림을 그려보게 하고 그 그림을 부모/자녀 치료 포트폴리오에 넣는다.

6. 자녀에게 스트레스와 불안을 관리할 수 있는 문제해결 및 의사결정 기술을 가르친다. (14, 15)

14. 자녀가 화재와 같은 외상성 경험을 잘 다룰 수 있게 도와줄 수 있도록 부모에게 미래의 화재를 막기 위한 적극적인 수단을 취하도록 한다(예 : 화재경보기 구입, 피난계획 만들기, 화재 안전 점검 일정 잡기).

15. 자녀와 함께 불안감을 조성하는 상황에서 가능한 대책을 브레인스토밍하고 걱정의 수준을 낮출 수 있는 방법을 고르고, 전략의 시행에 동의하며, 후속관리로 계획의 효과를 평가한다.

7. 응급 상황에 대처할 수 있는 기술을

16. 부모와 학교 사람들에게 비상 상황(예 :

가르친다. (16, 17)

119에 신고하기, 화재 훈련, 토네이도에 대한 계획, 학교 제재 절차)을 상세히 설명하고 자주 연습할 수 있는 절차를 세울 수 있도록 지도한다.

17. 자녀와 함께 적절치 못한 성인/아동 상호작용을 완화할 수 있는 전략에 대해 논의하고 정의하며 역할극을 할 수 있도록 한다(예 : 부적절한 접촉에 대해 "안돼"라고 말할 수 있게 하기, 모르는 사람을 따라가지 못하게 하기, 즉각적 도움을 얻는 방법 알아보기).

8. 자녀가 위협적인 상황과 위협적이지 않은 상황을 구별할 수 있게 도와준다. (18)

18. 자녀와 함께 불안감을 일으키는 상황의 목록을 브레인스토밍하고 위험이 따라오는 상황과 그렇지 않은 상황을 구별하도록 알려준다(예 : 모르는 사람이 사탕을 줄 때와 학급 친구가 생일 기념 간식을 나눠주는 것).

9. 타인과 상호작용할 때 자녀의 불안감을 줄이는 전략을 실시한다. (19, 20)

19. 부모에게 자녀를 학교나 상담 기관에서 제공하는 사회적 기술이나 불안감 감소를 위한 치료 집단에 등록하도록 한다.

20. 자녀가 사회적인 자기주장 기술과 갈등 관리기술을 개발하는 것을 장려하기 위해 부모는 *Peacemaking Skills for Little Kids*(Schmidt, Friedman, Brunt, Solotoff)에 나온 활동을 활용하도록 한다.

10. 자녀 및 기타 가족 구성원에게 영향을 미치는 외상과 관련된 죄책감을 재구성한다. (21, 22)

21. 사건을 이성적이고 논리적으로 논의하고 자녀의 반응과 행동이 정상적이며 상황에 적절하다는 것을 언급하고, 자녀가 외상과 관련된 죄책감을 재구성하는 것을 도와주도록 상담해준다.

22. 부모에게 이성적인 감정기술을 이용하

11. 자녀의 불안감으로 인해 나타나는 신체 증상을 확인한다. (23, 24)

12. 외상 후 스트레스 기간 중 이용할 수 있는 이완기술을 자녀에게 가르친다. (25, 26)

13. 자녀가 안전감, 편안함, 행복감을 보고하는 횟수가 증가된다. (27, 28)

14. 일관성 있고 긍정적인 사랑의 훈육

여 자녀가 만성적 걱정과 불안을 다룰 수 있도록 가르쳐준다(또는 Knapp의 *Parenting Skills Homework Planner*에 나오는 '내 걱정 재구성하기'를 안내한다).

23. 부모가 개인 일지에 자신과 자녀로 인해 증가한 스트레스와 관련된 신체 증상(예 : 빠른 심장박동, 두통, 위장 또는 배변 문제)을 모두 기록하도록 하고, 증상이 심하게 나타날 경우 진정하기 위해 의사를 연계해준다.

24. 부모가 자신들의 신체적 스트레스 수용기를 자녀와 비교할 수 있도록 지도한다 (또는 Knapp의 *Parenting Skills Homework Planner*에 나오는 '스트레스의 신체적 수용기' 활동을 한다).

25. 스트레스와 불안감이 상승되었을 때 자녀와 함께 깊고 고른 호흡을 연습하도록 한다.

26. 자녀를 30분씩 주 3~4회 유산소 운동에 참여시켜 축적된 신체적 스트레스의 영향을 완화할 수 있게 격려한다.

27. 부모가 가정에 미치는 외상의 영향을 극복할 때 '하루에 한 번'이라는 철학을 도입하여 급격한 변화보다는 편안함과 행복을 되찾는 방향으로 조금씩 나아갈 것을 기대하도록 조언한다.

28. 가정 양육과 관계된 유대감 형성 활동 (예 : 가족 기도, 함께 책 읽기, 노래, 이야기)에 매일 참여하여 부모와 자녀를 위한 행복감을 회복하게 한다.

29. 부모에게 책임감 있는 행동을 장려하기

체계를 재확립한다. (29, 30)

15. 자녀에게 악몽에 대한 공포를 줄일 수 있는 기술을 가르쳐준다. (31, 32)

16. 자녀의 자신감 개발과 개인적 스트레스 및 불안을 다룰 수 있는 능력을 동의하고 인정한다. (33)

17. 자녀에게 낙관적인 현재와 미래에 대해 말로 표현해준다. (34)

—. _____
  _____
—. _____

위한 선택(예 : "숙제를 저녁 먹기 전에 하겠니? 먹은 후에 하겠니?)을 하도록 하여 자기 통제력을 다시 찾을 수 있게 자녀를 도울 수 있도록 지도한다.

30. 부적절한 행동을 교정하기 위해서 공감이 동반된 결과들을 제시하여 자녀에게 긍정적인 훈육을 재확립하게 한다(예 : "네가 비디오를 다 못 본 것은 안됐지만 이제 잘 시간이다.").

31. 부모에게 자녀의 평온한 수면시간을 유도하는 환경을 제공해주고 잠자는 시간의 일과를 실행하고 개발할 수 있게 상담해준다.

32. 부모와 자녀가 악몽과 밤중에 깨어나는 시간을 다룰 수 있는 계획을 개발하도록 돕는다(예 : 침대에 그대로 누워 있기, 조용한 음악 틀기, 안정감을 주는 책 읽어주기, 그림 그리기).

33. 자녀가 일상 활동 실행과 매일 일어나는 행동에 대한 불안과 스트레스의 영향을 감소시키는 데 어떤 진전이라도 보이면 긍정해줄 수 있게 부모를 상담해준다.

34. 부모에게 정상적이고 낙관적인 가정 삶의 재확립을 강조하여 미래의 긍정적인 계획(예 : 휴가계획, 대학 및 취업 결정, 휴일계획, 모임, 지역사회 프로젝트)에 초점을 맞춘 가족 토론을 할 수 있게 조언한다.

—. _____
  _____
—. _____

_____   _____

—. _____   —. _____

_____   _____

진단 제안

ICD-9-CM	ICD-10-CM	DSM-5 장애, 상태 또는 문제
309.24	F43.22	적응장애, 불안 동반
309.81	F43.10	외상후 스트레스장애
309.21	F93.0	분리불안장애
_____	_____	_____
_____	_____	_____

빈곤 관련 문제

행동 정의

1. 복지 수당, 식료품 구매권, 저소득층 의료보장제도의 혜택을 받거나 무료 또는 감액된 학교 급식 프로그램 대상이 된다.

2. 표준 이하의 주택에 거주한다.

3. 실직했거나 수입이 빈곤층 수준 이하이다.

4. 교통, 전화, 의료 보조, 전기·가스·수도 등의 시설 및 기타 필수 자원이 부족하다.

5. 최근 경기 침체로 인해 빈곤해졌다.

6. 확대가족에서 한 세대 이상이 가난했다.

7. 확대가족에서 10대 임신의 높은 발생률은 사회경제적 상태를 더 열악하게 만든다.

8. 자녀의 어머니가 가장이고, 아버지가 재정 및 정서적 지원을 일관되지 않게 하는 한부모 가정이다.

9. 경제적 자원을 즉각적인 개인적 욕구를 충족시키는 데 사용하고 여유 자금을 저축하기보다는 가족 및 친구들과 공유한다.

10. 교육을 가난 극복의 수단으로 보지 않고 회의주의적이고 의심스러운 관점으로 본다.

—. _____

_____

—. _____

_____

장기 목적

1. 사회·경제·의료 자원을 제공하는 지역사회 서비스와 사회 서비스를 활용한다.
2. 경제적 과제를 극복하기 위한 수단으로 교육을 최우선에 둔다.
3. 실직 상태를 벗어나고 일에 대한 복지를 준비한다.
4. 경제적 독립과 재정적 자립을 향해 나아가기 위해 필요한 기술과 자원을 확보한다.
5. 약물남용과 다른 자멸적인 행동을 하지 않도록 한다.
6. 자녀에게 책임감을 가르치고 독립적인 역할을 할 수 있도록 격려하는 훈육 전략을 이행한다.

—. _____
_____
—. _____
_____

단기 목표

1. 장·단기 개인 및 가족 목표를 확인하고 그 목표를 달성하기 위한 계획을 세운다. (1, 2)

2. 사회적·재정적·의료적 도움을 제공하는 지역사회 기관을 활용한다. (3, 4)

치료적 개입

1. 부모를 만나 가족의 역사를 알아보고 가족의 문제 및 염려사항을 명확히 확인하며 해당 가정의 당면한 재정적·사회적·감정적 욕구를 확인한다.
2. 부모가 장·단기 목표를 달성하기 위한 계획을 세우는 데 도움을 준다(또는 Knapp의 *Parenting Skills Homework Planner*의 '가족 목표 달성하기' 활동을 한다).
3. 부모에게 개입할 수 있는 문제를 설명하도록 요청하여 필요한 도움과 서비스를 위한 계획을 세우는 데 도움을 주고(예 : 교통, 일상의 돌봄, 적절한 의복) 이러한 장애물을 극복하기 위한 계획을 세울 수 있도록 도와준다.
4. 사회·경제·의료 서비스를 제공하는 기관을 제시해주고(예 : 공공보조, 식료품 구매권, 저소득층 의료보장제도, 취학

3. 효과적인 양육기술을 가르치는 데 중점을 둔 강의를 듣는다. (5)

4. 읽기기술을 가르치는 데 중점을 둔 강의를 듣는다. (6)

5. 지역사회에 기반을 둔 단체에 많이 참여한다. (7)

6. 학교 회의에 참석하고 자녀의 학교에서 후원하는 다른 프로그램에 참여한다. (8, 9)

7. 자녀에게 정기적으로 학교에 출석하고 학교 교칙 및 규율 구조에 협조하도록 강조한다. (10, 11)

전 아동을 위한 정부교육) 부모가 이러한 자원을 활용할 수 있도록 도와준다.

5. 부모에게 학교나 지역사회가 후원하는 양육(부모교육) 강의를 제시하여(예 : Fay, Cline, Fay의 사랑과 논리를 가진 부모 되기) 긍정적 훈육 기법을 습득하고 자녀에게 활용할 수 있도록 한다.

6. 부모에게 학교나 지역사회에서 후원하는 읽고 쓰기 수업을 듣도록 안내한다.

7. 부모에게 학교와 지역사회 문제를 논의하는 지역사회 또는 학교가 후원하는 포럼에 참가하도록 한다(예 : 지역의 정치 행동 단체, 교회가 후원하는 사회 단체).

8. 부모가 자녀를 위해 정기적으로 예정된 모든 학교 회의에 참석하도록 한다.

9. 부모가 학교 행사(예 : 부모-교사 연합회의)에 참여하려는 의지를 표현하여 교사들 및 다른 교직원과의 긍정적이고 친밀한 관계를 수립하도록 안내한다.

10. 부모에게 자녀가 정기적으로 학교에 출석하고 개인의 최고 수준의 성적을 요구하는 교육의 중요에 대해 강조하여 설명할 수 있도록 지도한다.

11. 부모가 자녀와 함께 학교 교칙이 가정이나 '길거리' 규칙과 어떻게 다른지를 브레인스토밍하고 다양한 상황에서 서로 다른 규정을 준수할 필요가 있다는 것에 대해 대화하도록 한다(또는 Knapp의 *Parenting Skills Homework Planner*에 나오는 '가정과 학교의 다른 규칙' 활동을 완수한다).

8. 자녀가 다니는 학교의 교직원과 협력 관계를 구축한다. (12, 13)

9. 경력 목표를 세우고, 멘토와 롤모델을 확인하여 복지에서 일(직업)로의 전환에 도움을 준다. (14, 15)

10. 교육적인 강의나 교육 프로그램에 등록하여 경쟁력 있는 기술을 강화하고 고용의 기회를 높인다. (16, 17)

11. 학교나 지역사회의 약물남용 방지 또는 건강관리 프로그램에 참여한다. (18, 19)

12. 적절하고 책임감 있는 행동을 가르치기 위해 개별적으로 설계된 논리적 결과들을 통합한 규율의 긍정적 시스템을 이행함에 있어서 부모가 교직원을 지원하도록 안내한다.

13. 부모, 자녀, 그리고 자녀가 다니는 학교의 교직원 간 관계를 모니터링해서 서로의 애착과 신뢰를 격려한다.

14. 개인적 목표와 경력 목표를 달성하도록 지원해줄 수 있는 롤모델, 멘토, 확대 가족이나 지역사회 구성원의 목록을 부모와 함께 브레인스토밍한다.

15. 부모가 개인 일지에 매일, 주간, 월별 목표를 기록하고 각 목표 달성을 위해 필요한 단계들을 나열하여 개인적 목표를 정하도록 한다.

16. 부모가 경력 목표를 평가하고 이러한 목표에 맞게 구직 전략이나 직업 훈련 교육과정을 계획하는 것에 도움을 준다.

17. 부모가 학교에서 후원하는 지역 기반 교육이나 취업기술과 직업 경험을 제공하는 기관에 자녀가 등록하도록 한다.

18. 부모에게 지원 집단(예 : 가족과 학교가 함께(*Families and Schools Together*, FAST) (자녀와 가족의 동맹)]을 제시하여 부모-자녀 관계를 강화하고 부모와 학교, 그리고 지역사회가 파트너십을 구축하며 부모와 자녀에게 진행 중인 격려 프로그램을 제공하도록 한다.

19. 부모가 학교에서 K-12 교육과정의 일환으로 제시한 약물남용 방지 프로그램에

12. 자신이나 자녀를 위하여 약물남용 또는 정신적 진단 및 치료 서비스에 참여한다. (20, 21)

13. 앞으로의 가족계획의 목표를 확인하고 목표 달성 계획을 작성한다. (22, 23)

14. 지역 의료시설이나 지역사회 병원에서 제공하는 가족계획과 자녀 발달 수업에 참여한다. (24)

15. 자녀가 책임감 있는 행동을 발달시키는 데 도움이 되는 긍정적인 훈육 전략을 이행한다. (25, 26)

자녀의 참여를 지원하도록 지도한다.

20. 필요한 경우 부모와 자녀에게 약물남용 문제를 다루는 지역사회 프로그램이나 서비스에 대해 제시한다[예 : 익명의 알콜 중독자 모임, 알아넌(Alanon), 정신병원].

21. 상담 섹션에서 부모와 생활양식의 선택에 대해 논의하고 건전한 선택을 지원하고 장려한다.

22. 향후 부모로서의 목표와 가족의 목표를 결정하는 데 도움을 주고 무계획 임신을 방지하기 위한 계획을 세울 수 있도록 돕는다.

23. 임신이 가정 경제에 미치는 부정적 영향과 가족이 자활할 때까지 추가 임신을 늦추는 것에 대한 긍정적인 효과를 부모와 함께 브레인스토밍한다.

24. 부모에게 가족계획, 산전 관리, 출산 수업, 유아/아동 돌보기에 중점을 둔 지역사회 병원, 교회 프로그램, 의료 워크숍을 제시하여 가족계획에 필요한 기술을 습득하고 부모로서의 역할을 숙지하도록 한다.

25. 부모가 자녀를 훈육할 때 자녀가 아닌 자녀 행동에 초점을 맞추고, 해당 행동을 받아들일 수 없더라도 무조건적으로 계속 사랑받아야 한다는 것을 자녀가 알게 하여 존경심을 계속 가질 수 있도록 한다.

26. 부모가 다음의 '책임감으로 가는 4단계'를 이행하도록 안내한다. (1) 자녀에게 임무와 가정 심부름을 배정한다. (2) 일

16. 자녀에게 독립심과 자립심을 키우도록 독려하는 훈육 전략을 이행한다. (27, 28)

17. 갈등해결책과 문제해결 기술을 사용하여 경제적 문제, 가족 문제, 사회적 문제를 해결한다. (29, 30)

부 준수하지 못할 수도 있음을 예상한다. (3) 준수하지 못한 것에 대해 타당한 결과를 이야기한다. (4) 다시 같은 과제를 주어 배운 것을 점검하도록 한다(Fay, Cline, Fay의 *Becoming a Love and Logic Parent* 참조).

27. 자녀에게 큰 임무를 좀 더 작고 관리 가능한 임무로 나누어 완수하는 기술(예 : 잠자리 준비하기−시트 매만지기, 커버 올리기, 베개 놓기, 침대 시트에 커버 덮기)을 가르친 다음 자녀가 단계별 과정을 완료하는 데 부모가 참여할 수 있도록 지도한다.

28. 부모에게 "너 스스로 점검해봐."라는 말을 사용하도록 요청하여(예 : "학교에서 서로 나누는 날이야. 네가 나눌 차례일 때 너에게 필요한 것을 가지고 있을지 너 스스로 점검해봐.") 자녀가 곧 있을 일에 성공적으로 준비하는 능력을 개발하는 데 도움을 준다(Moorman의 *Parent Talk* 참조).

29. 걱정이 되는 문제들을 다루기 위해서는 부모가 문제 확인하기, 가능한 해결책 나열하기, 각 해결책에 대한 장단점 나열하기, 해당 상황을 해결하려는 조치 선택하기, 결과 평가하기를 포함하여 간단한 문제해결 과정을 사용하도록 가르친다.

30. 부모를 위한 갈등해결 과정을 가르쳐 개인적인 분쟁을 해결하고 자녀와 관련된 분쟁을 조정하는 데 사용하도록 한다

(예 : (1) 대화할 개인적인 장소 찾기, (2) 판단하지 않고 해당 문제 논의하기, (3) 가능한 해결책 브레인스토밍하기, (4) 분쟁자 모두에게 영향을 미치는 해결책에 합의하기, (5) 해결책을 실행하기 위해 노력하고 효과가 없을 경우 다시 협상하는 것에 동의하기).

18. 부정적인 자기와의 대화를 긍정적인 현실적 메시지로 다시 구성한다. (31, 32)

31. 부모가 불안, 열등감 또는 거부되는 것처럼 느낀 상황을 점검하여 부정적인 자기와의 대화(self-talk)를 하는 동안 자신들의 성향을 확인하고 사고방식을 좀 더 긍정적이고 현실적으로 재구성할 수 있도록 도움을 준다.

32. 부모가 사용할 수 있는 긍정적 말과 격려하는 것을 브레인스토밍해서 자녀를 긍정적으로 지지해주고, 이러한 말을 자녀에게 매일 최소 5~10회 해서 자녀를 긍정적으로 강화해주도록 한다.

__. _____

_____

__. _____

_____

__. _____

__. _____

_____

__. _____

_____

__. _____

진단 제안

ICD-9-CM	ICD-10-CM	DSM-5 장애, 상태 또는 문제
309.28	F43.23	적응장애, 불안 및 우울 기분 함께 동반
300.02	F41.1	범불안장애
_____	_____	_____
_____	_____	_____

출산·양육 준비

행동 정의

1. 태아 건강관리, 임신과 출산 과정에 대한 지식의 부족의 사례를 보여준다.

2. 임신을 준비하고 자녀 양육 책임에 대한 정서의 부족을 보여준다.

3. 임신과 출산 그리고 신생아의 필요를 위한 보험과 재정적 원천이 부족하다.

4. 임신과 태아의 정상적인 발달을 위험에 빠뜨릴 수 있는 좋지 않은 영양 상태와 건강 습관을 보인다.

5. 임신과 출산에 관해 높은 수준의 불안과 근심을 나타낸다.

6. 혼인관계, 나이, 기존의 자녀 수 또는 추구(선호)하는 삶의 양식 때문에 임신을 원하지 않는다.

7. 임신에 접근하는 통합된 지원과 의사소통이 부족하다.

8. 건강한 임신과 출산 그리고 신생아의 양육 책임을 위해 마지못해 삶의 양식을 바꾸는 모습을 보인다.

9. 어려운 임신 시기와 출산을 거치면서 부모와 갓 태어난 자녀와의 끈끈한 유대감을 가지기에는 정서적·신체적인 힘이 소진된 상태이다.

10. 긍정적인 지원의 부족 혹은 확대가족의 지나친 간섭에 시달리며 혼란, 자기회의, 분노 등이 예비 부부에게서 나타난다.

장기 목적

1. 건강한 임신과 정상적인 태아 발달에 기여하는 생활에 전념한다.
2. 태아의 건강관리 담당자로부터 태아 상담과 교육 및 건강관리를 신속하고 정기적으로 받을 수 있게 한다.
3. 부부관계를 강화하고, 임신과 가족 문제를 해결하기 위하여 통합적이고 애정적인 접근을 개발한다.
4. 친구와 가족의 지원 연결망을 만들어준다.
5. 출산과 신생아 양육에 요구되는 신체적·정서적 준비를 위해 협력한다.
6. 자녀와 가족의 재정적 필요를 충족할 계획을 세운다.

—. _____

_____

—. _____

_____

단기 목표

1. 임신 전에 건강한 식사와 삶의 습관을 기르도록 만든다. (1, 2)

2. 임신 초기 단계를 확인한다. (3, 4)

치료적 개입

1. 부모에게 건강한 임신의 시작을 위해 권고된 지침(예 : 몸에 좋은 음식 먹기, 매일 적당한 운동하기, 충분한 수면, 엽산이 함유된 종합비타민제 먹기 등)을 배우고 건강 상태의 예측을 위하여 태내기 건강관리 제공자를 만날 수 있도록 조언한다.

2. 부모에게 이미 밝혀진 위험한 물질을 피하라고 경고한다(예 : 담배와 간접흡연, 술, 마약, 불법 진료, 고양이 배설물 등).

3. 부모에게 임신의 첫 징조가 보이면 집이나 의학적인 판단을 받을 수 있는 병원에서 임신 검사를 받을 수 있도록 교육한다.

4. 산모가 계속해서 임신 단계에 따라 의사와 만나는 진료 예약을 할 수 있도록 격

려한다(예 : 처음 20주에는 4주에 한 번씩, 20~36주 사이에서는 2주에 한 번씩, 36주에서 출산까지는 일주일마다 한 번씩 병원을 방문하도록 한다).

3. 임신, 출산과 신생아 양육을 위해 준비할 수 있도록 관련 문헌을 읽게 하고 영상을 보게 한다. (5, 6)

5. 부모에게 임신과정과 태아 발달이 포함된 출산과정, 임신한 어머니의 신체적 변화와 아버지의 지원과 참여 방법에 대한 이해를 도울 수 있는 비디오 *The Baby System*을 보게 한다.

6. 부모에게 임신 기간 단계에 맞는 설명이 있는 문헌을 참고하고 임신 기간의 변화를 검토하게 한다.

4. 분만교육과 육아교육을 받게 한다. (7, 8)

7. 부모가 선호하는 분만 방식과 출산 수업, 태아기에 관한 수업을 선택할 수 있도록 돕고(예 : 자연분만, 가정분만 혹은 라마즈 호흡을 이용한 분만을 마취나 약의 도움을 받아서 진행할 것인지 아니면 마취나 약의 도움 없이 진행할 것인지 등) 부부로서 함께 그러한 수업에 참석하도록 격려한다.

8. 부모에게 양육교실(예 : Moorman과 Knapp의 **부모대화법**)에서 자라나는 자녀와 함께 사용할 수 있는 적절한 자녀 관리 기술을 습득하게 한다.

5. 안정되고 건강한 임신을 지원하는 사회적 활동, 직업 프로그램, 가족 일과를 개발한다. (9, 10)

9. 부모의 직업적·사회적 일정을 건강하고 더 가족 친화적으로 조정하거나 *Parenting Skills Homework Planner*(Knapp)에 나오는 '가족의 친밀한 생활 방식을 만들기' 활동을 할 수 있도록 조언한다.

10. 부모에게 임신과 출산 그리고 태어날 아기의 건강에 부정적인 영향을 미칠 수

6. 태아 건강관리 제공자에 의해 추천된 의학적 지침을 따른다. (11, 12)

7. 새로 태어날 아기와 애정 어린 관계를 만들기 위한 계획을 세운다. (13, 14)

8. 자녀와 가정, 가족의 필요를 돌보는 것에 대하여 서로의 합의하에 각자의 역할 임무를 나누고 그것을 받아들인다. (15, 16)

있는 현재의 습관을 기록하게 하고(예 : 나쁜 건강관리 습관, 뜨거운 물에 목욕하고 사우나하기, 약물남용 등) 건강한 행동과 함께 부정적인 습관을 변화시킬 수 있는 방법에 대해 적어본다.

11. 부모와 함께 임신 기간 동안 영양에 관한 지침을 잘 따를 수 있도록 검토하고 건강한 임신을 위한 균형 잡힌 음식과 간식에 대한 계획을 돕는다. 욕구와 정상 체중을 유지하는 것에 대해 의논한다.

12. 부모가 건강관리 담당자에게 지속적이고 정기적으로 검진을 받으러 다니도록 조언하고 의학적으로 권장된 임신 단계별로 요구되는 필수 검사를 받게 한다.

13. 부모가 애정 어린 상호작용으로 배 속의 아기와 대화를 나눌 수 있도록 지도한다(또는 Knapp의 *Parenting Skills Homework Planner*에 나오는 '우리의 태아와 함께 관계 맺기' 활동을 한다).

14. 부모가 신생아와 긍정적이고 사랑스러운 관계를 형성하기 위해서 서로의 격려를 통하여 '지나친 관심을 가질 수 있는' 경향(예 : 아기와 함께 보내는 시간, 주의, 애착과 정서를 위한 경쟁)으로부터 벗어날 수 있도록 조언한다[Brazelton의 베이비 터치 포인트(*Touchpoints*) 참조].

15. 부모는 자유로운 의견 교환을 통해 부모로서 신생아의 신체적·재정적·정서적 필요에 대해 각자가 맡을 책임과 의무를 나누어보고 이것에 대해 공평하게 이행하도록 약속한다.

9. 모든 자녀 문제와 가족 관계 문제를 해결하기 위하여 협력적인 공동육아 전략을 약속하게 한다. (17, 18)

10. 갓 태어난 아기에게 필요한 것을 위해서 가족 예산을 세운다. (19, 20)

11. 부족한 재정적 필요를 위해 다른 가족이나 교회, 지역사회 또는 사회 지원 센터 등에서 지원받을 수 있는 방법을 찾도록 한다. (21, 22)

16. 부부에게 배우자 역할이 어떻게 결혼생활과 가족을 변화시킬 것인지 미리 예측해볼 수 있도록 격려한다(또는 Knapp의 *Parenting Skills Homework Planner*에 나오는 '우리 결혼생활의 진화와 배우자의 역할' 활동을 한다).

17. 모든 자녀 양육 문제를 해결할 때 협력적 동맹을 맺는 것에 대한 중요성을 부모에게 조언하고, 모든 자녀 그리고 가족 관련 결정을 내릴 때 서로 이야기를 나눌 수 있도록 지도한다.

18. 부모는 신생아와 상호작용하면서 서로 의견이 다를 수 있는 것에 대해 이야기 나누고 서로를 지지하여 애정적이고 조화롭게 하고 나아가 신생아로부터 생겨날 수 있는 갈등을 피하도록 한다.

19. 부모와 태아기 건강관리의 중요성을 검토하고 아기에게 요구되는 필수적인 의료 진료를 위한 건강보험의 가입유무와 개인이나 가족의 재정적 지원과 관련된 문제에 대해서 알아본다.

20. 임신 기간과 출산 후 육아 휴직으로 인해 어머니의 수입이 없을 경우 사용 가능한 수입 및 발생할 수 있는 추가비용에 대한 목록을 작성하게 하여 가족 예산을 세우게 한다.

21. 부모가 기대하는 그들의 가족으로부터 받을 수 있는 가능한 재정적 지원 목록을 작성하고 주택, 의료적 돌봄, 생활비, 교육, 취업을 위한 해결책에 대한 의견을 나누도록 지도한다.

22. 지역사회로부터 재정적 보조를 받을 수 있도록 도움을 준다(예 : 자녀와 가족 공공 서비스, 저소득층을 위한 의료보장제도 및 식비 지원 제도, 국가의 지역사회 서비스 등).

12. 신생아를 위한 소아 간호에 대한 계획을 세운다. (23, 24)

23. 임신 7개월 동안은 부모 모두 신생아의 소아과 진료를 위한 주치의를 선택하고 약속을 잡도록 조언한다.

24. 부모에게 첫 분만을 약속하는 동안 소아과 의사와 함께 의논할 수 있는 질문 목록을 작성하도록 지도한다(예 : 포경수술 여부, 간호사 또는 젖병의 사용, 식사 시간과 수면 시간).

13. 필요한 신생아 용품 목록을 작성하여 그것들을 준비하고 마련하게 한다. (25, 26)

25. 부모가 함께 계획을 실행하고 집에서 아기를 위한 안전하고 편안한 환경을 준비할 수 있도록 조언한다(예 : 조용한 침실, 아기 기저귀 테이블 마련, 편안한 수유 의자 등).

26. 출산을 위해 준비해야 하는 필수적인 단계를 부모와 함께 브레인스토밍을 한다(예 : 출산을 위해 병원에 가는 것에 대해 미리 계획 세우기, 소아과 주치의를 정하기, 안전성이 입증된 아기 카시트 구입하기 등).

14. 연령에 적합한 논의와 개입을 통해서 태아기 과정에 형제자매를 포함한다. (27, 28, 29)

27. 부모가 아기의 탄생을 기대하는 다른 자녀에게 긍정적이고 신뢰할 만하고 나이에 적절한 정보를 주어 질문에 답변하고 기본적으로 자세한 사항을 제공함으로써 아기의 탄생을 사랑스럽게 소개할 것을 지도한다.

28. 부모는 형제자매의 아이디어를 적극적

으로 듣고 집에 새로운 아기를 위한 공간 준비를 돕는 것으로 참여할 수 있게 하여 아기에 대한 계획에 그들을 포함할 것을 조언한다.

29. 부모는 언어적 표현, 포옹, 미소를 사용하여 다른 자녀들과 시간을 함께 보내면서 그들이 얼마나 소중한 존재이며 사랑을 받고 있는지 확인시켜줌으로써 안심시키도록 한다.

15. 가까운 친구와 확대가족을 출생 전의 계획과 기대에 포함한다. (30)

30. 부모에게 가족과 문화적 관습에 따른 출산 축하에 대하여 가족들과 친구들의 참여를 격려할 수 있도록 지도한다(예 : 새로운 아기의 사진을 보면서 이야기하기, 선물 주기, 음식을 준비하기, 세례식에 참석하기 또는 다른 출생 의식 등).

16. 개별적인 출산계획을 완성한다. (31, 32)

31. 부모는 어머니 주치의와 분만과정과 분만 직후 어머니와 아기가 받을 구체적인 치료에 대하여 이야기할 수 있게 한다 (예 : 분만실, 마취제 사용, 분만실의 사람들 등).

32. 부모가 준비한 출산계획(사용 가능한 병원, 건강관리 담당자)에서 제외된 의료관리와 분만과정에서의 의료적 개입과 분만 직후의 돌봄에 대한 구체적인 방향에 대해서 보완하게 한다.

17. 동영상, 책, 인터넷에서 신생아 양육에 대한 정보를 모은다. (33, 34)

33. 출산을 기대하는 부부에게 신생아의 부모가 되는 문제(예 : 부족한 수면, 가족 구성의 변화, 변덕스러운 감정, 산후우울증, 시간 관리)에 관하여 인식을 발전시킬 수 있도록 비디오 *Expect More Than a Baby!*를 보여준다.

34. 아기에 관하여 젊은 부모에게 유용한 정보를 주는 웹사이트에 접속하게 한다 (예 : 거버 웹사이트—www.gerber.com; 시밀라 포뮬러 웹사이트—www.welcome addition.com).

—. _____

_____

—. _____

_____

—. _____

_____

—. _____

_____

—. _____

_____

—. _____

_____

진단 제안

ICD-9-CM	ICD-10-CM	DSM-5 장애, 상태 또는 문제
309.28	F43.23	적응장애, 불안 및 우울 기분 함께 동반
300.02	F41.1	범불안장애
V61.20	Z62.820	부모-아동 관계 문제
_____	_____	_____
_____	_____	_____

학교 적응의 어려움

행동 정의

1. 자녀가 학교에 가는 동안 분리불안에 대한 높은 수준의 걱정을 보인다.
2. 가까운 관계인 부모/자녀 사이에서 학교 출석의 두려움을 위협으로 표현한다.
3. 자녀가 학교에 잘 적응하도록 적절하게 준비시키지 못했다.
4. 학교와 교육의 전반적인 이점에 대해 부정적인 의견을 표현한다.
5. 자녀의 학교생활에 과도하게 개입한다.
6. 자녀가 학교 적응에 흥미 부족을 보인다.
7. 자녀에게 있는 자신감 부족과 걱정을 유발하는 높은 성취에 대한 비현실적인 기대를 말로 표현한다.
8. 교육 방침에 대해 자녀의 선생님과 갈등을 겪는다.
9. 노력, 성취 및 평생 계속되는 배움에 대해 자녀가 모델링할 수 있는 예시가 부족하다.
10. 자녀가 학업, 사회성, 독립적 기능 영역에서 적절하지 못한 감정을 언어로 표현한다.

—. _____
  _____
—. _____
  _____

장기 목적

1. 자녀에게 발생하는 분리불안을 줄인다.

2. 자녀에게 기본적인 학교 준비에 대한 기술을 가르친다.

3. 자녀에게 충만함, 적합성, 학업 자신감 등을 증진시키는 전략을 실시한다.

4. 학교에서 자녀의 학업 및 사회적·감정적 적응에 대해 지속적인 관심을 언어로 표현한다.

5. 학교와 선생님이 자녀를 효과적으로 교육시키려는 노력을 지원한다.

6. 노력, 학업의 성취 및 평생 학습을 우선시하는 개인 및 가족의 가치관을 언어로 표현하고 모범을 보인다.

—. _____

_____

—. _____

_____

단기 목표

1. 가정에서 학교로의 전환에 대해 자신과 자녀를 준비시킬 시간을 따로 잡는다. (1, 2)

2. 학교에 잘 적응할 수 있는 자녀의 능력에 대한 확신을 말로 표현한다. (3, 4)

3. 부모/자녀 간 분리불안을 일으킬 수 있는 죄책감, 불안감, 두려움, 질투

치료적 개입

1. 부모는 필요하다면 여러 번이라도 학교를 방문하고 교사를 만나 시설에 익숙해지도록 조언한다.

2. 부모는 자녀를 학교에 가는 준비과정(예 : 필요한 준비물 목록 만들기, 책가방 고르기)에 참여시키도록 지도한다.

3. 부모는 학교에 적응할 수 있는 자녀의 능력에 대한 확신을 언어로 표현한다(예 : "너는 선생님을 좋아할 거야.", "네가 새로운 일들을 많이 배우게 될 거라고 믿어.").

4. 부모는 학교에서 자녀의 발달을 인정할 때 광범위하고 평가적인 칭찬(예 : "넌 정말 똑똑한 아이구나.")보다는 차분하고 묘사적인 칭찬을 사용하도록 가르쳐준다(예 : "넌 이번 주에 새로운 단어를 5개 배웠구나.")

5. 부모는 걱정을 해석하는 대안적인 방법을 제안함으로써 분리불안을 재구성하

심 등의 감정의 축소를 말로 표현한
다. (5, 6)

4. 학교 일과를 정리하고 준비하는 데
   도움이 되도록 아침에 매일 하는 일
   과를 정한다. (7, 8, 9)

5. 자녀가 학교 일과에 성공적으로 참
   여할 수 있다는 믿음을 말로 표현한
   다. (10, 11)

도록 돕는다(예 : '내 아이들은 하루 종
일 날 보고 싶어 하겠지.'와 같은 생각은
'마리아는 처음에는 날 보고 싶어 하다
가도 학교에서의 활동을 즐거워하기 시
작할 거야.')로 재구성한다.

6. 부모의 반응이 의도하지 않게 자녀의 불
   안을 뒷받침할 수도 있다는 점을 확인할
   수 있게 도와준다. 부모가 사건을 이성
   적이고 논리적으로 이야기함으로써 자
   녀의 공포감을 재구성할 수 있게 한다.

7. 부모는 학교생활을 체계적으로 시작하
   기 위해 자녀에게 필요한 단계들을 대략
   적으로 보여주는 아침 일과를 개발하도
   록 도와준다.

8. 부모와 자녀가 *Parenting Skills Homework
   Planner*(Knapp)에 나오는 '학교 일과 정
   리하기' 활동을 완수하여 학교 가는 날
   을 계획하는 데 도움을 줄 수 있게 한다.

9. 자녀가 학교에 갈 수 있게 완전히 정리
   되기 전까지는 TV를 시청하거나 노는
   시간을 허락하지 말아야 한다고 부모에
   게 조언한다.

10. 부모는 자녀와 함께 학교에서의 완벽한
    하루는 어떤 것일까 상상해보게 한 후
    이 묘사를 실제 경험과 비교하고 학교에
    서의 하루하루를 나아지게 할 방법을 브
    레인스토밍하게 한다(또는 Knapp의 *Par-
    enting Skills Homework Planner*에 나오
    는 '나의 이상적인 학교생활' 활동을 하
    도록 한다).

11. 부모는 자녀의 긍정적인 개인적 특성,

기술 및 능력에 대해 목록을 만들도록 도와준다.

6. 각 학습 수준에서 성취하기 위해 필요한 준비기술을 개발할 수 있게 자녀를 돕는다. (12, 13)

12. 부모는 학년 수준에 맞는 기술과 요건의 목록을 자녀의 학교에서 얻을 수 있도록 도와준다(예 : 숫자와 글자 지식, 읽기와 계산기술, 역사 지식). 자녀가 이러한 준비 요건에 맞출 수 있게 도와준다.

13. 자녀를 성공적인 학교 경험에 기여할 수 있는 보충 활동에 참여시키도록 부모에게 조언한다(예 : 또래들과 사회적 상호작용을 갖도록 자리를 만들기, 자녀와 함께 매일 책 읽기, 지역사회 도서관이나 미술관 방문하기).

7. 연령 및 능력에 적당한 과제와 책임을 자녀에게 부여한다. (14, 15)

14. 부모는 집에서 자녀에게 연령 및 능력에 맞는 과제와 책임을 부여하게 하여 집에서의 책임감 있는 행동과 학교에서의 성공 사이의 연결을 강조한다.

15. 부모는 집안일과 과제를 활용하여 자녀에게 책임감을 가르치면서 *Becoming a Love and Logic Parent*(Fay, Cline, Fay)에서 설명한 4단계 과정을 이용하도록 한다. (1) 아동에게 연령에 적합한 과제를 준다. (2) 아동이 그것을 '망치기'를 기대한다. (3) 거기서 벌어진 결과와 이해로 교훈을 얻게 한다. (4) 다시 같은 과제를 준다.

8. 학교 출석을 매일 확인하는 데 동의한다. (16, 17)

16. 자녀의 매일 학교 출석을 확인할 수 있게 부모와 약속한다.

17. 소심한 자녀의 등교 저항에 대응할 수 있는 방법을 제안한다(예 : 차분하면서도 단호하게 말하며 반복해서 말한다. "네

9. 자녀가 효과적인 공부 습관을 위한 절차를 확립할 수 있게 돕는다. (18, 19)

10. 식사, 취침 시간, 아침에 학교 갈 준비, 공부 시간 등에 대한 일상적인 절차를 설정한다. (20, 21)

11. 독립성과 책임감 있는 행동을 촉진하도록 설계된 전략을 말로 표현하고 실행한다. (22, 23)

가 그렇게 느낀다니 안타깝지만 너는 학교에 가야 해."). 자녀의 어떠한 불만에 대해서도 논쟁하지 않도록 부모를 설득한다.

18. 부모는 학교에서의 성적을 향상시킬 수 있는 공부 습관을 자녀에게 가르치도록 격려한다(예 : 과제를 플래너에 기록한다, 큰 과제를 더 작은 단위로 나눈다).

19. 부모는 자녀의 학교 출석, 시간 지키기, 학습 성취를 감시하고 강화할 수 있게 해준다.

20. 부모는 식사, 취침 시간, 아침에 학교 갈 준비를 위한 가족의 절차를 설명하여 자녀가 준비를 하는 데 책임을 질 수 있도록 한다(또는 Knapp의 *Parenting Skills Homework Planner*에 나오는 '식사, 취침 시간 및 아침 일과를 위한 절차' 활동을 한다).

21. 부모는 자녀를 도와서 학교 숙제, 공부 기간, 공부 확인 방법, 부모의 참여 한도를 정하는 절차를 확립하게 한다.

22. 부모는 자녀가 이후에 긍정적인 노력을 할 수 있도록 '하지 마'라는 말 대신 '다음번에는'으로(Moorman의 *Parent Talk* 참조) 대체하도록 한다(예 : "다음에 철자 시험을 볼 때 네가 미리 요청하면 나는 기꺼이 널 도와줄 거야." 대 "시험에 닥쳐서 철자 공부를 도와달라고 요청하지 마.").

23. 실패에 대한 두려움에도 불구하고 노력하는 것을 격려하기 위해서 부모가 '~

12. 긍정적인 양육에 초점을 둔 수업 또는 강좌에 참석한다. (24, 25)

13. 기대를 명확히 정의하고 실행 가능한 제한을 정하여 힘겨루기를 피한다. (26, 27)

14. 자녀의 동급생 및 친구들과의 적절한 사회적 상호작용을 증진한다. (28, 29)

15. 자녀가 학업, 사교 및 과외 프로그램에 균형을 잘 맞춰 참여하도록 격려한다. (30, 31, 32)

인 것처럼 행동하라'는 말을 하도록 해 준다(예 : "학교에 가는 것이 기분 좋은 것처럼 행동해봐.").

24. 부모에게 긍정적인 양육 수업을 소개한다(예 : Dinkmeyer와 McKay의 **효과적인 양육을 위한 체계적 훈련**, Fay, Cline, Fay의 **사랑과 논리를 가진 부모 되기**, 또는 Moorman과 Knapp의 **부모대화법**).

25. Fay의 오디오 테이프 *Helicopters, Drill Sergeants and Consultants*를 듣고 자녀가 스스로 문제를 해결하는 것의 강점을 인식하도록 한다.

26. 부모가 정해진 기대를 명확히 표현하고 규정 준수에 따라 혜택을 주는 수반성 관리 전략을 사용하여(예 : "네 가방을 정리한 후에 자유롭게 컴퓨터 게임을 해.") 자녀와의 힘겨루기를 피하도록 조언한다.

27. 다른 사람들과 협력하여 일하는 데 필요한 개인적 자질에 대해 부모가 자녀와 함께 브레인스토밍할 수 있도록 한다.

28. 자녀가 친구와 방과 후 또는 주말 활동을 계획하고, 이벤트를 사진, 짧은 글 또는 그림으로 기록하는 데 부모가 도움을 줄 수 있도록 지도한다.

29. 부모는 자녀가 학교에서 이용할 수 있는 선택사항을 나열하여 사교 단체 또는 클럽에 가입하도록 격려하게 한다.

30. 부모가 가족의 초점이 질 좋은 교육에 있다는 것을 강조하기 위해 자녀와 즉각적으로 시험 및 평가 결과, 회의에 투입되는 것, 등급카드, 진행 보고서에 대해

논의할 수 있도록 지도한다.

31. 부모는 자녀의 특별한 흥미나 능력을 증진시키는 과외 활동에 최소한 하나 이상에 자녀가 참여하도록 한다(예 : 음악 또는 미술 수업).

32. 부모가 자녀의 개별 관심 및 능력에 집중하고 경쟁하기보다는 최선을 다해 자신의 목표를 달성하는 것이 중요하다고 강조하도록 격려한다.

16. 자녀의 선생님이나 다른 교육 관련 담당자를 만나 자녀의 목표를 달성하기 위해서 효과적으로 도전하고 동기를 주는 계획을 개발하도록 한다. (33, 34, 35)

33. 자녀의 선생님과 가정 간에 정기적인 교류를 제공하는 의사소통 일정을 세우도록 지도한다.

34. 부모가 다양한 성적 수준에서 자녀에게 제공할 수 있는 적성 시험과 관심 있는 시험에 관해 학교와 상담하도록 권장하고, 시험 결과가 향후 교육적 결정과 어떠한 관계가 있을지에 대해 논의하도록 요청한다.

35. 부모가 자녀에게 학교 성적과 향후 진로 선택 사이에는 결정적인 연관성이 있음을 강조하도록 격려한다(예 : 수학은 자금 관리를 용이하게 하며, 독서는 앞으로의 방향을 결정하는 데 도움이 되며, 쓰기는 다른 사람들과의 의사소통을 쉽게 해준다).

17. 교육, 기획 및 훈련이 다양한 가족 구성원의 개인적 성공에 어떻게 기여했는지 자녀와 논의한다. (36, 37, 38)

36. 부모가 다양한 가족 구성원의 교육 및 진로 목록을 작성하는 데 자녀의 도움을 요청하도록 지도한다.

37. 부모는 자녀가 긍정적이고 열정적인 학습 습관을 형성하도록 지도한다(예 : 정시에 공부할 수 있도록 시간 엄수하기,

병가 제한하기).

38. 부모가 직업 롤모델로서 조언을 주고, 향후 교육 및 직업 결정에 대해 자녀의 태도를 긍정적으로 만들어주며 개인적 일의 경험과 연결할 수 있도록 격려한다.

18. 자녀가 학교에 출석하도록 적극적으로 시도하고 긍정적인 학업 및 사회적 습관을 형성하는 것에 대해 자주 인정해주고 격려를 많이 한다. (39)

39. 부모에게 한 문장으로 개입하는 방법(예 : "나는 네가 매일 아침 제시간에 일어나는 걸 알고 있지.", "나는 네가 독서를 좋아하는 걸 알아.")을 제시하여 학교에 성공적으로 적응하기 위한 자녀의 일상적인 시도를 지지할 수 있도록 한다(Cline과 Fay의 *Parenting with Love and Logic* 참조).

—. _____

_____

—. _____

_____

—. _____

_____

—. _____

_____

—. _____

_____

—. _____

_____

진단 제안

ICD-9-CM	ICD-10-CM	DSM-5 장애, 상태 또는 문제
308.3	F43.0	급성 스트레스장애
309.21	F93.0	분리불안장애
300.02	F41.1	범불안장애
300.81	F45.1	신체증상장애
309.24	F43.22	적응장애, 불안 동반
_____	_____	_____
_____	_____	_____

성적 책임감

행동 정의

1. 자녀의 데이트와 사회적 활동에 대한 합리적인 제한과 기대 설정에 실패한다.
2. 성행위로 옮기는 병, 에이즈, 성적 학대, 데이트 성폭력, 무책임한 성행위로 인해 발생한 부정적이면서 감정적인 결과로부터 보호하는 방법에 대하여 자녀를 가르치는 교육적 전략이 부족하다.
3. 자녀와 성적 활동의 다양한 관점에 대해서 의논하는 것에 대해 불편함을 느낀다.
4. 오늘날 젊은이들의 성적 활동에 대한 패턴과 유행에 대해서 배우기를 꺼리거나 무시한다.
5. 개인의 의사결정과 성적으로 무책임한 행동에 대해 좋지 않은 모델을 보여준다.
6. 예상치 못한 10대 임신과 혼외 출산에 대한 깊은 근심을 나타낸다.
7. 10대의 성생활에 대한 단 한 가지 접근은 금욕이라고 강한 신념을 나타낸다.
8. 성적 책임감에 대한 자녀의 질문과 걱정에 대해서 엄격하고 비판적으로 반응한다.
9. 사춘기 전의 자녀가 성과 성생활에 과도한 관심을 보인다.
10. 자녀가 문란한 성 활동에 관련되어 있다.
11. 자녀가 보호 장치가 없는 성 활동의 결과로 예상하지 못한 임신을 하게 되었다.
12. 자녀가 보호 장치가 없는 성 활동의 결과로 성병의 고통을 겪고 있다.

장기 목적

1. 자녀의 사회 활동과 데이트에 대해서 분명하고 합리적인 한계점을 설정한다.
2. 성적 발달과 책임 있는 성적 활동에 관해서 자녀에게 중요한 교육자가 된다.
3. 10대의 성적 발달 상태와 성적 행위의 여러 패턴에 관한 사실을 학습한다.
4. 개별적인 관계에서 성적으로 건강한 태도와 책임감의 모델이 된다.
5. 자녀와 함께 개별적이며 가족이 가지는 성의 윤리와 가치에 대해서 솔직하고 무비판 적으로 토론한다.
6. 10대에게 성적 발달 단계와 책임감을 가르치는 학교, 종교시설, 지역사회의 프로그램 을 지지한다.

—. _____
   _____
—. _____
   _____

단기 목표

1. 성생활에 있어서 자녀의 태도를 긍정적 또는 부정적으로 형성시키는 성적 행위와 개인적 태도를 확인한다. (1, 2)

2. 친밀하고 신뢰할 수 있는 분위기를 기반으로 자녀와 함께 성적 윤리와 가치에 대해 토론한다. (3, 4, 5)

치료적 개입

1. 부모의 성적 태도와 행위가 자녀의 성에 관한 관점을 형성하게 한다고 조언한다. 그들이 증진시키고자 하는 가치를 정의할 수 있게 질문한다.

2. 자녀를 위해서 모범이 되는 모습에 대한 긍정적이고 부정적인 행동과 의견에 대해서 부모와 브레인스토밍을 한다. 그들이 없애고 싶은 여러 가지 예시들을 선택해보도록 질문한다(예 : 성적으로 무책임한 것을 용납하는 표현이나 이를 전달을 하는 것, 자녀가 있는 곳에서 과도한 성적 매력을 보여주는 행위, 매우 성적인 자료를 보여주는 것).

3. 성적 책임감에 관하여 공개적으로 이루어지는 커뮤니케이션을 지속하는 것이 중요하다는 것을 자녀에게 강조한다. 곤

란한 질문[예 : "내 몸에 무슨 변화가 생긴 건가요?", "STD(성병)와 AIDS의 원인은 무엇이죠?"]의 답변을 미리 준비한다.

4. 부모에게 '나' 전달법, 적극적인 경청, 중단하지 않기를 사용한 역할극의 대화로 효과적인 커뮤니케이션 기술을 가르친다.

5. 성생활에 관하여 토론하는 동안에는 성실하고 정직하게 행동하는 자세의 중요성을 강조한다. 대화를 시작하는 입장인 부모가 먼저 삶의 경험, 책, 비디오, TV 쇼 등을 이용하여 자녀와 대화를 시작하도록 한다.

3. 자녀에게 자존감과 미래에 관한 명확한 목표, 성적 행위를 미루거나 거절하는 능력 사이의 관련성을 표현한다. (6, 7)

6. 부모에게 자녀가 성적 책임감과 건강한 자존감 사이의 연관성을 확인하는 것을 돕기 위해서 *Parenting Skills Homework Planner*(Knapp)에 나오는 '성적 책임감과 건강한 자존감' 활동을 하도록 한다.

7. 부모가 성적 책임감을 증명할 수 있는 방법을 동원해서 자녀와 함께 브레인스토밍을 하도록 한다(예 : 고민거리에 정면으로 맞서기, 금욕 또는 자제를 선택하기, 적절한 보호하기).

4. 성과 성생활은 2개로 구분되는 이슈라는 것과 각 10대의 성숙에 관한 정의를 이해할 수 있도록 표현한다. (8, 9, 10)

8. 부모는 자녀에게 다른 사람에게 느낄 수 있는 신체적 매력, 데이트하기, 손잡기, 키스하기, 은밀하게 만지기 등을 포함한 성적인 태도에 영향을 줄 수 있는 감정이나 행동의 폭넓은 범위를 목록화하는 것을 도울 수 있도록 지도하고, 이를 성관계와 구분한다.

9. 부모에게 사춘기 직전 나이의 자녀에게 사춘기나 친밀한 관계에 관한 비디오

5. 성과 성생활에 관한 사실을 배우고, 성에 대한 근거 없는 믿음이 무엇인지 확인한다. (11, 12, 13)

6. 신뢰할 만한 지역 단체나 기관, 학교 등에서 10대에게 제공하는 여러 가지 정보나 꾸준히 제공되는 성교육 수업을 지원하거나 참여한다. (14, 15)

7. 자녀의 귀가 시간, 복장 규정, 데이트 지침, 약물남용, 성적 행위의 범위에 선을 그어서 10대에게 분명한

(예 : Dear Diary)를 보거나 책(예 : Bell의 *Changing Bodies, Changing Lives*)을 읽을 수 있도록 격려한다.

10. 자녀가 성적 욕망과 사랑(예 : 보살핌, 감정이입, 존경)을 구분할 수 있게 돕는 방법과 각각의 장기적인 효과와 사례목록을 부모에게 가르친다.

11. 자녀의 성에 관한 몇 가지 평범한 진술을 검토하고 그것이 근거 없는 믿음인지 또는 사실인지 확인할 수 있도록 한다 [예 : "요즘 모든 10대는 다 섹스를 한다."(근거 없는 믿음), "HIV는 이성애자와 양성애자 모두가 걸릴 수 있는 병이다"(사실)].

12. 부모는 성에 대한 근거 없는 믿음과 사실에 관한 비디오를 자녀와 함께 시청하고, 10대들에게 혼란을 야기하는 전형적인 근거 없는 믿음에 대해 더 토론한다.

13. 부모에게 지역 단체, 학교 또는 웹사이트(예 : 미국 성정보교육위원회―www.siecus.org 등)에 접속하여 10대들을 위한 성교육의 정보를 직접 찾아보도록 한다.

14. 자녀가 학교에서 이루어지는 성교육을 배우도록 부모가 지도한다.

15. 부모가 연구의 기본적인 기준을 준수하는 학교, 종교기관, 지역 10대 관련 기관에서 진행되는 효과적인 성교육을 지지할 수 있도록 격려한다.

16. *Everyone Is Not Doing It: Parts I, II, and III* 영상을 부모는 자녀와 함께 보고, 성적 행위를 자제하는 것, 귀가 시간(통

기대치를 설정하게 한다. (16, 17, 18)

8. 10대의 성관계로 발생할 수 있는 신체적·정서적 위험을 피하기 위한 실질적인 선택으로 자제해야 하는 것을 말한다. (19, 20, 21)

9. 개인적인 성생활 책임감의 규칙과 실천을 위한 행동계획을 자녀가 적어볼 수 있도록 돕는다. (22, 23)

행 금지 시간), 약물남용 등의 적정선의 한계를 논의한다.

17. 부모의 친밀한 감시 및 통제가 더 어린 10대의 성행위를 감소시킨다는 사실과 10대의 임신을 막는다는 것을 부모에게 가르친다.

18. 자녀의 반항심이 규칙 또는 제약으로 인해 감정적으로 나타날 때 부모는 공감도 있어야 하지만 단호한 면도 유지해야 한다.

19. 부모에게 10대가 하는 성관계의 위험성을 피하는 더 좋은 방법으로서 자제 또는 금욕을 선택하는 이유에 대해서 자녀와 함께 브레인스토밍을 하게 한다(예 : STD 피하기, 10대 성관계와 임신으로 인한 정서적 트라우마 피하기, 종교적 가치에 충실하기).

20. 부모는 자녀가 성적 관계에 준비되지 않았다는 것을 보여주는 중요한 근거에 대해 함께 브레인스토밍을 한다(예 : 부모로서의 책임감이 준비되지 않음, 성행위를 하는 데 감정적으로 드러나는 두려운 반응, 결혼할 때까지 성관계를 미루려는 욕망).

21. 자녀가 금욕 또는 자제를 유지하게 하는 전략을 부모가 반복적으로 말하도록 한다(예 : 약물이나 술 마시기를 피하기, "안 돼, 기다리기로 약속했어."라고 말하기).

22. 부모는 자녀의 성관계에 대한 긍정적인 의도의 발전을 격려하며, *Parenting Skills Homework Planner*(Knapp)에 나오는 '나의 개인적인 성적 책임감의 기준' 활동

을 완수하게 한다.

23. 부모는 자녀와 함께 애인과 데이트를 할 경우 금욕 또는 자제를 한다는 약속을 깨지 않게 하는 사랑의 방법에 대해 브레인스토밍을 한다(예 : 포옹하기, 꽃 보내기, 산책하기)(Hansen의 *Sexual Integrity for Teens* 참조).

10. 또래나 애인과 데이트하는 데 적합한 성적 행위와 성적 책임감에 관해 개인적인 생각을 자녀와 나누도록 격려한다. (24, 25)

24. 부모에게 애인이 있는 자녀가 성적 책임감에 관하여 지니고 있는 생각을 서로 나누기 위한 몇 가지 전략적인 방법으로 자녀와 함께 역할극을 하게 한다.

25. 데이트 상대, 친구, 또래 집단과 함께 개인적인 기준점에 관하여 대화하도록 격려해주고, 부모와 자녀가 나눈 논의과정의 결과를 공유하도록 한다.

11. 자녀가 원하지 않은 성행위를 거절하는 방법을 연습하게 한다. (26, 27)

26. 부모가 효과적인 거절 방법을 자녀에게 가르치도록 하며(예 : "싫어, 나는 결혼할 때까지는 금욕하기로 약속했어."), 학교, 종교기관 또는 지역사회 기관에서 제공하는 프로그램으로부터 거절 방법에 대한 정보를 얻을 수 있도록 도와준다.

27. 부모는 성행위를 거절하는 방법을 필요로 하는 몇 가지 예측 가능한 상황을 자녀와 함께 브레인스토밍을 한다. 각각의 상황에 초점을 맞추어 부모가 역할극으로 발전시킨다.

12. 성행위로 생기는 위험 부담으로 인해 인생의 변화와 삶에 위협적인 위험을 목록으로 만든다. (28, 29)

28. 비디오 *Teen at Risk: Breaking the Immortality Myth*를 부모가 자녀와 함께 본다. 성행위의 위험으로 인한 결과에 대해 논의한다.

29. 직업, 교육, 가족, 결혼과 관련된 미래의

13. 무방비 상태에서 성관계를 하게 될 때 발생할지도 모를 부정적인 결과를 막기 위해서 자녀가 성관계에 대한 계획을 발전시키도록 협력한다. (30, 31)

14. 성행위를 경험한 후에도 여전히 금욕이 선택사항이 될 수 있다는 신념을 표현한다. (32, 33)

15. 교회나 지역 단체 또는 학교에서 제공하는 10대 성생활에 초점을 맞춘

개인적인 목표에 대해서 자녀가 목록을 만드는 것을 부모가 도울 수 있도록 지도한다. 그리고 위험한 성행위가 잠재적으로 이러한 목표에 어떤 영향을 줄 수 있는지 확인한다.

30. 무방비 상태에서 일어난 성관계로 원하지 않는 결과를 막기 위한 몇 가지 선택권을 자녀가 확인할 수 있도록 부모가 옆에서 돕는다(예 : 금욕 또는 절제, 콘돔, 피임약, 성관계 후 먹는 피임약). 각각의 방법으로 인해 나타나는 문제점 및 부작용과 좋은 점을 목록으로 작성한다.

31. 부모는 성생활을 하는 자녀에게 지역사회 자원이 제공하는 산아 제한에 관한 정보와 STD로부터 보호받을 수 있는 정보를 제공한다(예 : 부모기의 계획, 보건복지부, 의료진, 클리닉).

32. 부모는 자녀가 성행위를 한 후에도 언제든지 금욕을 할 수 있다고 가르치는 모임에 참여할 수 있도록 조언한다.

33. 첫 경험을 한 후에 몇 년 혹은 몇 개월 동안 다시는 성행위를 하지 않는 10대가 많다고 부모가 자녀에게 알려준다(Mercer의 *Adolescent Sexuality and Childbearing* 참조). 부모는 첫 경험 후에 왜 금욕을 하는지에 관한 이유를 자녀와 함께 검토해보고 자녀를 격려한다(예 : 죄책감이나 두려움, 세상 평판의 염려, 기대에 만족하지 못함).

34. 성에 관한 가치를 구분하기 위해 부모와 자녀를 10대 성생활 수업(예 : Hansen의

수업에 자녀를 참여시키도록 격려한다. (34, 35)

16. 자녀가 가해자와 대면 상황에 놓였을 때 가해자에게 행동을 멈추도록 요구하고 그것을 성추행이라고 부르도록 자녀에게 가르친다. (36, 37)

17. 잠재적인 데이트 폭력 관계를 종료하도록 자녀를 도와준다. (38, 39, 40)

Sexual Integrity for Teens)에 보내고 성적 발달과 관련이 있는 정보를 모은다.

35. 부모는 10대와 관련이 있는 주제에 초점을 맞춘 청소년 센터나 신뢰할 수 있는 기관, 학교 등이 제공한 수업에 자녀가 등록하도록 지도한다(예 : 10대의 데이트, 신체의 성장, 성생활).

36. 부모가 성추행의 정의를 내리도록 자녀에게 가르친다(예 : 직장이나 학교에서 벌어지는 원하지 않은 말, 몸에 가하는 성적 행동, 겁을 주어서 시키는 대로 하게 하는 환경을 조성하는 것). 적절한 예를 찾는다(예 : 성적 농담이나 성적인 언급, 달갑지 않은 신체 접촉, 성행위를 하도록 하는 억압)(Hansen의 *Sexual Integrity for Teens* 참조).

37. 부모는 성추행에 관한 학교의 규칙을 자녀와 함께 검토하고 관련 사건이 기록된 진행절차에 대해서도 논의한다.

38. 부모는 심리적 학대의 근본 원인을 상담을 통해 탐색하도록 자녀에게 상담을 받게 하고, 데이트를 하는 중에 벌어질 수 있는 불미스러운 일을 사전에 예방하며, 폭력 기질과 원인이 무엇인지 알아내도록 한다.

39. 부모는 자녀에게 청소년 성학대를 이해시키기 위해서 자녀와 같이 비디오*Matter of Choice: A Program Confronting Teen-age Sexual Abuse*를 시청한다.

40. 부모는 자녀가 서명이나 서약서를 작성함으로써 데이트 폭력에서 발생할 수 있

는 범죄에 대한 엄격한 처벌 정책을 받
아들이도록 격려하며 지도한다.

—. _____   —. _____
   _____   _____
   _____   _____
—. _____   —. _____
   _____   _____
—. _____   —. _____
   _____   _____

진단 제안

ICD-9-CM	ICD-10-CM	DSM-5 장애, 상태 또는 문제
313.81	F91.3	적대적 반항장애
300.02	F41.1	범불안장애
V71.02	Z72.810	아동 또는 청소년기 반사회적 행동
_____	_____	_____
_____	_____	_____

형제자매 간 대립

행동 정의

1. 형제자매의 질투와 갈등을 효과적으로 관리하지 못하는 죄책감과 무능함을 보고한다.
2. 모든 가족 구성원과 평화적으로 살아가는 법을 배우고 분쟁 속에 있는 자녀가 안정되도록 도와주려는 갈등해결 전략이 부족하다.
3. 각각의 자녀가 개인적이고 독특한 욕구에 기초하기보다 가족 자원의 동등한 분배를 시도한다.
4. 형제자매의 성격과 행동, 재능을 비교하거나 한 자녀를 편애하여 질투와 경쟁이 생긴다.
5. 너무 성급하게 그리고 너무 자주 형재자매의 싸움에 개입하고 잘못했다고 생각되는 자녀를 혼낸다.
6. 형제자매의 갈등으로부터 적대감과 혼란이 초래되고 좌절감을 느낀다고 보고한다.
7. 심각한 형제자매의 갈등을 무시하는 것은 장기적으로 파괴적인 영향의 결과를 초래할 수 있다.
8. 형제자매 사이에서 이기고 지는 태도를 지지하는 것은 갈등을 심화시키는 원인이 된다.
9. 자녀가 편애를 받고 싶어서 교묘한 삼각관계의 행동을 한다.

—. _____

_____

—. _____

_____

장기 목적

1. 형제자매 사이에서 마음을 상하게 하는 말이나 공격적이고 물리적인 상호작용을 멈춘다.
2. 개인적 능력과 강점에 초점을 두고 각각의 형제자매들을 독특한 존재로 바라본다.
3. 형제자매 사이에서 발생하는 갈등을 관리하는 기술을 배우고 평화를 이루는 전략을 활용하여 분쟁을 안정시킨다. 행복을 만드는 전략과 고정적인 분쟁과 갈등을 다루는 기술을 배운다.
4. 형제자매들이 부정적인 감정을 창의적이거나 수용 가능한 표현의 방법으로 바꾼다.
5. 다른 형제자매와 비교하거나 편애하는 표현을 그만둔다.
6. 가족 내에서 형제자매가 평화롭게 공존하고 긍정적인 관계를 발전시킨다.

—. _____
_____
—. _____
_____

단기 목표

1. 강하고 긍정적인 부모/자녀 관계를 유지해서 안심할 수 있게 하고, 자녀가 형제자매로 인해 애정 또는 관심을 잃어버리는 것에 대한 두려움과 불안감을 부모가 공감한다는 것을 표현한다. (1, 2, 3)

2. 잠재적인 형제자매의 갈등이 확대되기 전에 경고 신호를 인식한다. (4, 5, 6)

치료적 개입

1. 형제자매의 질투의 원인이 되는 부적합한 감정과 자녀의 개별적인 공포를 부모가 점검하게 한다(예 : 부모와 함께하는 시간이 줄어듦, 가족의 편애를 잃은 상황).
2. 형제자매의 갈등을 해결하고 예방하는 중요한 역할에 대해 논의하고 공감한다.
3. 부모는 자녀가 자신감을 강화시킬 수 있게 지지해주는 목록에 대해 함께 브레인스토밍한다(또는 Knapp의 *Parenting Skills Homework Planner*에 나오는 '각각 자녀들의 독특함을 확신하기' 활동을 한다).
4. 자녀의 분쟁을 감소시키는 긍정적인 노력을 격려하고 갈등 발생 전에 일어나는 행동과 감정, 생각에 대해 예상할 수 있도록 부모에게 가르친다.

3. 형재자매에 대한 자녀의 부정적인 감정이 가족 자원을 공유하는 법을 배우고 공감을 발달시키는 정상적인 부분이라고 인식한 것을 표현한다. (7, 8)

4. 부모의 관심과 사랑은 모든 자녀가 제외되지 않고 공유할 수 있는 만큼 의 충분한 자원이라는 생각을 보여 준다. (9, 10, 11)

5. 부모에게 형제자매의 갈등을 포함한 책 (예 : Blume과 Trivas의 *Pain and the Great One* 또는 Mario의 *I'd Rather Have an Iguana*)을 읽게 하고, 어떻게 감정을 공감하고 갈등을 예방할 수 있는지에 대해 논의하게 한다.

6. 형제자매의 대립을 야기할 수 있는 부모의 근본적인 교류, 행동, 생각 절차, 기능을 하지 못하는 상호작용에 대해 인식하고 바꿀 수 있도록 돕는다(예 : 형제자매와 비교하기, 형제자매의 경쟁을 촉진하기).

7. 부모에게 감정을 표현할 수 있는 시간 제공의 중요성에 대해 조언한다. 어느 한쪽에 치우치지 않고 형제자매 간의 경쟁에 관한 각 자녀들의 염려되는 감정을 경청할 수 있도록 조언한다.

8. 부모와 형제자매에게 가족 자원에 대한 목록을 새롭게 작성하게 한다(예 : 보살 핌, 감정적이고 재정적인 지원). 각 가족 구성원이 가족 자산 활용에 기여하는 방법에 대해서 논의한다(또는 Knapp의 *Parenting Skills Homework Planner*에 나오는 '가족 자원의 공유' 활동을 한다).

9. 부모에게 무조건적인 사랑에 대한 정의를 작성하게 한다(예 : 개인의 특성이나 행동과 관계없이 끊임없는 사랑). 개인 일지에 예시를 적어본다.

10. 모든 가족 구성원이 가까운 관계로 발전하면 갖게 되는 이점에 대해 부모와 형제자매에게 물어본다(예 : 도움과 지지를 얻음, 가족의 조화가 향상됨). 그리고

부모와 형제자매 사이의 상호작용을 향상시킬 수 있는 방법에 대해 생각해보게 한다(예 : 깔아뭉개는 말을 하지 않기, 방해하지 않기, 공유하기).

11. 부모와 형제자매가 큰 하트를 그리게 하고 사랑하는 마음의 크기가 크다는 것을 설명하기 위해 그 안에 각 가족 구성원의 사진을 붙인다.

5. 형제자매 간 갈등을 공정하고 긍정적으로 해결할 수 있는 방법에 대한 목록을 작성한다. (12, 13, 14)

12. 부모의 간섭은 형제자매의 분쟁을 종종 심화시킨다. 심판보다는 코치로 개입할 수 있게 한다.

13. 형제자매의 분쟁을 해소하는 기본적인 과정부터 부모에게 가르친다. (1) 문제를 안다. (2) 다른 사람의 관점에서 듣는다. (3) 문제에 대한 감정을 공유한다. (4) 문제를 해결하기 위한 방법에 대해 생각한다. (5) 그것을 수행하고 해결하는 데 동의한다.

14. 부모에게 형제자매의 분쟁해결 방법을 가르치고 이해시키기 위해 *Help! The kids Are at It Again*(Crary, Katayama)을 읽게 한다.

6. 긍정적 인식과 공평한 대우, 개인의 감정에 대한 인지를 통하여 형제자매 간의 유대감을 강화하고 대립을 분산시킨다. (15, 16)

15. 모든 형제자매의 긍정적 행동을 강화할 수 있도록 부모를 격려하고 각 자녀에게 평등하고 논리적인 태도로 훈육할 수 있게 한다.

16. 사랑, 관심, 시간, 신체적 욕구에 대해 '평등한' 분배보다는 '특별한' 기준(예 : "나는 너희 각각 특별하게 사랑해.")을 사용하게 한다.

7. 개별적인 성격, 욕구, 감성, 목표, 각

17. 긍정적이거나 부정적인 행동을 설명할

자녀의 열망을 알아봐주는 것은 형제자매 사이의 경쟁을 줄여준다. (17, 18)

8. 형제자매 간의 대립에 관련된 문제, 원인 그리고 해결 방안에 관련된 양육 수업에 참관하거나 관련 서적을 읽는다. (19, 20)

9. 건강한 자존감과 책임 있는 행동을 증진시키기 위해 사랑으로 잘 균형 잡힌 긍정적 훈육 시스템을 확립한다. (21, 22, 23)

때 비교하는 말보다 행동이나 상황을 기술하도록 부모에게 가르친다(예 : "너의 오빠는 시작도 안 했는데 너는 과제를 끝냈구나."보다는 "너의 과제를 끝내는 것을 봤어."라고 한다).

18. 부모에게 형제자매의 실패나 성취를 절대로 비교하지 말고 개개인의 장점에 기초한 노력을 확실하게 이야기하게 한다.

19. 형제자매 간 대립에 관련된 주제를 해결해주는 양육 수업을 부모에게 알려준다(예 : Faber와 Mazlish의 싸우지 않고 배려하는 형제자매 사이 워크숍).

20. 형제자매 간의 긍정적 관계를 촉진시키는 방법을 배우기 위해서 싸우지 않고 배려하는 형제자매 사이(*Siblings Without Rivalry;* Faber, Mazlish)와 하루 10분 자존감을 높이는 기적의 대화(Faber, Malish)를 읽을 수 있도록 한다.

21. 부모에게 부모/자녀 상호작용에 관한 책을 읽게 한다(예 : Moorman의 *Parent Talk*). 형제자매의 부조화를 관리하는 데 도울 수 있는 전략에 대해 논의한다.

22. 부모에게 형제자매 사이의 협력을 촉진시킬 수 있는 훈육 개입을 사용하도록 제안한다(예 : 1,000조각의 퍼즐을 대립하는 형제자매가 함께 완성하도록 요구한다).

23. 부모에게 형제자매가 비난하거나 폄하하는 발언을 했을 때 그들의 관점을 긍정적인 의사소통으로 요구할 수 있게 역할극을 지도한다.

10. 가족회의에서 집안일을 나누고 책임이나 다른 가족의 이슈에 대해서 논의한다. (24)

11. 형제자매, 가족과의 상호작용에 대한 감정을 그림이나 글로 표현할 수 있도록 자녀를 격려한다. (25, 26)

12. 개인의 흥미를 발달시키고 형제자매 간 대립 문제를 분산시키기 위해서 각 자녀를 위한 취미 또는 사회적 수단을 형성한다. (27, 28)

13. 애정과 수용의 감정이 천천히 발전하게 하고 형제자매 사이에서 즉각적인 유대 관계를 강요하는 것에 저항하는 것을 허용한다. (29, 30)

14. 가족 구성원과 모든 가족 사이에서 일대일 상호작용을 포함한 참여 활동을 격려한다. (31, 32)

24. 가족의 일을 대표하고 가족 문제를 해결하고 다시 인식하기 위한 각 가족 구성원의 노력을 위해 매주 만남을 가지도록 부모에게 조언한다.

25. 부모에게 형제자매와 서로 스토리텔링이나 역할극을 활용해서 갈등을 평화적으로 해결할 수 있는 전략을 사용하도록 지도한다.

26. 평화적인 결과를 가져온 논쟁에 대해 설명하는 것을 격려하기 위해서 부모에게 만화 그리기(예 : Sonntag의 '사회적으로 고립된 자녀를 위한 상담 접근으로 만화 그리기') 방법을 사용할 수 있도록 가르친다.

27. 각 자녀의 특별한 흥미와 재능을 반영할 수 있는 새로운 취미나 활동을 습득할 수 있게 자녀의 탐험을 격려하도록 부모에게 조언한다.

28. 각 자녀가 흥미와 관련 있는 학교나 공동체에 가입할 수 있도록 부모가 격려해 주도록 지도한다.

29. 자녀들의 유대감의 정확한 경계를 얻기 위해서 부모에게 일지에 형제자매 간의 관계에 대한 상태를 기록하게 한다.

30. 부모와 형제자매에게 과거, 현재 그리고 미래에 형제자매 관계가 자연스럽게 발전하는 것을 글이나 그림으로 설명할 수 있게 한다.

31. 일주일에 한 번은 각 가족 구성원이 참여하는 나들이를 계획하도록 부모를 격려한다.

15. 형제자매 간 갈등 해소나 개별 치료를 원할 경우 전문가적 도움이 필요한 증상을 관찰한다. (33, 34)

16. 사랑으로 존경하고 협조적인 가족 분위기는 만드는 것을 가족 구성원이 함께하도록 한다. (35, 36)

17. 부정적이거나 엄격한 역할에 가족 구성원을 고정시키는 것의 위험을 말로 표현하고 가족 공동체를 위한 고유한 기여가 개인에게 가치 있게 느끼도록 협력한다. (37, 38)

18. 가족의 평화와 조화를 만들어내는 과

32. 부모와 자녀 간의 유대감을 강화시키는 일일 활동에 각 자녀가 참여할 수 있도록 부모를 지도한다(예 : 서로 필요한 게임하기, 밤마다 기도하기, 서로 책 읽어 주기).

33. 부모에게 형제자매 간의 갈등을 다루는 자녀를 위한 모임을 형제자매가 찾도록 조언한다.

34. 전형적인 형제자매 간의 대립으로 인한 좌절감을 관리할 수 있도록 자녀를 지원하고, 만약 증상이 심하다면 개인치료를 받을 수 있도록 부모를 지도한다.

35. 존경하는 부부 중심의 결혼 관계를 유지하면서 행복한 가족 환경을 만드는 법을 배우기 위해서 부모가 *The Seven Habits of Highly Effective Families*(Covey)를 읽게 한다.

36. 열린 토론과 공동 양육 전선을 형성하여 가족 안에서 발생할 수 있는 고의적인 방해 행동을 하지 않도록 부모를 돕는다.

37. 부정적인 가족 역할(예 : 괴롭힘, 신뢰성 결여, 패배자) 또는 배타적인 긍정적 가족 역할(예 : 가장 재능 있고, 신체적으로 건강하고, 아름다운)로 인해서 발생할 수 있는 손실을 부모에게 가르친다.

38. 자녀가 하지 않기를 원하는 부정적인 특성(예 : 포기하기, 의무 회피하기)보다는 희망하는 것(예 : 끈기, 책임감)을 끌어내는 행동에 부모가 모델이 되도록 격려한다.

39. 부모에게 긍정적인 형제자매 관계 향상

정을 인정한다. (39)

의 영역뿐만 아니라 자긍심과 통합의 관점에 대해 가족과 함께 브레인스토밍할 수 있게 한다.

—. _____

_____

—. _____

_____

—. _____

_____

—. _____

_____

—. _____

_____

—. _____

_____

진단 제안

ICD-9-CM	ICD-10-CM	DSM-5 장애, 상태 또는 문제
312.9	F91.9	명시되지 않는 파괴적, 충동조절 및 품행 장애
312.89	F91.8	달리 명시된 파괴적, 충동조절 및 품행 장애
314.01	F90.1	주의력결핍 과잉행동장애, 과잉행동/충동 우세형
309.3	F43.24	적응장애, 품행장애 동반
_____	_____	_____
_____	_____	_____

한부모 양육

행동 정의

1. 단독으로 혹은 이혼 후 따로 살면서 협력관계로서 육아를 공동으로 한다.

2. 육아에 대한 다양한 책임감으로 생긴 스트레스 때문에 억눌린 감정을 말로 표현한다.

3. 혼자 수입으로 가족을 돌보기에 재원이 부족하다.

4. 일관성 있고 긍정적이며 공감하는 훈육이 부족하다.

5. 비전통적인 가정에서의 자녀 육아로 인해 생기는 죄책감 및 부적당함을 표현한다.

6. 이혼, 사망 혹은 공동 양육자의 부재로 인해 생기는 비통함과 상실감을 표현한다.

7. 다른 쪽 부모의 참여와 재정 및 정서적 지원 부족에 대해 불평한다.

8. 부재중이거나 도움이 되지 않는 부모를 향한 분노감을 말로 표현한다.

9. 가족에게 도움을 줄 수 있는 가족, 친구 혹은 지역사회의 자원에 대한 접근성이 부족하다.

10. 자립하기 위해 필요한 교육과 기술이 부족하다.

11. 자녀가 가족의 붕괴로 정신적 충격을 입거나 비전통적인 가정에서의 삶 때문에 낙인이 찍힌 것으로 느낀다.

12. 자녀는 매일 그리고 장기적으로 책임감을 가지고 가사를 도울 수 없거나 도우려 하지 않는다.

_____

장기 목적

1. 자녀의 다른 공동 양육자와 긍정적인 협력 관계를 형성한다.
2. 가사를 지원하는 데 필요한 재원을 획득한다.
3. 적절한 주거, 보건 혜택, 보육을 확보한다.
4. 지속적이고 긍정적인 자녀 관리 기법 및 훈육을 포함하는 긍정적인 부모/자녀 관계를 형성한다.
5. 한부모 양육이라는 엄청난 도전에 도움을 줄 수 있는 가족의 친구 및 지역사회 자원을 이용한다.

—. _____

_____

—. _____

_____

단기 목표

1. 현재 한부모 가족의 현황에 대해 설명하고 장·단기 개인 및 가족 목표를 확인한다. (1, 2, 3)

2. 재정적 필요와 자원을 평가하고 모든 가족 구성원의 기본적인 필요 사항을 파악하기 위한 공정한 만남일

치료적 개입

1. 가족사를 완벽하게 알아보고 가족의 문제 및 걱정거리를 명확히 확인하며 해당 가정의 즉각적인 재정, 사회 및 감정적 요구를 파악한다.

2. 부모에게 양육권, 방문권, 이사의 가능성을 포함하여 자녀와 가족에게 임박한 모든 변화에 대해 상세하게 요청한다.

3. 부모가 다음과 같은 장·단기 목표 달성을 위한 계획수립에 도움을 준다. (1) 목표 목록 만들기, (2) 잠재적 자원 및 방해물 확인하기, (3) 성공을 위한 전략 만들기(또는 Knapp의 *Parenting Skills Homework Planner*에 나오는 '가족 목표 달성하기' 활동을 한다).

4. 부모가 모든 가족의 자산 목록과 가족의 요구사항에 상응하는 목록을 작성하게 하고, 가족의 기본 요구사항을 해결하기

정을 수립한다. (4, 5)

3. 적절한 자녀 지원을 위해 공동 양육자와 협상한다. (6, 7)

4. 가족의 재정, 식료품, 주거, 의료, 사회적 필요를 평가하고 가용한 자원 및 서비스를 확인한다. (8, 9)

5. 생계를 보장하는 직장을 얻기 위한 계획을 세운다. (10, 11)

6. 시장성이 있는 기술을 강화하고 취업 확률을 높이기 위해 수업이나 훈련 프로그램에 등록한다. (12, 13)

위해 자산을 할당하는 방법을 결정하는 데 도움을 준다.

5. 부모로 하여금 자녀가 성인이 될 때까지 재정적 지원을 제공하기 위해 공동 양육자와 협력하기로 구두로 약속을 끌어낸다.

6. 부모가 공동 양육자로 하여금 자발적이거나 혹은 법원의 분담 명령을 통해 적절한 자녀 지원을 부담하게 하고 협상하게 한다.

7. 재정 문제, 보호 감독 또는 방문 권한에 관해 공동 양육자와 합의할 수 없는 경우 중재나 법적 조치를 진행하도록 한부모를 지원하고 격려한다.

8. 부모에게 사회 · 재정 · 의료 서비스를 제공하는 기관을 제시하고, 이러한 자원에 쉽게 접근할 수 있게 한다.

9. 개입할 수 있는 모든 문제에 대한 해결책을 브레인스토밍하여 필요한 도움을 받을 수 있도록 주 양육자와 계획을 세운다(예 : 교통수단, 일상적인 자녀 돌봄, 적절한 의복).

10. 직업을 구하는 방법이나 직업교육 과정을 계획하는 데 도움을 준다.

11. 서면 이력서 작성과 면접 시 일반적으로 묻는 질문에 대한 답변을 연습함으로써 구직 면접을 위한 준비를 도와준다.

12. 부모에게 보다 취업 가능성이 있도록 구직 및 직업 교육 프로그램을 도와주는 기관을 제시한다(예 : 고용안정위원회, 주립 재활 서비스).

13. 한부모에게 성인 교육, 지역사회 기반 강의 또는 고용기술 및 업무 경력을 제공하기 위해 설계되어 있는 복지에서 경력까지 아우르는 프로그램을 확인할 수 있도록 도와준다.

7. 가족을 위해 안전하고 안정적인 주택을 마련한다. (14, 15)

14. 부모가 안전, 안정성 및 적절성 측면에서 주택 및 이웃 환경을 평가하는 데 도움을 주고, 안전하지 않은 생활 조건으로 인해 자녀의 불안이나 불안정감이 발생하고 있는지를 판단한다.

15. 부모가 안전하고 적절한 주택을 찾는 데 지역사회 기관(예 : 해비타트—www.habitat. org; 주거 및 도시 개발부 프로그램— (800) 569-4287)의 도움을 받을 수 있도록 도와준다.

8. 가족, 친구 또는 일상적인 자녀 돌봄 위탁 서비스를 통해 비용이 많이 들지 않고 품질 높은 자녀 돌봄을 이용할 수 있도록 한다. (16, 17, 18)

16. 부모가 허가받은 담당자의 목록을 얻고 가능성 있는 시설을 전체적으로 평가하여 품질 높은 자녀 돌봄 서비스를 선택할 수 있도록 한다.

17. 일하는 부모로서 긴급하거나 불가피한 상황에서 자녀 돌봄 지원을 기꺼이 제공할 가족 및 친구 목록을 작성하도록 한다.

18. 해당 학군 및 지역사회의 문화 활동 부서에서 제공하는 학령기 자녀를 위한 방과 후 프로그램을 부모가 조사하도록 한다.

9. 감당할 수 있는 가족 건강보호 계획을 보장한다. (19, 20)

19. 부모가 연봉 계약에 가족 건강보호 혜택을 포함한 직장을 구하는 데 도움을 주도록 한다.

20. 보험에 들지 않은 부모는 미국의 저소득층 의료보장제도나 주립 아동 건강보험 프로그램을 적용하게 한다(의료보건 및

10. 부재 또는 사망을 통한 부모 상실이나 이혼이 모든 연령의 자녀에게 심각한 정서적 혼란을 초래하는 것을 인식하고 있다는 것을 표현한다. (21, 22)

11. 자녀 관리 문제를 다루기 위해 공동 양육자와 협력적인 계획을 세운다. (23, 24)

12. 자녀와 관련된 모든 문제와 염려사항을 해결하기 위해 공동 양육자와 협력한다는 구두 약속을 한다. (25, 26)

13. 주요 양육 문제에 대해 공동 양육자와 협력한다. (27)

14. 자녀의 개인 안전에 대해 보장하고

저소득층 의료보장제도 서비스 센터—www.cms.hhs.gov 참조).

21. 부모가 보호감독, 가정방문 또는 자녀와의 이사를 포함한 변화에 대한 계획에 대해 즉각적으로 논의하도록 요청하고 자녀에 관한 변화의 영향에 대해 고려해야 한다는 것을 강조한다.

22. 부모가 *Successful Single Parenting*(Richmond) 또는 *Single Parenting for Dummie*(Peterson)를 읽게 하여 한부모가 겪는 문제를 위한 전략을 얻도록 한다.

23. 부모가 공동 양육자와 주기적으로 의사소통하여 자녀 관리 문제를 논의하고 협력에 대한 연대를 구축하며 자녀에 대해서는 공동 전선을 펼쳐 일치된 모습으로 행동하도록 권고한다.

24. 각 가정의 자녀에 대한 명확한 기대치를 설정할 수 있도록 한부모는 공동 양육자와 협력하여 계획을 수립한다.

25. 부모가 자녀의 정서적 안정에 도움이 되는 보호감독과 가정방문 계획을 강력히 지지할 수 있도록 격려한다.

26. 공동 양육자 간 차이와 분쟁을 조정하여 갈등 정도를 완화하고 협동심이 증가되도록 한다.

27. 부모가 공동 양육자와 큰 양육 문제를 논의하여 개별적인 관점을 공유하고 해결책을 브레인스토밍하며 양 당사자들이 받아들일 수 있는 접근법을 결정하도록 지도한다.

28. 부모가 적극적인 경청 기법을 사용하고

자녀의 두려움을 인지하여 이에 대한 공감을 표현하며 친밀하고 애정 어린 관계를 유지하기 위해 최선을 다한다. (28, 29, 30)

15. 자녀의 감정적 어려움에 대한 신호와 징후에 대한 주의를 게을리하지 않고 이러한 문제들을 다루기 위해 계획한다. (31)

16. 현재 가족의 상태에 대해 자녀의 학교에 알리고 학교 관련 문제들을 해결하는 데 학교의 도움을 요청한다. (32, 33)

17. 한부모 양육의 과제를 성공적으로 해결하기 위해 개인, 가족 및 지역사회 자원을 활용한다. (34, 35, 36, 37)

자녀의 두려움, 감정, 궁금증, 염려사항을 인지하여 이에 대한 공감을 표현하도록 한다.

29. 부모는 공동 양육자와의 말다툼으로부터 자녀를 보호하고 자신들의 논쟁에 자녀를 메신저로 이용하지 않도록 한다.

30. 양쪽 부모와의 긍정적이고 애정 어린 관계가 자녀에게 가장 이롭다는 것을 알려주고, 자녀에게 다른 한부모에 대한 경멸적인 말은 하지 않도록 조언한다.

31. 부모는 자녀가 심각한 감정적 어려움을 겪고 있다는 신호를 놓치지 않도록 주의를 기울이고 필요한 경우 자녀에 대한 상담을 계획하도록 조언한다.

32. 부모는 현재 가족 상황에 대해 자녀의 담임교사나 학교 상담 담당자에게 알리고 학교 관련 문제들에 공동 양육자가 참여할 수 있는 계획을 세운다(예 : 학교 행사 참가, 자녀의 생활기록부 검토).

33. 부모는 학교에서 자녀에게 제공하는 지원 서비스(예 : 이혼 집단 상담, 개인 상담, 학업 보조, 또래 멘토링)를 요청하여 가족 분열에 대한 적응에 도움을 받도록 조언한다.

34. 부모가 한부모를 지원하는 지역사회 단체나 종교 기반 단체에 가입하고 인터넷 사이트의 지원을 받을 수 있도록 격려한다.

35. 부모에게 한부모가 직면한 과제에 대한 안내를 제공하는 자녀 양육 강의를 수강하도록 한다(예 : Fay, Cline, Fay의 사랑과 논리를 가진 부모 되기, Moorman과

Knapp의 부모대화법).

36. 한부모가 자녀의 놀이 집단에 참여하거나 놀이 집단을 만들어 비용이 많이 들지 않으면서도 상당히 즐거운 활동을 활용하여 부모와 자녀의 사회화를 결합할 수 있도록 조언한다.

37. 부모가 혼자만의 시간이나 자녀에게 떨어져서 친구들과의 시간을 계획하고 개인적인 만족을 위한 시간을 보내서 스트레스를 줄이는 데 도움이 되도록 한다(또는 Knapp의 *Parenting Skills Homework Planner*에 나오는 '스트레스 감소 전략' 활동을 한다).

— . _____

— . _____

— . _____

— . _____

— . _____

— . _____

진단 제안

ICD-9-CM	ICD-10-CM	DSM-5 장애, 상태 또는 문제
309.24	F43.22	적응장애, 불안 동반
309.0	F43.21	적응장애, 우울 기분 동반
309.28	F43.23	적응장애, 불안 및 우울 기분 함께 동반
_____	_____	_____
_____	_____	_____

배우자 역할 및 갈등 관계

행동 정의

1. 오로지 자녀에게만 관심과 애정을 쏟음으로써 이전의 부부 중심적인 친밀한 배우자 관계를 대체한다.

2. 부부간의 깊은 친밀감과 지나친 관심으로 자녀에게 부모의 사랑, 보살핌, 지지를 주지 못한다.

3. 직장, 사회, 가족에 대한 책임감 때문에 기진맥진하고 지나치게 스트레스를 받아서 결혼생활의 친밀감을 유지하는 데 필요한 에너지와 시간이 부족하다.

4. 폭력적인 행동을 통해서 배우자에게 두려움, 위협, 분노를 심어준다.

5. 융통성 없는 가족 역할 규정으로 인해서 어머니는 엄청난 부담감을 느끼고, 아버지는 가족으로부터 소외감을 느낀다.

6. 직접적이며 열린 의사소통을 꺼리거나 거부하여 가족 간의 의사소통 단절 현상, 거짓, 경쟁 관계가 형성된다.

7. 부모가 서로 상반되는 양육 방법을 적용하여 가족 내에서 갈등과 혼란을 야기한다.

8. 부모 중 한 사람이 가족의 욕구와 책임감을 채워주지 못하여 배우자와 자녀로부터 적개심, 자존감의 부족, 분노를 야기시킨다.

9. 가족의 역할과 책임을 제대로 하지 못하게 하는 중독 증상으로 고생한다.

10. 효율적인 갈등해결 전략이 부족하여 가족 간의 위협, 분노, 정서적 거리감이 형성된다.

—· _____

_____

장기 목적

1. 배우자와의 관계를 지원하고 강화하는 행동과 전략을 채택하고 우선적으로 처리한다.
2. 자녀의 양육과 가족의 의무를 관리하는 데 필요한 직업과 책임감을 알맞게 분담한다.
3. 자녀의 양육과 훈육에 있어 협조적이고 지속적이며 긍정적인 전략을 수립한다.
4. 공동 문제해결 전략과 갈등해결 전략을 학습하고 활용한다.

—· _____

_____

—· _____

_____

단기 목표

1. 부부의 화합과 효과적인 가족 기능에 대한 현실적인 기대를 나타낸다. (1, 2, 3)

치료적 개입

1. 다양한 범주에 의거하여 현재의 결혼생활을 평가하고 설명할 수 있도록 한다(예 : 양육 부분, 책임감, 친밀감 또는 Knapp의 *Parenting Skills Homework Planner*에 나오는 '우리 결혼생활 보고서 작성하기'를 하도록 한다).
2. 부부간의 관계와 가족 기능을 향상 시킬 수 있는 분명하고 성취 가능한 단기 목표를 설정하도록 부부를 지도한다(예 : 일주일에 세 번 같이 저녁 식사하기, 부채 10% 줄이기, 일주일 동안 가족 활동 두 번 하기).
3. 가족의 의무와 결혼생활에 관련되어 균형 잡힌 태도를 유지하도록 도와주는 관련 서적을 부모가 읽을 수 있도록 권유한다(예 : Carlson의 *Don't Sweat the Small Stuff with Your Family*, 또는 Covey의

2. 서로와 가족에 대한 배우자의 역할과 책임감에 대해서 정의하고 협의한다. (4, 5)

3. 배우자의 좋은 성격과 행동을 알아내고 말로 칭찬한다. (6, 7)

4. 배우자와의 긍정적이고, 옹호적이며, 친밀한 관계를 발전시키기 위한 전략을 세우고 적용한다. (8, 9, 10, 11)

The Seven Habits of Highly Effective Families).

4. 다음 한 주 동안 가족의 효과적인 기능을 위해 필요한 모든 일과 의무 목록을 부모가 작성할 수 있도록 지도하고 부모 중 누가 어떤 역할에 책임이 있는지 협의하도록 한다.

5. 현재 각자 맡고 있는 부부의 역할과 가족의 역할 중 결혼과 가족에 대한 책임감을 균등하게 분담하기 위해 어떤 것을 더 동등하게 분담하거나 맡을 수 있는지를 부모가 평가할 수 있도록 지도한다 (예 : 수입 제공자, 가정 관리, 가정 규율 관리자, 활동계획).

6. 배우자와 같이 지내면서 알게 된 장점, 능력, 긍정적인 행동의 목록을 부부가 작성해볼 수 있도록 하고 적어도 하루에 두 번 상대방의 좋은 점을 하나 부각하여 그것에 대한 감사와 존경의 표시를 표현할 수 있도록 권유한다.

7. 자녀와의 대화 도중 배우자의 장점을 지목해주면서 서로 지지해줄 수 있도록 부모 양쪽에게 권유한다(예 : "너의 엄마는 당연히 너를 사랑하시지.", "너의 아빠는 너를 도와주기 위해서 많은 시간을 할애하신단다.").

8. 부모가 결혼생활을 앞으로 더욱더 견고하게 하기 위해 노력할 것을 요구하고 상담을 받고 서로가 맡은 과제를 완수하며 배우자와 함께 팀워크를 쌓도록 권유한다.

9. 부모에게 다섯 가지 사랑의 언어(Chapman)를 읽게 하고 그들이 원하는 사랑을 주고받는 법을 알아낼 수 있도록 한다(예 : 함께하는 시간, 인정하는 말, 선물, 봉사, 신체 접촉).

10. 적어도 하루에 한 번 부부가 원하는 방식으로 사랑을 표현하여 친밀감을 쌓을 수 있도록 지도한다.

11. 배우자와 사랑의 약속을 하고 사랑을 주는 방법을 제공하기 위한 준비로 Henry의 *The Gift of the Magi*를 부부가 읽도록 추천하고 비록 약간의 노력이 필요할 수 있으나 향후에 큰 이점이 된다는 것을 알려준다.

5. 공감적인 경청과 명백한 의견 표현이 포함된 효과적인 의사소통 기법을 설명해준다. (12, 13, 14)

12. 부모가 자신이 처한 상황으로 인한 감정을 다른 사람의 탓으로 돌리기보다는 그 상황에 대한 반응과 개인 감정에 '나' 전달법 표현을 써서(예 : "나는 네가 ~할 때 ~느끼는데 왜냐하면~.") 명백하게 자신의 의견을 전할 수 있게 한다(Gordon의 **부모 역할 훈련** 참조). 적어도 일주일에 다섯 번 이상 이와 같은 전략을 사용할 수 있도록 부부에게 권유한다.

13. 배우자와 논의하는 중 어떻게 경청을 하는지 부부와 함께 역할극을 한다[예 : 조언을 하거나 문제에 즉각적으로 해결을 하기 보다는 공감(감정 이입)과 이해심을 가지고 조용히 경청한다].

14. 부모가 개인 시간과 자유롭게 기분 전환할 시간을 세우고 한 주에 1시간씩 두 번 만나서 목표, 관심, 염려사항을 공유

6. 결혼생활과 가족에게 악영향을 주는 행동, 중독 증상, 습관의 목록을 작성하고 변화할 수 있도록 한다. (15, 16, 17)

7. 가족 친화적이고 두 배우자 모두에게 만족스러운 사회 활동에 참여한다. (18, 19, 20)

8. 자녀를 양육하는 것의 책임감과 기

하며 대화하는 자리를 만들도록 한다.

15. 부부의 관계와 가족 내에서 마찰 또는 고통을 야기한 행동, 습관, 중독 증상의 목록(예 : 배우자에 대한 부정, 알코올 중독, 과소비, 일 중독)을 작성할 수 있도록 부모와 함께 브레인스토밍해본다.

16. 부부의 나쁜 습관과 행동의 우선순위를 정하고 그중에서 1~2개를 골라 더욱더 생산적이고 가족에게 이득이 되는 활동으로 변화할 수 있도록 도와준다.

17. 심각한 중독 증상 문제를 해결해줄 수 있는 사회 프로그램 또는 서비스를 부부에게 알려준다(예 : 익명의 알코올중독자 모임 또는 단도박 모임, 정신병원).

18. 부부가 서로 즐길 수 있는 활동의 목록을 브레인스토밍할 수 있도록 부부를 도와주고 함께 매주 그 활동에 참여할 수 있도록 권유한다.

19. 가족이 서로 교류(예 : 대화, 음악 감상, 게임, 퍼즐, 취미 활동)할 수 있는 시간을 적어도 매일 저녁 1시간 동안 가질 수 있도록 TV, 비디오, 컴퓨터 사용 금지 시간을 부모가 설정할 수 있도록 지도하고, 다른 매체에 간섭 없이 서로 귀중한 시간을 보내는 것에 대한 이점을 발견하고 적응할 수 있도록 가정에서 자유 시간을 투자한다.

20. 부모가 매주 가족 나들이 계획을 세우고 각 가족 구성원이 나들이 준비에 협력하여 참여하도록 격려한다.

21. 부모와 함께 부모의 책임감 목록에는 무

쁨을 부부 모두 공유할 수 있게 하기 위해서 부모의 역할과 책임을 정한다. (21, 22, 23)

엇이 들어갈 수 있는지 같이 브레인스토밍해보고 자녀의 신체적 · 재정적 · 정서적 욕구를 제공하는 것에 부부 둘 다 동등하게 참여할 수 있도록 한다.

22. 자녀에게 미래에 필요한 것이 무엇인지 미리 예측하고 양육과 지도를 하는 도중 형성되는 관계와 서로의 개인적인 개입을 유지하도록 요청한다.

23. 가족 및 결혼 생활이 미래로 진행되는데 어떻게 배우자의 역할이 변화될 것인지 부부가 예측할 수 있도록 격려한다 (또는 Knapp의 *Parenting Skills Homework Planner*에 나오는 '발전하는 결혼생활과 배우자의 역할' 활동을 하도록 한다).

9. 자녀의 반항, 속임, 자녀로 인한 의사소통 근절을 없애기 위해서 서로 협력하는 데 동의한다. (24, 25, 26)

24. 제한된 선택을 하도록 한계를 설정하거나(예 : "일요일에 방 정리할래 아니면 토요일에 할래?") 또는 수반성 관리 전략(예 : "숙제가 끝나면 TV를 시청할 수 있어.")을 사용하여 자녀와의 심각한 마찰을 피할 수 있도록 부모에게 조언한다.

25. 자녀의 올바르지 못한 행동을 고치기 위해서 협력하며, 일관성을 지닌 논리적인 태도를 가지고 훈육하는 방법의 중요성을 알려준다.

26. 자녀에게 속하는 문제가 무엇인지 결정하고 가능하면 자녀가 혼자서 문제를 해결하게 함으로써 과잉보호를 하지 않도록 한다.

10. 훈육과 행동 조정 문제에서 배우자를 도와주도록 한다. (27, 28)

27. 자녀의 관리 문제를 다룰 때 협조적인 관계를 형성하고, 학대가 아니라면 각자의 훈육 방식 결정을 지지하도록 조언한다.

11. 자녀를 긍정적인 방법으로 훈육하는 전략을 세우기 위해서 서로 의논하고 동의한다. (29, 30)

12. 자녀의 모든 행동 관련 문제를 해결하기 위해서 긍정적 훈육 기법을 사용한다. (31, 32, 33)

13. 형제자매 간의 적절한 활동과 좋은

28. 서로가 가지고 있는 자녀 양육 방식의 차이점을 의논하고 부부가 만족할 수 있는 최적의 양육 방식을 마련하고 자녀를 양육하는 데 공동 전선을 형성할 수 있도록 지도한다.

29. 자녀에게 더욱더 적절한 행동을 가르치고, 자녀의 좋지 않은 행동 문제를 해결하는 방안으로 과도한 체벌을 하지 않도록 부모가 설정한 논리적 결과를 사용할 수 있도록 한다(예 : 통금을 어겼을 시 1시간 일찍 귀가, 방 청소를 하지 않았을 시 자유 활동 금지).

30. 자연스러운 결과(예 : 운동화를 잃어버리면 벤치에 앉아서 구경만 해야 함, 점심 식사를 거부하면 저녁 식사 전에 배가 고파짐)로 인해 자녀가 더욱 책임감을 배울 때는 부모가 간섭을 삼가도록 격려한다.

31. 자녀가 긍정적인 행동을 했을 경우 자주 칭찬을 하고 행동에 제재가 필요할 경우 부모가 함께 지도할 수 있도록 교육한다.

32. 자녀의 행동 문제의 우선순위를 정하고 한번에 해결하기보다는 하나하나 단계별로 해결하도록 부모를 격려한다.

33. 자녀의 활동과 삶에 친밀하게 관여할 수 있도록 부모에게 조언하고, 독립하기 전까지 자녀의 행동을 조심스럽게 관찰하는 것이 부모의 중요한 책임이라는 것을 알려준다.

34. 가족과의 게임을 하면서 상호작용을 할

행동을 칭찬해주고 강화해준다. (34)

14. 부부 및 가족 간의 언쟁을 해결하기 위해서 문제해결 절차에 동의하고 이를 활용한다. (35, 36, 37)

— . _____

_____

— . _____

_____

— . _____

_____

수 있는 활동에 대한 노력을 강화하고, 식사 시간과 가족회의에서의 의논을 나눌 수 있도록 격려하며, 부부가 긍정적인 관계를 증진시키도록 한다.

35. 부모에게 체계화된 갈등해결 절차를 지도한다. (1) 문제 정의, (2) 해결 방안 모색, (3) 각 해결 방안의 장점과 단점, (4) 전략 동의, (5) 계획 도입, (6) 결과 평가를 통해 매주 각 2개의 갈등을 해결하도록 요청한다.

36. 갈등을 해결할 때 부부가 서로 만족하는 해결 방안을 찾고 협상을 통해서 동의함으로써 모두에게 좋은 해결책을 사용할 수 있도록 부모에게 지도한다.

37. 갈등을 해결할 때 적대적 · 수동적 · 공격적 행동(예 : 언쟁, 뿌루퉁하기, 떠나기)을 금지하고 적극적이고 주도적인 협의로 바꿀 수 있도록 부모를 지도한다(예 : '나' 전달법, 적극적 경청, 브레인스토밍).

— . _____

_____

— . _____

_____

— . _____

_____

진단 제안

ICD-9-CM	ICD-10-CM	DSM-5 장애, 상태 또는 문제
309.0	F43.21	적응장애, 우울 기분 동반
309.24	F43.22	적응장애, 불안 동반
309.28	F43.23	적응장애, 불안 및 우울 기분 함께 동반

300.4	F34.1	지속성 우울장애(기분저하증)
V61.10	Z63.0	배우자나 친밀 동반자와의 관계 고충
————	————	—————————————————
————	————	—————————————————

취학 전 자녀를 위한 전략(0~6세)

행동 정의

1. 효과적인 양육 기법이 부족하며 가족, 개인, 그리고 어린 시절의 경험으로부터 배운 전략에만 의존한다.
2. 너무나 관대하며 합리적인 제재를 하지 못한다.
3. 자녀와의 관계에서 과잉요구와 과잉보호로 인해서 혼란이 초래된다.
4. 자녀가 반항적으로 행동할 경우 좌절하거나 혼란스러운 경우이다.
5. 사랑과 관심의 욕구를 무시함으로써 자녀의 기본적인 욕구를 무시한다.
6. 자녀에게 사랑, 육아, 지도를 위해서 위탁, 유모, 베이비시터, 친척에게 지나치게 의지한다.
7. 외부와의 교류와 양육을 차단시킴으로써 자녀와의 공생 관계를 형성한다.
8. 자녀의 성숙함을 고려하지 않은 채 자녀가 의사결정을 내리고 그것에 대한 특권을 받는다.
9. 다양한 환경에서 자녀가 나이에 적합한 자제력을 보이지 못한다.
10. 자기 자신, 부모, 다른 사람들에 대한 공경심이 부족하다.

—. _____
_____

—. _____
_____

장기 목적

1. 자녀와 강하고 애정 어린 돌봄의 관계를 형성하면서 한계를 설정하고 독립심을 키울 수 있는 긍정적인 훈육 전략을 적용한다.
2. 양육이라는 것은 자녀와 함께 학습하고 성장할 수 있는 기회를 얻는 것과 동시에 부모가 충분히 다룰 수 있는 문제라는 관점을 갖는다.
3. 자녀가 자신과 다른 사람들에 대한 존경심과 관심을 보인다.
4. 자녀에게 적절한 경계심, 자신감, 책임감을 발달시킨다.

—. _____

_____

—. _____

_____

단기 목표

1. 매일 자녀와 함께 애정적이며 성장을 돕는, 재미있는 활동에 참여한다. (1, 2)

2. 초기에 긍정적 훈육을 적용하는 것의 장점을 설명해준다. (3, 4)

치료적 개입

1. 애정 어린 상호작용을 통하여 자녀와 강한 유대감을 형성할 수 있도록 부모에게 권유한다(예 : 손 잡기, 뛰어놀기, 대화하기, 눈 마주치기). 자녀의 필수 욕구를 제공해준다(예 : 음식, 깨끗한 기저귀, 따뜻함).

2. 부모의 모든 관심이 자녀에게 향할 수 있는 여유 시간을 부모가 조정하도록 권유하고 모든 TV 또는 라디오를 끈 채로 자녀 중심 활동에 몰입하도록 한다.

3. 나이에 맞는 제재를 가하면서 나이 어린 자녀에게 경계를 제공해주도록 부모에게 조언한다(예 : 잠자는 시간, 식사 시간, 놀이 구역, 청소 일정).

4. 발달되었으면 하고 바라는 자녀의 성품 목록(예 : 정직, 공감 능력, 자신감, 사회성 기술)을 부모와 함께 브레인스토밍하고, 영 · 유아들은 부모를 모방하고 기쁘

3. 자녀의 안전을 확보할 수 있는 환경을 조성한다. (5, 6)

4. 자녀의 발달 단계를 확인한다. (7, 8)

5. 어린 자녀를 위한 효과적인 양육 전략을 학습하기 위해서 육아 수업에 참석하거나 관련 서적을 읽는다. (9, 10)

게 해주려고 하므로 자녀가 매우 어릴 때 이러한 특성을 격려하는 것에 대해 논의한다.

5. 자녀를 위해 부서지거나 위험한 물건을 없애고 안전하게 식사하고 수면할 수 있으며 놀 수 있는 장소를 제공해줌으로써 가정이 자녀에게 안전한 장소가 되도록 부모에게 권유한다.

6. 적절하지 못한 행동을 해서는 안 된다는 것을 자녀에게 가르치기 위해서 물리적 행동과 함께 언어로 억제할 수 있도록 부모에게 지도한다(예 : 자녀가 유리를 만질 때 "만지지 마."와 자녀의 손을 잡는 행동).

7. 최신 서적(Brazelton의 베이비 터치 포인트)에서 설명하는 것에 기초하여 자녀의 초기 성장 발달 단계에 대해 부모와 함께 의논한다.

8. 자녀의 행동이 정상적인 성장 단계 범위에 있는지 결정하기 위해서 부모를 도와준다(또는 Knapp의 *Parenting Skills Homework Planner*에 나오는 '자녀의 성장 단계 기록하기' 활동을 완수하도록 한다).

9. 어린 자녀에게 적용 가능한 긍정적 훈육 전략 관련 서적을 부모가 읽도록 권유한다(예 : Fay의 *Love and Logic Magic for Early Childhood* 또는 Ilg와 Ames의 *The Gesell Institute's Child Behavior*).

10. 부모가 긍정적인 양육 교육을 참고할 수 있도록 한다(예 : McKay와 Dinkmeyer의 **영유아 양육하기**, Fay, Cline, Fay의 **사랑과**

6. 부모의 과잉보호로 인해 일어나는 문제를 인식한다. (11, 12, 13)

7. 긍정적 훈육 전략을 사용하여 연령에 알맞은 한계를 설정하도록 한다. (14, 15, 16)

논리를 가진 부모 되기, Moorman과 Knapp의 부모대화법).

11. 자녀가 혼자 자신의 문제를 해결하거나 또는 제한적인 도움을 받게 두는 것의 장점을 알 수 있도록 오디오 테이프 *Helicopters Drill Segeants, and Consultants* (Fay)를 듣도록 부모에게 권유한다.

12. 과잉보호 양육 행동이 어떻게 자녀의 무능함과 의존도(예 : 문제해결 능력을 형성하기보다는 부모님에게 의존)에 영향을 줄 수 있는지 부모에게 가르쳐주고 자녀가 나이에 알맞은 과업을 이루며 책임감을 형성할 수 있도록 격려해준다.

13. 부모가 자녀와 함께 니모를 찾아서(월트 디즈니픽처스) 비디오를 볼 수 있도록 권유하고 어떻게 과잉보호 하는 부모가 자녀의 정상적인 성숙함과 성장에 방해가 되는지에 관한 사례를 기록하도록 한다.

14. '나' 전달법을 사용하여(예 : "나는 네가 ~할 때 ~느끼는데 왜냐하면 ~.") 부모와 함께 역할극을 실시한다(Gordon의 부모 역할 훈련 참조).

15. 부모가 '제한된 선택'(Moorman의 *Parent Talk* 참조)을 사용하여 자녀의 성숙도와 의사결정 능력에 따라 선택을 제한하도록 안내한다(예 : "핫도그 먹을래, 그릴에 구운 치즈 먹을래?" 대 "뭐 먹을래?").

16. 자녀의 행동이 반항적이거나 지나치게 감정적일 때 자녀가 협조적인 태도를 보일 때까지 떨어져 있도록 요구하면서 짧은 타임아웃을 사용하도록 부모에게 조

8. 기대되는 것이 무엇인지 정의하고 모델링할 수 있도록 하여 적절한 행동을 자녀에게 가르쳐준다. (17, 18)

9. 자녀가 책임감 있는 행동을 형성하도록 도와주기 위해서 강화 전략을 시작한다. (19, 20)

10. 자녀의 부적절한 행동을 바꾸기 위해서 논리적 결과를 적용한다. (21,

언한다.

17. 자녀에게 바라는 행동에 대해 모범을 보이고 그 행동을 말로 설명하도록 안내한다(예 : "집에 오면 나는 신발장에 부츠를 넣고 옷걸이에 코트를 건다.").

18. 자녀의 부적절한 행동을 적절한 행동으로 고치는 것을 돕기 위해서 '다음번에는' 기법(Moorman의 *Parent Talk* 참조)을 부모가 사용할 수 있도록 권유한다(예 : "다음번에는 내 도움이 필요할 때 정중한 목소리로 부탁하거라.").

19. 자녀에게 책임감 있게 행동하라고 요청한 뒤 실패를 배울 수 있는 기회라고 생각하며 결과를 부각해 적절한 행동을 가르치고 다음번에 책임감 있는 행동을 할 수 있도록 동일한 기회를 준다(자녀에게 TV를 끄라고 권유한다. 자녀가 거절할 시 TV를 내일까지 볼 수 없게 하고 다음 날 자녀에게 가장 좋아하는 TV 프로그램을 보여주고 TV를 끈다)(Cline과 Fay의 *Parenting with Love and Logic*에서 '책임감으로 가는 4단계' 참조).

20. 자녀의 책임감을 강화할 수 있도록 한 달에 한 번씩 새로운 것(예 : 옷 혼자 입기)을 수행하도록 부모에게 요청한다(또는 Knapp의 *Parenting Skills Homework Planner*에 나오는 '자녀가 책임감 있는 행동을 할 수 있도록 도와주기' 활동을 완료하도록 한다).

21. 잘못된 결정의 결과로부터 자녀가 배울 수 있는 상황은 무엇이 있는지 부모와

22, 23)

함께 모색해본다(예 : 여동생을 때리면 타임아웃, 장난감을 정리하지 않으면 장난감을 잃어버리는 것).

22. 무책임한 개인적 선택의 결과를 자녀가 경험할 수 있도록 부모에게 권유하고 (예 : 잠자는 시간에 계속 돌아다녀서 결국에는 옛날이야기를 듣지 못하는 것) 그 이후에 항상 "다음번에는 다른 선택을 할 수 있는 기회를 가지게 될 거야."라는 말을 해준다.

23. 자녀의 만성적인 나쁜 행동을 고치기 위해서 몇 가지의 논리적 상황을 미리 만들 수 있게 도와준다(예 : 가게에서 마음대로 돌아다니다 결국에는 유모차에 타게 되는 상황, 짜증을 계속 내어 결국엔 타임아웃하게 되는 상황).

11. 격려와 지지를 통하여 자녀가 독립적이고자 하는 노력을 촉진한다. (24, 25, 26)

24. 자녀가 부모에게 너무 많은 요구를 할 시 부모가 "난 네가 그것을 잘 해낼 수 있을 거라고 생각해."라며 용기를 돋워주는 말을 사용할 수 있도록 조언하고 자녀가 성공적으로 일을 마치면 "네가 그걸 해냈구나!"라고 말해주도록 한다.

25. 실패를 경험해도 자녀가 지속적으로 노력을 할 수 있도록 격려해주기 위해서 "못 하겠어."에 대한 반응으로 '네가 ~할 수 있는 것처럼 행동해보렴'(Moorman의 *Parent Talk* 참조)이라고 부모가 말할 수 있도록 지도한다(예 : "네가 나무를 그리는 방법을 알고 있는 것처럼 행동하렴.").

26. 앞으로 다가올 일에 준비할 수 있는 능력을 형성하도록 도와주기 위해서 '네가

12. 자녀의 긍정적인 자질을 인정하고 말로 확인해준다. (27, 28)

13. 자녀가 긍정적이고 바람직한 행동을 할 수 있도록 부모는 개인적인 비난을 하지 않도록 한다. (29)

14. 자녀가 보여준 성숙함과 자제력에 적합한 특권과 자유를 부여한다. (30)

15. 자녀와 협력하기 위해 만들어진 전략으로 자녀와의 힘겨루기 감소를 보고한다. (31, 32, 33)

직접 확인해봐' 기법을 부모가 사용하도록 권장한다(예 : "학교에 필요한 것들을 다 준비했는지 가방을 한번 네가 확인해봐.")(Moorman의 *Parent Talk* 참조).

27. 자녀의 좋은 특성과 자질을 가능할 때마다 언급해줄 수 있도록 부모를 지도한다(예 : "너는 잘 도와주는구나.", "너는 다양한 음식을 좋아하는구나.").

28. 자녀의 부정적인 행동에 대해 부모가 고칠 수 있도록 지도한다(예 : "무는 행동은 잘못된 거야."). 자녀를 조금 더 나은 행동으로 유도한다(예 : "네가 어떻게 느끼는지 말로 표현해보렴.").

29. 자녀와 부모 모두를 격려하기 위해서 자녀의 좋은 성격에 대해 정기적으로 언급하도록 부모를 격려한다.

30. 자녀에게 특권을 주기 전에 자녀가 자제력을 보일 때까지 부모가 기다릴 수 있도록 안내한다(예 : 자녀에게 부모가 가까이 있겠다는 약속을 다짐하고 혼자 자유롭게 걸을 수 있도록 한다).

31. 부모의 지시에 따르지 않을 때는 자녀가 순응할 때까지 같은 말을 반복하는 '고장 난 레코드' 기법을 부모가 사용하도록 한다(예 : "낮잠 잘 시간이야.", "낮잠 잘 시간이야.").

32. 입학 전 자녀를 통제하고 선택에 집중할 수 있도록 하기 위하여 나이에 적합한 선택을 하도록 한다(예 : "빨간셔츠 또는 초록셔츠를 입을 수 있어.", "네가 TV를 끄지 않으면 내가 TV를 끌 거야.").

16. 모든 행동은 사회적 목적이 있고 모든 잘못된 행동은 목표 지향적이라는 것을 알려준다. (34, 35)

17. 강한 부부 중심의 가족 환경을 유지시키도록 형성된 활동의 목록을 모색하고 실천한다. (36, 37)

18. 배우자, 가족 그리고 친구들로부터 위탁, 격려 그리고 휴식을 얻는다. (38, 39)

33. 부모가 원하는 행동을 자녀가 할 때 그에 타당한 특권을 부여함으로써 자녀와의 힘겨루기를 피하도록 부모에게 지도한다(예 : "네 장난감을 정리한 후에 TV를 볼 수 있어.").

34. 자녀의 잘못된 행동의 네 가지 목표가 관심, 힘, 보복, 부족함의 극복임을 부모에게 알려준다. 부모의 어떤 행동이 자녀의 잘못된 행동을 보다 강화하는지 알아보고 적절한 반응을 모색해본다(Dreikurs와 Stoltz의 민주적인 부모가 된다는 것 참조).

35. 건강한 자존감과 소속감을 줄 수 있는 상호 활동에 자녀가 참여할 수 있도록 부모에게 권유한다(예 : 일대일 대화, 하이파이브, 일상 인사, 서로 웃어주기).

36. 긍정적인 가정 분위기를 만들기 위해 부모가 *The Seven Habits of Highly Effective Families*(Covey)를 읽도록 권유한다.

37. 결혼생활과 부부 중심의 가족을 강화시키기 위한 아이디어를 부모와 함께 브레인스토밍한다(예 : 자녀와의 교류 동안 서로 지지하기, 매주 1회 저녁 데이트하기).

38. 자녀를 돌봐주고 상담해주며 경청해주고 위기 상황이나 도움이 필요할 때 의지할 수 있는 든든한 지원자를 부모와 함께 생각해본다.

39. 양육 절차에 있어 협력의 중요성을 부모와 함께 의논하고 현 장애물들을 조정하고 해결하도록 한다.

—. _____

_____

—. _____

_____

—. _____   —. _____
_____   _____
—. _____   —. _____
_____   _____

진단 제안

ICD-9-CM	ICD-10-CM	DSM-5 장애, 상태 또는 문제
314.01	F90.1	주의력결핍 과잉행동장애, 과잉행동/충동 우세형
300.02	F41.1	범불안장애
309.21	F93.0	분리불안장애
V71.02	Z72.810	아동 또는 청소년 반사회적 행동
V61.20	Z62.820	부모-아동 관계 문제
_____	_____	_____
_____	_____	_____

취학 자녀를 위한 전략(7~12세)

행동 정의

1. 효과적인 양육 전략이 부족하고 자녀를 위한 합리적인 제재를 하지 못한다.

2. 경계선이 애매모호하며 부모와 자녀의 욕구, 흥미, 문제를 구분하지 못한다.

3. 성공에 대한 압박을 자녀에게 심어주어 조건적인 사랑을 기반으로 부모와 자식 간의 불안한 관계가 형성된다.

4. 낮은 기대치를 유지하며 자녀의 능력과 성취를 보강해주지 못한다.

5. 음식, 거주, 양육, 지도에 대한 자녀의 기초적인 욕구를 무시한다.

6. 과잉보호가 독립심을 막고 낮은 자아 존중을 형성하며 책임감 있는 행동을 저지한다.

7. 거칠고 가혹한 훈육 방법을 사용하여 자녀가 두려움을 느끼며 거짓을 사용하거나 자기 방어 행동을 하거나 보복을 한다.

8. 양극화된 양육 방법을 적용해 가족 간 소외감, 혼란, 의사소통 근절 현상, 적개심이 형성된다.

9. 자녀가 집, 학교, 지역사회에서 독립적으로 제대로 활동하지 못한다.

—. _____

_____

—. _____

_____

장기 목적

1. 합리적인 제재와 독립심을 길러주는 긍정적 훈육 전략을 수립한다.
2. 훈육과 자녀 양육에 있어 공동 전선을 형성하고 함께 협력한다.
3. 자녀의 흥미, 활동, 학업 성취도에 개입하고 지지한다.
4. 자녀에게 무조건적인 사랑을 표현해준다.
5. 모든 분야에서 자녀를 위한 긍정적 롤모델로 행동한다.

—. _____
   _____
—. _____
   _____

단기 목표

1. 자녀 양육에 관한 긍정적 접근 방법을 가르쳐주는 양육 관련 서적을 읽거나 수업에 참여한다. (1, 2)

2. 초등학생 자녀의 중요한 욕구 목록을 작성하고 그것을 충족시켜주기 위한 계획을 수립한다. (3, 4)

치료적 개입

1. 긍정적 훈육과 자녀 양육 전략 이론을 서술한 서적을 부모가 읽을 수 있도록 한다(예 : Cline과 Fay의 *Parenting with Love and Logic*, Coloroso의 *Kids are Worth It!*, Dreikurs의 민주적인 부모가 된다는 것).

2. 자녀에게 적용 가능한 긍정적 훈육 기법을 배우기 위해서 양육 수업을 권유한다(예 : Dinkmeyer와 McKay의 **효과적 양육을 위한 체계적 훈련**, Fay, Cline, Fay의 **사랑과 논리를 가진 부모 되기**, Moorman과 Knapp의 **부모대화법**).

3. 자녀의 건강한 성장에 필요한 조건을 부모와 함께 모색하고(예 : 음식, 주거, 칭찬, 훈육, 인성 발달) 이를 어떻게 제공해줄 수 있는지 결정한다.

4. 부모가 무조건적인 사랑의 정의를 내릴 수 있도록 도와주고(예 : 자녀의 행실에 관계없이 줄 수 있는 일관적이며 완벽한

3. '나' 전달법 사용, 선택 제시, 긍정적 조건 제시, 타임아웃을 사용하여 자녀를 위한 제재를 한다. (5, 6, 7, 8)

4. 자녀의 행동에 변화를 주기 위해서 자연적이며 논리적인 결과를 이용한다. (9, 10)

사랑), 모든 가족 구성원과 이러한 사랑에 기반을 둔 양육 방식을 공유할 수 있는 방법을 브레인스토밍한다.

5. 부적절한 행동을 고치기 위한 첫 번째 단계로 '나' 전달법을 사용하여 부모와 함께 의논하고 역할극을 실시한다(예 : "나는 네가 ~할 때 ~느끼는데, 왜냐하면~.")(Gordon의 **부모 역할 훈련** 참조).

6. 자녀의 책임 수준에 맞게 선택을 제한할 수 있도록 하기 위하여 '제한된 선택'을 사용하도록 부모를 지도한다(Moorman의 *Parent Talk* 참조)(예 : "핫도그를 먹을래 아니면 그릴 치즈를 먹을래?" 반면에 "저녁에 뭐 먹고 싶니?").

7. 부모가 원하는 행동을 자녀가 했을 경우 자녀가 원하는 특권을 수반할 수 있도록 하는 긍정적 조건을 부모가 사용할 수 있도록 지도한다(예 : "네가 방 정리를 끝내면 친구들이 집에 놀러올 수 있다.").

8. 자녀의 행동이 반항적이거나 지나치게 감정적일 경우 단시간 동안 타임아웃을 사용해볼 것과 자녀의 행동이 협조적인 태도를 보일 때까지 가족과 교류를 하지 못하도록 조언한다.

9. 자연스러운 결과(예 : 특정 환경에서 자연적으로 발생하는 일)이며 논리적(예 : 부모가 만든 상황) 결과들을 정의하고 긍정적인 훈육 전략의 일부분으로 그 효과를 설명한다.

10. 자녀의 빈번한 부적절한 행동을 고치기 위해서 몇 가지 논리적 결과를 부모가

설계할 수 있도록 도와준다(예 : 학교 가기 전 침대를 정리하지 못했다면 침대 정리가 끝날 때까지 방과 후 활동을 하지 못하게 하고, 숙제를 하지 않고 미룬다면 일찍 일어나 숙제를 마치도록 한다).

5. 책임감 있는 의사결정을 가르치는 훈육 전략을 적용한다. (11, 12)

11. 자녀에게 나이에 알맞은 과업 또는 책임감을 부모가 부여할 수 있도록 한다(예 : 숙제 끝내기). 자녀의 좋지 못한 행동을 배움의 기회로써 이용한다(예 : 자녀가 일을 끝내지 못했을 경우). 책임감 있는 의사결정을 가르치기 위해서 논리적 결과와 공감을 결합한다(예 : "이러는 게 네 마음에 들지는 않겠지만, 숙제를 마칠 때까지 TV를 볼 수 없단다."). 또다시 동일한 일을 자녀에게 맡긴다(예 : 숙제를 끝낸다면 TV를 볼 수 있도록 한다)(Cline과 Fay의 *Parenting with Love and Logic* 참조).

12. 자녀의 무책임한 행동을 책임감 있는 행동으로 변화하기 위해서 '빨간불, 초록불' 기법을 부모가 사용할 수 있도록 한다. (1) 빨간불 : 자녀의 부적절한 행동을 설명한다(예 : 쓰레기가 넘쳐나는 경우). (2) 초록불 : 옳은 행동을 설명한다(예 : 쓰레기통 비우기)(Moorman의 *Parent Talk* 참조).

6. 자녀의 성숙함과 자제력에 따라 상응하는 자유를 제공한다. (13, 14)

13. 자녀가 성숙한 태도를 보였을 때만 특별한 자유를 제공하는 것의 중요성을 부모에게 설명해주고 자녀의 나이에 맞고 수용할 수 있는 특권은 무엇이 있는지 부모와 함께 생각해본다(예 : 허용되는 보

상-주말에만 늦게 취침, 집 근처 주택가에서 자전거 타기; 허용되지 않는 보상-등교해야 하는 주중에 늦게 취침, 대로에서 자전거 타기).

14. 독립적으로 과제를 완성할 수 있는 능력을 보여줌으로써 부모의 감독에서 자유를 얻을 수 있다고 "너는 곧 혼자일 거야."라는 말을 부모가 사용하도록 지도한다(Moorman의 *Parent Talk* 참조).

7. 적절한 지도와 함께 개인 문제를 자녀가 혼자 해결해나갈 수 있도록 격려한다. (15, 16, 17)

15. 자녀가 문제를 해결하려고 할 때 부모에게 너무 많은 도움을 받으려고 한다면 "내 생각에는 너 혼자도 잘할 수 있으리라 믿는다."라는 용기를 북돋는 말을 부모가 사용할 수 있도록 조언하고 만약 자녀가 성공한다면 그에 맞는 반응을 할 수 있도록 조언한다.

16. 자녀의 과제를 도울 때 자녀의 책임감까지 분담하지 않고 도와주기 위한 전략을 부모와 함께 브레인스토밍한다(예 : 필요에 따라 안내하기, 어떤 도움이 필요한지 자녀에게 물어보기).

17. 부모는 자녀의 문제해결 기술을 발달시킬 수 있는 상호적인 과정을 활용하여 개인적 문제를 해결하고자 하는 자녀를 돕도록 한다. (1) 문제 정의하기, (2) 경청과 공감을 통한 지지적 역할하기, (3) 자녀가 가능한 해결 방안 언급하기, (4) 부모가 추가적인 해결 방안 제안하기, (5) 자녀와 부모가 함께 선택사항을 보고 가능한 결과 예측하기, (6) 자녀가 결정하도록 가만히 두고 옆에서 지지하기.

8. 격려와 적절한 지지를 통하여 자녀가 스스로를 믿고 독립심을 높이려는 노력을 응원해준다. (18, 19)

18. 실패의 두려움에도 불구하고 노력을 할 수 있도록 자녀가 "못 하겠어."라고 할 때 '네가 ~할 수 있는 것처럼 행동해보렴'이라고 부모가 말하도록 한다(예 : "자전거 탈 수 있다고 생각하고 한번 타봐.")(Moorman의 *Parent Talk* 참조).

19. 곧 닥칠 일에 자녀가 성공적으로 대비할 수 있는 능력을 형성하도록 하기 위해서 "확인해보렴."이라는 말을 부모가 사용할 수 있도록 권유한다(예 : "오늘 저녁에 농구시합이 있지? 유니폼이랑 필요한 준비물 다 챙겼는지 한번 확인해보렴.")(Moorman의 *Parent Talk* 참조).

9. 실패로부터 자녀가 배울 수 있도록 한다. (20, 21)

20. 부모의 부정적 반응을 야기시키는 자녀의 충동적 행동이 변화할 수 있도록 부모를 지도한다(또는 Knapp의 *Parenting Skills Homework Planner*에 나오는 '되감기 놀이'를 하도록 한다).

21. 의심의 여지가 있는 개인 선택으로 나타난 결과를 자녀가 경험할 수 있도록 부모는 허락하고(예 : 숙제를 제대로 해가지 않으면 낮은 성적을 얻는 것), "걱정하지 마, 다음번에는 바로 잡을 기회를 가질 수 있을 거야."라는 말로 안심시킨다.

10. 모든 행동은 사회적 목적이 있으며, 모든 문제 행동은 목표 지향적이라는 점에 대해 알려준다. (22, 23, 24)

22. 자녀의 잘못된 행동의 네 가지 목적 및 이유(관심, 힘, 보복, 부족함의 극복)를 부모에게 알려준다. 자녀의 잘못된 행동이 의도하는 바를 부모가 알 수 있도록 도와준다(Dreikurs와 Stolz의 민주적인 부모가 된다는 것 참조).

23. 자녀의 문제 행동이 부모의 반응에 따라 어떻게 강화되는지에 대해 알아본다. 그리고 자녀의 적절한 행동을 격려하기 위한 더 적절한 반응에는 어떤 것이 있을지 부모와 자유롭게 논의한다(또는 Knapp의 *Parenting Skills Homework Planner*에 나오는 '보강된 행동의 기록' 활동지를 한다).

24. 자녀의 자존감을 향상시킬 수 있도록 상호작용할 수 있는 놀이나 활동을 함께 하라고 부모를 격려한다(예 : 일대일 대화, 매일 인사하기, 서로 보고 웃기).

11. 성인의 문제와 자녀의 문제를 구분한다. (25, 26, 27)

25. 자녀가 스스로 문제를 해결하도록 허락하는 것의 장점을 부모가 인식할 수 있도록 부모에게 오디오 테이프 *Helicopters Drill Sergean and Consultants*(Fay)를 듣도록 권유한다.

26. 부모가 자녀의 문제와 부모의 문제를 구분하도록 지도한다(예 : 자녀의 문제-친구, 숙제; 부모의 문제-어질러진 부엌, 제자리에 놓이지 않은 부모의 물건).

27. 문제가 자녀의 것일 경우 문제를 야기시키는 행동을 바꾸고 지지적인 개입(예 : 경청, 공감, 브레인스토밍)을 하기 위해서 적극적인 훈육 전략(예 : 결과, 적절한 제재, 선택지)을 부모가 사용할 수 있도록 지도한다.

12. 자녀의 부적절한 행동을 고치기 위한 전략을 세우는 데 자녀가 함께할 수 있도록 한다. (28, 29)

28. 자녀의 부적절한 행동을 고치려는 훈육 계획을 짜는 데 자녀가 함께 협조하는 것에 대한 장점을 부모에게 설명한다(예 : 문제해결 방법을 교육함으로써 자

13. 가족 문제를 의논하고 가족계획을 세우며 유대감을 형성하기 위해서 주간 가족회의를 소집한다. (30, 31)

14. 자녀의 협조를 요청하여 세워진 전략으로 힘겨루기가 감소되었다는 것을 보고한다. (32, 33)

녀가 이후 적절한 행동에 대한 계획을 수립하도록 하는 것).

29. 자녀가 부적절한 행동을 했을 때 미래에 적절한 행동을 계획하고 자녀를 격려하기 위해서 *Parenting Skills Homework Planner*(Knapp)에 나오는 '문제해결 활동지'를 자녀가 하도록 한다.

30. 가족회의의 절차를 이해시키기 위해서 '가족회의'(Dreikurs와 Stolz의 **민주적인 부모가 된다는 것** 참조) 또는 '가족의 만남'(Dinkmeyer와 Mckay의 **효과적인 양육을 위한 체계적 훈련** 참조)에 대해서 부모가 읽도록 권유한다.

31. 부모에게 매주 가족회의 시간을 가져볼 것을 권한다. 가족회의에서는 주제를 놓고 토의하고, 긍정적 사건을 되돌아보며, 각자의 책임에 대한 부분을 검토하고, 가족 상호 간에 긍정적 관계 설정을 위한 계획을 수립한다.

32. 자녀와의 다툼을 피할 수 있는 방법을 부모가 연습할 수 있도록 권유한다(예 : 고장 난 레코드 기법, '나' 전달법, 선택, 언쟁 회피).

33. 부모가 반복적으로 일어나는 자녀의 부정적 행동 양상을 분석하게 한다(예 : 어떤 일이 일어나고, 자녀는 이에 부정적으로 반응할 때, 어른이 자녀를 야단치면, 자녀의 부정적 반응은 심해진다). 차분하고 이성적으로 대응함으로써 그 양상을 변화시킬 수 있는 전략에 대해 자유로이 논의한다(예 : 반응하기 전 열을

15. 자녀의 특성과 재능을 자녀가 알 수 있도록 도와준다. (34, 35)

16. 이상적인 행동을 정의하고 행동모델을 제시함으로써 자녀에게 적절한 행동을 교육한다. (36, 37)

17. 서로 애정을 가지고 존중하며 협조하는 가족 분위기를 만들기 위해 함께 노력한다. (38, 39)

세기, 긍정적인 내용으로 혼잣말하기).

34. 자녀의 반복되는 행동이 어떻게 결과에 직접적으로 영향을 미치는지 언급하기 위해 부모가 '특성 인식'을 활용하게 한다(예 : "이 과제는 A를 받았구나. 어떻게 한 거니?", "롤러블레이드를 못 찾았구나. 왜 못 찾았을까?")(Moorman의 *Parent Talk* 참조).

35. 자녀가 자신의 특성을 기술하고, 가정에서 특히 두드러지는 특성을 목록으로 작성할 수 있도록 부모가 돕게 한다.

36. 자녀가 부적절한 행동을 적절한 행동으로 수정하는 것을 돕기 위해 부모가 '다음번에는'이라는 단어를 사용하게 한다(예 : "다음번에 내 도움이 필요하면 예의를 갖춰서 부탁해주렴.")(Moorman의 *Parent Talk* 참조).

37. 부모에게 참조 대화(예 : 자녀가 무언가를 하고 있을 때 설명하는 것) 활용의 중요성을 설명한다. 자녀가 과제를 수행하는 과정에서 과제 완수의 중요성을 설명하고, 과제를 완수한 경우의 상황을 설명하는 것이 참조 대화 활용이다.

38. 가족 내에서 일어나는 의사소통 단절 현상 또는 사보타주를 찾고 열린 토의와 문제해결, 그리고 부모의 공동 전선으로 그것을 없앨 수 있도록 권유한다.

39. 양육과정에 있어서 협력의 중요성을 부모와 함께 의논하고 자녀 양육의 모든 분야에서 서로 지지할 수 있도록 현재의 방해물을 조정한다.

—. _____   —. _____
　 _____   　 _____
—. _____   —. _____
　 _____   　 _____
—. _____   —. _____
　 _____   　 _____

진단 제안

ICD-9-CM	ICD-10-CM	DSM-5 장애, 상태 또는 문제
314.01	F90.1	주의력결핍 과잉행동장애, 과잉행동/충동 우세형
313.81	F91.3	적대적 반항장애
300.02	F41.1	범불안장애
309.21	F93.0	분리불안장애
V71.02	Z72.810	아동 또는 청소년 반사회적 행동
V61.20	Z62.820	부모-아동 관계 문제
_____	_____	_____
_____	_____	_____

10대 자녀를 위한 전략(13~18세)

행동 정의

1. 10대 자녀와 효과적으로 대화할 수 없다.
2. 10대 자녀의 의사결정 능력에 불신을 가지고 있다.
3. 합리적인 제재와 10대 자녀의 독립 기능을 격려하기 위해서 필요한 훈육기술이 없다.
4. 10대 자녀에게 부정적 영향을 줄 수 있는 성, 폭력, 마약, 또래 집단에 대해서 걱정한다.
5. 부모가 자녀의 성인으로서 갖춰야 할 책임감과 독립에 대하여 받아들이는 것을 거부한다.
6. 학업, 사회, 예술, 운동 분야에서 10대 자녀가 탁월하도록 심하게 압박을 준다.
7. 가족 내에서 높은 불안과 스트레스가 보고된다.
8. 10대 자녀가 자신, 부모, 다른 사람들을 존중하지 못한다.
9. 10대 자녀가 분노, 불행, 우울증의 증상을 표출한다.
10. 10대 자녀가 부모를 멀리하고 가족 밖에서 롤모델과 보호를 추구한다.

—. _____

_____

—. _____

_____

장기 목적

1. 10대 자녀에게 합리적인 제재와 독립심을 길러줄 수 있는 긍정적 훈육 전략을 학습한다.

2. 효과적인 문제해결 능력과 가정, 학교, 사회에서 성공할 수 있는 전략을 형성할 수 있도록 지도한다.

3. 성년이 되어서도 계속 유지될 수 있는 좋은 관계를 10대 자녀와 형성한다.

4. 10대 자녀에게 존중, 관심, 무조건적인 사랑을 표현한다.

5. 독립심, 자아 존중, 책임감 있는 행동을 형성한다.

—. _____

    _____

—. _____

    _____

단기 목표

1. 10대 자녀를 위한 효과적인 양육 전략을 배우기 위해서 관련 서적을 읽고 교육 수업에 참여할 수 있도록 한다. (1, 2)

2. 10대의 책임감 있는 행동을 형성하도록 도와줄 수 있는 전략을 시작한다. (3, 4, 5)

치료적 개입

1. 긍정적 훈육 전략에 대한 책을 부모가 읽을 수 있도록 권유한다[예 : Ginott의 부모와 10대 사이(*Between Parent and Teenager*), Cline과 Fay의 *Parenting Teens with Love and Logic*, Dreikurs와 Stoltz의 민주적인 부모가 된다는 것).

2. 긍정적 양육 수업을 부모에게 알려준다(예 : Dinkmeyer와 McKay의 10대의 효과적인 양육을 위한 체계적 교육, Cline과 Fay의 사랑과 논리의 10대 양육, Moorman과 Knapp의 부모대화법).

3. 10대 자녀에게 책임감을 가르쳐주기 위해서 다음 4단계를 부모가 사용하도록 지도한다(예 : 차를 제시간에 반납한다). 실수를 배움의 기회로 이용한다(예 : 책임감 있는 행동을 하지 못한 경우). 책임감 있는 의사결정을 가르치기 위해서 논리적 결과와 공감을 통합한다(예 : "미안

하지만 3일 동안 차를 사용할 수 없단다.”). 또다시 같은 일을 자녀에게 준다(예 : 3일 후에 차를 이용할 수 있게 한다)(Cline과 Fay의 *Parenting Teens with Love and Logic* 참조).

4. 10대 자녀가 부적절한 행동(예 : 부적절한 언어)을 했을 시 자녀가 더욱더 적절한 선택을 할 수 있도록 “다른 선택을 해보렴.”라는 말을 부모가 사용하도록 지도한다(Moorman의 *Parent Talk* 참조).

5. 10대 자녀의 미래 독립을 위해 필요한 기술을 부모가 가르칠 수 있도록 권유한다(예 : 세탁하기, 차 정비하기, 뒷뜰 가꾸기).

3. 모든 10대 자녀의 행동은 사회적 목적이 있으며 모든 그릇된 행동도 목적이 있다는 점을 알려준다. (6, 7)

6. 10대 자녀의 잘못된 행동의 네 가지 목적 및 이유(예 : 관심, 힘, 보복, 부족함의 극복)를 부모에게 알려준다. 그리고 어떻게 그들의 반응으로 자녀의 그릇된 행동을 강화하였는지 반성하도록 요청한다(Dreikurse와 Stoltz의 **민주적인 부모가 된다는 것** 참조).

7. 부모가 부정적 행동을 강화하지 않고 적절한 행동을 격려해줄 수 있도록 가르쳐준다(예 : 관심 끌기 행동은 무시하고 긍정적인 행동을 위해 관심을 주기, 힘겨루기에 참여하기를 거부하고 문제해결을 사용하기, 보복 행동으로 상처받는 것에 저항하고 공정성과 존경으로 10대를 대하기, 낮은 자존감의 영역에 비판하지 않고 격려하기).

4. 10대 자녀의 부적절한 행동을 고치

8. 자연적(예 : 주변에서 자연적으로 발생)

기 위해서 자연적이고 논리적인 지연 결과를 활용한다. (8, 9, 10)

5. 자신의 실수를 통해서 10대 자녀가 배울 수 있도록 한다. (11, 12)

6. 10대 자녀와의 효과적인 의사소통

논리적(예 : 부모가 만든 상황) 결과를 정의해주고 긍정적 훈육 전략의 일부분으로 효과를 알려준다.

9. 만성적인 부적절한 행동을 해결하기 위한 몇 가지의 논리적 결과를 설계하도록 부모를 도와준다(예 : 10대 자녀가 주말의 야간 통금 시간을 어기면 다음 주에 통금 시간이 1시간 앞당겨진다).

10. 분명한 결과가 즉시 나타나지 않거나 10대 자녀의 그릇된 행동에 심하게 화가 날 경우 부적절한 10대 자녀의 행동 문제를 해결하기 위해서 '지연 결과'를 부모가 활용할 수 있도록 지도한다(Cline과 Fay의 *Parenting Teens with Love and Logic* 참조).

11. 부모는 10대가 좀 더 수용할 수 있는 행동을 함으로써 충동적인 행동을 상쇄할 수 있도록 한다(예 : 10대는 "결코 어떤 것으로도 나를 도와줄 수 없어요. 미워요."라고 소리친 이후에 일부 개선된 의견의 반영으로 "당신의 도움이 필요해요. 언제 도와줄 수 있나요?"라고 말할 수 있다)(또는 Knapp의 *Parenting Skills Homework Planner*에 나오는 '리와인드 게임' 활동을 한다).

12. 자녀가 개인의 결정으로 인한 결과를 체험함으로써 인과법칙을 학습하고 "걱정하지 마. 다음번에는 다른 선택을 할 수 있는 기회를 가지게 될 거야."라는 말로 격려를 하게끔 부모에게 권유한다.

13. 10대 자녀를 훈육할 때 자존심을 공격하

전략을 도입한다. (13, 14, 15)

기보다는 적절한 행동에 초점을 맞출 수 있도록 부모를 지도한다(예 : "미성년자가 술을 마시는 것은 가족규칙에 어긋나는 것이다." 대 "네가 술을 마시면 비행청소년이 될 것이고, 우리 가족은 당황스러울 거야.").

14. 부모가 원치 않는 10대 자녀의 행동을 해결하기 위한 첫 단계로서 '나' 전달법 (예 : "나는 네가 ~할 때 ~느끼는데 왜냐하면 ~.")을 사용하여 부모와 함께 역할극을 한다(Gordon의 **부모 역할 훈련** 참조).

15. 연민과 공감을 통하여 관계를 강화하고 존중과 관심을 수반한 의사소통을 위하여 부모가 경청을 하고 느낌을 반영할 수 있도록 권유한다(또는 Knapp의 *Parenting Skills Homework Planner*에 나오는 '공감하며 경청하기' 활동을 한다).

7. 선택의 한계와 시행 가능한 한도를 통하여 행동을 설정한다. (16, 17)

16. 책임감 있는 의사결정을 격려하고 10대 자녀를 위한 제한된 선택권을 정의하도록 부모를 지도한다(예 : "설거지를 할래 아니면 동생을 축구장에 데려다주겠니?" 대 "나를 도와줄 거니? 도와주지 않을 거니?").

17. 긍정적 태도로 자녀의 행동을 이끌기 위해서 시행 가능한 말을 부모가 사용할 수 있도록 지도한다(Cline과 Fay의 *Parenting Teens with Love and Logic* 참조) (예 : "파티에 저스틴의 아버지가 보호자로 계신다면 마음대로 놀아도 좋아." 대 "너는 보호자가 있다는 것을 내가 알게

8. 10대 자녀가 보여준 성숙함과 책임감 있는 행동에 맞는 자유를 주도록 한다. (18, 19)

9. 모델링과 원하는 행동을 알려줌으로써 적절한 행동을 가르쳐준다. (20, 21, 22)

될 때까지 파티에 갈 수 없어.").

18. 10대 자녀가 책임감을 행동으로 보여줄 때만 자유를 줄 수 있도록 부모에게 강조하고 자녀가 누릴 수 있는 특권과 누릴 수 없는 특권 목록을 같이 생각해본다(또는 Knapp의 *Parenting Skills Homework Planner*에 나오는 '특권과 자유 획득하기' 활동을 한다).

19. 10대가 너무 과한 감시로 불평할 때 독립적으로 과제를 완수하는 능력을 보여주면 부모의 감독에서 자유로울 수 있다고 격려하기 위하여 "곧 자유로워질 수 있을 거야."라는 말과 "그 일을 잘 다룰 수 있다는 것을 보여주면 자유로울 수 있을 거야."라고 반응하도록 부모를 지도한다(Moorman의 *Parent Talk* 참조).

20. 10대 자녀를 훈육할 때 강건하지만 친절한 태도를 가지며 자녀의 행동에 너무 화가 날 때 잠시 타임아웃 기간을 가지고 거리를 두는 연습을 부모에게 권유한다.

21. 10대 자녀의 부적절한 행동을 옳은 행동으로 바꾸기 위해서 '반복 설명' 기법을 부모가 사용할 수 있도록 부모를 지도한다. (1) 상황을 설명한다("가스탱크가 비었구나."), (2) 부모의 감정을 설명한다("속이 상하는구나."), (3) 무엇을 해야 할지 알려준다("탱크가 4분의 1 이하일 경우 가스를 추가할 필요가 있다.")(Moorman의 *Parent Talk* 참조).

22. 10대를 위하여 모델링하고 과제를 완수하는 동안 중요성을 정의하면서 참조 언

어를 사용하는 영향에 대해 알아본다.

10. 가족 문제를 의논하고 가족계획을 세우고 유대감을 형성하기 위해서 주간 가족회의를 소집한다. (23, 24)

23. 가족 문제를 의논하기 위한 회의 절차를 이해하기 위하여 '가족 협의회'나(Dreikurs와 Stoltz의 민주적인 부모가 된다는 것 참조) '가족회의'(McKay와 Dinkmeyer의 부모와 10대 사이 참조)를 읽도록 한다.

24. 문제를 논의하고 반영하며 긍정적인 이벤트를 계획하고 활동에 협력하며 책임을 논의하기 위해 매주 가족회의를 시작하도록 부모에게 권장한다.

11. 부모의 문제와 자녀의 문제를 구별하도록 한다. (25, 26)

25. 어른만의 문제(예 : 주방 청소, 무시하는 행동)와 자녀만의 문제(예 : 친구, 숙제)를 부모가 구분할 수 있도록 지도한다.

26. 문제를 야기하는 행동을 수정하기 위해 적극적인 훈련 전략(예 : '나' 전달법, 반복 설명, 결과, 시행 가능한 말, 선택)을 사용하도록 부모를 가르치고 이미 10대에게 문제가 발생했을 때 지원하고 개입한다(예 : 경청하기, 브레인스토밍, 문제해결).

12. 10대가 혼자 또는 적절한 안내와 함께 개인 문제를 해결하도록 권장한다. (27, 28, 29)

27. 10대가 문제해결에 너무 많은 도움을 요청할 때 "내 생각에 네가 처리할 수 있어."라는 문장을 사용하도록 부모에게 조언하고 문제해결에 대한 노력이 있었을 때 칭찬하라고 제안한다.

28. 10대 자녀가 심부름과 숙제를 해내도록 지원하는 전략을 부모와 함께 브레인스토밍한다(예 : 권유사항을 전달할 때는 눈 마주치기, 질문을 장려하기, 구체적이고 순차적인 지시하기, 필요에 따라 안내를 제공하기).

29. 가능한 해결 방안을 모색하면서 10대 자녀와 함께 문제를 해결할 수 있도록 부모에게 권유한다. (1) 공감과 반영적 경청을 사용하여 문제를 이해한다. (2) 가능한 해결 방안을 모색한다. (3) 각각의 아이디어에 장점과 단점을 의논한다. (4) 가장 좋은 아이디어를 선택하도록 도와준다. (5) 개입을 위한 계획을 수립한다 (McKay와 Dinkmeyer의 **부모와 10대 사이** 참조).

13. 부정적인 문제 행동을 고치기 위한 전략을 개발하는 데 10대가 함께할 수 있도록 한다. (30, 31)

30. 10대 자녀가 부모가 준 특권 또는 자유(예 : TV, 컴퓨터 시간, 자동차 또는 휴대전화 사용)를 만끽하기 전에 반드시 '행동 계획의 변화'를 10대 자녀가 형성하도록 요구함으로써 부모가 자녀의 만성적인 부적절한 행동을 교정할 수 있도록 조언하고, 오로지 계획이 행동에 긍정적인 변화를 가지고 올 때만 특권을 복귀시키도록 권고한다.

31. 10대의 행동이 특정한 결과를 어떻게 야기시키는지 알려주기 위해(예 : "네가 이번 시험에서 A를 받은 것이 무엇으로 인한 것일까?", "네가 차 열쇠를 못 찾는 이유가 뭐니?") '특성 인식'을 사용하여 긍정적·부정적 결과 모두에 대해 10대가 권한을 갖도록 부모를 격려한다(Moorman의 *Parent Talk* 참조).

14. 10대에게 개인의 강점, 특성, 재능을 인식하도록 돕는다. (32, 33)

32. 10대가 가지고 있는 개인적 강점, 재능, 특성의 목록을 작성하도록 10대와 함께 부모가 협력하도록 한다.

33. 10대에게 협조적이거나 도움이 되는 행

15. 10대의 협력에 참여하도록 설계된 전략의 결과로 힘겨루기의 감소를 보고한다. (34, 35)

16. 격려와 지원을 사용하여 독립적인 행동을 촉진한다. (36, 37)

17. 가족 토론, 문헌과 대중매체 사례 분석, 애정적인 상호작용, 영적 훈련, 지역사회 참여 등을 통하여 긍정적인 성격을 개발한다. (38, 39)

동을 알아차리도록 부모가 확언하도록 하게 한다.

34. 10대와 함께 협력해서 서로 즐거운 활동의 목록을 작성하도록 부모를 지원한다(예 : 쇼핑, 자동차 작업, 스포츠 행사 참석). 매주 적어도 한 번은 상호작용 활동에 참여하기로 동의한다.

35. 힘겨루기를 피하는 방법을 연습하도록 부모를 지원한다(예 : 고장 난 레코드 기법 사용, '나' 전달법, 선택, 시행 가능한 말 사용, 타임아웃, 지연 결과).

36. 실패의 두려움에도 불구하고 노력하고자 하는 10대를 격려하기 위해 "나는 할 수 없어요."의 반응을 보일 때 '마치 ~인 것처럼 행동하기'를 사용하도록 부모에게 요청한다(Moorman의 *Parent Talk* 참조)(예 : "마치 네가 학교 공연에 누군가를 초대한 것에 자신감을 가진 것처럼 행동하렴.").

37. 10대가 다가올 행사를 성공적으로 준비할 수 있는 능력을 개발하는 데 도움이 될 수 있도록 "스스로 점검해봐."라는 말을 사용하도록 부모를 교육한다(예 : "내일은 너의 직장 면접이야. 이력서를 수정하고 인쇄하였는지 스스로 점검해봐.")(Moorman의 *Parent Talk* 참조).

38. 10대 자녀의 성격 개발, 도덕 교육, 가족 가치에 대한 인식을 위하여 교회, 유대교 회당 또는 다른 영적 기관을 선택하여 가족이 정기적으로 참석하는 것의 중요성에 대해 의논한다.

39. 긍정적인 가족 분위기를 만들 수 있는 전략을 배울 수 있도록 *The Seven Habits of Highly Effective Families*(Covey)를 부모에게 읽도록 한다.

___. _____

_____

___. _____

_____

___. _____

_____

___. _____

_____

___. _____

_____

___. _____

_____

진단 제안

ICD-9-CM	ICD-10-CM	DSM-5 장애, 상태 또는 문제
314.01	F90.1	주의력결핍 과잉행동장애, 과잉행동/충동 우세형
313.81	F91.3	적대적 반항장애
300.02	F41.1	범불안장애
V71.02	Z72.810	아동 또는 청소년 반사회적 행동
V61.20	Z62.820	부모–아동 관계 문제
_____	_____	_____
_____	_____	_____

약물남용

행동 정의

1. 취하기 위해서 알코올 또는 마약을 정기적으로 복용하는 가족 구성원이 있다.

2. 자녀에게 알코올과 마약 사용을 자제하기 위한 부모의 강력한 메시지가 부재하다.

3. 자녀와 긍정적이며 열린 의사소통이 부족하다.

4. 긍정적이고 일관되며 효과적인 훈육 전략이 부족하다.

5. 자녀의 향정신성 약물 사용에 관련된 걱정이 있거나 이에 대한 인식이 부족하다.

6. 자녀의 향정신성 약물 사용에 대한 혼란스러움과 두려움을 표현하고 효과적인 치료법을 알지 못한다.

7. 위험한 향정신성 약물에 대한 자녀의 중독으로 인해서 무능력함과 죄책감을 느낀다.

8. 자녀의 몸이나 학교 또는 가정의 개인적 공간에서 마약 또는 알코올 사용의 물리적 흔적이 발견된다.

9. 불법약물 사용, 친구, 활동, 계획에 대해서 말을 하는 것을 회피하거나 거짓말한다.

10. 자녀가 반항적 태도, 감정적 격변, 성급함, 정서적 거리감, 신체적 · 건강의 변화가 목격된다.

11. 자녀가 위험을 동반한 행동(예 : 음란한 성생활, 음주운전, 절도, 통금 위반, 권위의 반항)에 참여한다.

_____

장기 목적

1. 모든 가족 구성원이 건강하고 약물 없는 생활 방식을 형성한다.
2. 자녀 또는 다른 가족 구성원을 도와주기 위해서 만들어진 치료 프로그램을 함께하고 모든 기분에 영향을 주는 중독물질로부터 회복한다.
3. 자녀를 위한 강건하고 일관적이며 애정적인 훈육 한계를 설정한다.
4. 개인적 약물남용을 실제로 검사하고 자녀에게 있을 부정적 영향을 평가한다.
5. 상호 의존도(co-dependency)를 낮추고 향정신성 약물에 대한 자녀의 자제력을 격려한다.

—. _____
  _____
—. _____
  _____

단기 목표

1. 가족의 약물남용 이력이나 자녀의 불법약물 사용에 대해 특별이 염려되는 사항을 확인한다. (1, 2, 3)

2. 약물남용의 부정적인 영향에 대해서 자녀와 함께 열린 대화를 할 수 있는 시간을 계획을 한다. (4, 5)

치료적 개입

1. 가족 내에 약물남용에 대해 부모가 걱정하는 것에 대한 개요를 설명하도록 도와주고 자녀의 사회정서적 기능, 약물 의존 증상, 가정 또는 학교에서의 행동 문제에 대한 기본 정보를 수집한다.
2. 부모가 약물남용에 대해 밝히도록 요구하고 일상 기능과 자녀와의 관계에 대한 영향을 설명하도록 권유한다.
3. 필요한 경우 약물 개입 전문가의 도움을 보장하기 위해 부모와 협력한다.
4. 미성년 음주와 마약 복용에 대해 자녀와의 열린 대화를 유지하는 것의 중요성을 강조하고, 논의하는 동안 나올 수 있는 전형적인 질문에 대해 부모가 준비할 수 있도록 도움을 준다(예 : "왜 부모님은 되는데 나는 할 수 없나요? 마리화나가 얼마나 해롭나요?").

3. 약물남용 문제에 있어 제로 관용 방침을 수립한다. (6, 7)

4. 책임감 있는 행동과 적절한 독립적 기능을 격려하도록 자녀에 대한 합리적인 제한 방안을 수립한다. (8, 9)

5. '나' 전달법, 적극적인 경청, 개입하지 않기 등을 활용하고 '언제나'와 '결코 ~ 아니다'와 같은 극단성을 피하는 대화로 역할극을 함으로써 효과적인 의사소통 기법을 부모에게 가르친다.

6. 부모가 담배, 미성년자 음주, 마리화나, 엑스터시, 흡입제를 포함한 마약 복용 금지에 대해 명확한 가족의 규칙을 정하고 자녀에게 이 기준에 대해 자주 이야기를 하도록 한다.

7. 부모가 자녀와 약물이 없는 생활 방식을 유지하기 위한 다양한 방법에 대해 브레인스토밍하도록 한다(예 : 약물 거부 전략 학습하기, 마약을 복용하지 않는 친구 집단과 연결하기, 약물 복용의 유해한 부작용에 대해 학습하기, 향후 목표와 포부에 대해 중점을 두기).

8. 책임감을 보여준 다음에만 자녀에게 자유를 확대하는 것이 중요함을 부모에게 강조한다(또는 Knapp의 *Parenting Skills Homework Planner*에 나오는 '특권과 자유 얻기' 활동을 하도록 한다).

9. 부모가 실천할 수 있는 말(예 : "저스틴의 아버지가 아이들을 보호 감독하기 위해 거기에 계실 거라면 그 파티에 가도 좋아." 또는 "그 파티에 보호자가 있는지 내가 확인하기 전까지는 거기에 갈 수 없어.")과 제한된 선택(예 : "설거지를 할래, 아니면 남동생이 축구하는 데까지 차로 데려다줄래?" 또는 "나 좀 도와줄래, 안 도와줄래?")을 사용하도록 가르친

5. 자녀가 규칙을 위반하는 경우 확고하고 침착한 상태에서 논리적 결과를 사용한다. (10, 11)

6. 학교 활동 이외의 활동을 모니터링하고 자녀가 언제, 어디에서, 누구와 함께 있었는지에 대한 명확한 세부정보를 설명하도록 요구한다. (12, 13)

7. 매일 칭찬을 해주고 무조건적인 사랑을 주어 지지적이고 애정이 가득한 유대감을 형성한다. (14, 15)

다(Cline과 Fay의 *Parenting Teens with Love and Logic* 참조).

10. 부모가 만성이고 부적절한 행동을 다루기 위해 몇 가지 논리적인 결과를 설계하도록 한다(예 : 자녀가 술이 취한 채 집에 오면 자녀에게 알코올 남용 관련 수업을 듣고 미성년자 음주에 관한 과제물을 작성하게 한다).

11. 즉시 분명하게 나타나는 결과가 없지만 잘못된 행동이 극도로 속상하게 할 때 지연 결과를 사용하여(예 : "이것은 심각한 문제이고 그것에 대해 내가 무엇인가를 해야 해. 내가 무엇을 할지 결정되면 너한테 알려줄게.") 부적절한 자녀의 행동을 다루도록 가르친다(Cline과 Fay의 *Parenting Teens with Love and Logic* 참조).

12. 자녀가 부모에게 자신의 모든 활동에 대해 '언제, 어디에서, 누구와 함께' 했는지에 관한 세부사항을 알리도록 요구하도록 안내한다.

13. 자녀가 규칙에 대해 논쟁할 때 부모가 공감(예 : "나도 네가 통금 시간에 제한이 없었으면 하고 바라는 걸 알아.")과 규칙이나 제한(예 : "현재 너의 통금 시간은 밤 11시 30분이야.")을 적절하게 결합시켜 확고하지만 공감적인 입장이 될 수 있도록 안내한다.

14. 부모가 무조건적인 사랑의 정의를 형성하는 데 도움을 준다(예 : 성과와 무관하게 주어진 완전하고 지속적인 사랑). 자녀의 불법약물 복용 유혹에 대한 치료제

로 이러한 사랑의 양육 방식을 공유하는 방법에 대해 브레인스토밍한다.

15. 부모가 자녀와 협력하여 자녀의 개인적 장점 목록을 작성하도록 하고, 특히 자녀가 좌절했을 때 부모가 그 목록을 참고할 수 있도록 격려한다.

8. 자녀의 학교에서 하는 자녀 및 10대 약물남용 교육에 대한 정확한 이해를 말로 표현한다. (16)

16. 부모가 자녀의 학교와 연락을 취하여 학교가 학생들에게 제공하고 있는 약물남용 교육 프로그램에 대한 정보를 알고 있도록 한다.

9. 약물남용이 개인 행동, 관계, 건강, 미래의 목표에 미치는 파괴적인 영향에 대해서 자녀가 목록을 수립할 수 있도록 도와준다. (17, 18)

17. 약물남용이 개인의 삶의 질에 미치는 엄청난 악영향(예 : 이전 친구들을 잃게 됨, 성적이 떨어짐, 가족 문제, 기억 상실, 법적 문제)에 대한 논의에 자녀를 참여시키도록 부모에게 안내한다.

18. 부모가 향정신성 약물에 처음 노출되는 상황, 점진적인 약물 의존 과정, 약물 중독의 부정적 효과에 대한 인식, 회복 과정의 어려움을 설명함으로써 자녀와 함께 화학약품 의존도의 과정에 대해 알아보도록 지도한다.

10. 약물남용 문제를 해결하기 위해서 필요한 추천 치료법을 결정하기 위해서 가능한 약물 의존 검사 일정을 조정한다. (19, 20, 21)

19. 자녀의 반항적 태도, 좌절감, 약물 의존을 통한 도피에 영향을 줄 수 있는 중독 문제를 가지고 있는 가족 구성원을 위해 상담을 받을 수 있도록 강력하게 격려한다.

20. 자녀의 향정신성약물 사용을 평가하게 될 검증된 약물남용 치료사를 부모에게 알려준다.

21. 자녀와 부모가 함께 약물남용 평가의 결과를 검토하고 치료 방법(예 : 입원치료,

11. 가족과 기타 친척들, 친구들을 자녀의 약물남용 문제에 직면하도록 하여 강력하고 적절한 치료가 이루어지도록 지지한다. (22, 23, 24)

12. 자녀가 자존감 증가, 감정 표현, 사회적 기술 및 문제해결 능력을 개발하는 데 중점을 둔 집단 회기에 참여하도록 한다. (25, 26)

13. 자녀의 자해 행위, 그것의 원인, 그리고 치료법에 대해 보다 깊은 이해를 한다. (27, 28)

외래치료, 가족요법, 익명의 알코올중독자모임)을 의논하도록 하며 치료를 받겠다는 약속을 다짐받는다.

22. 부모와 함께 치료과정에 참여할 다른 가까운 사람들에게 개입과정과 목표를 설명한다(예 : 마약을 하지 않는 친구들, 교사, 성직자, 친척, 코치).

23. 치료하는 도중 각자 어떻게 그들의 걱정을 표현해줄 것인지 역할극을 해보고 치료 후에 즉시 자녀에게 사용 가능한 치료 시설을 준비한다.

24. 부모와 다른 참여자들이 개입하는 동안 자녀의 분노와 거부에 직면함에 있어 애정 넘치지만 엄하고 강건한 접근법을 유지하는 것을 준비하는 데 도움을 준다.

25. 학교와 지역사회 기관에서 사회적 기능 형성과 건강한 자아 존중, 감정 표현, 거절기술에 초점을 맞춘 집단상담 회기에 자녀가 참여할 수 있도록 지도한다.

26. 부모가 자녀를 갈등 관리 또는 적극성 훈련 프로그램에 등록하여 대인관계 기술, 적절한 적극성, 갈등해결 능력을 개발할 수 있도록 한다.

27. 10대의 약물 의존을 치료하고 예방하기 위한 치료법을 제공해주는 정보 자원을 부모에게 알려준다(예 : 난제에 대해 자녀와 대화하기―www.talkingwithkids.org; 10대 약물 오남용 방지―www.parentingteens.com).

28. 부모는 10대 약물남용, 그것의 원인과 극복 전략에 대해서 서술한 관련 서적을

자녀와 함께 읽을 수 있도록 한다(예 : Jalil의 *Street Wise Drug Prevention* 또는 DiPrisco의 *Field Guide to the American Teenager*).

14. 자녀에 대한 인정과 격려를 자주 표현한다. (29, 30)

29. 개인적인 특성을 알리고 회복을 증진시키는 활동에 대한 인식을 말로 표현하여 자녀에게 매일 인정하고 확인해주도록 부모를 가르친다.

30. 회복 절차 동안 자녀의 두려움에 대한 공감과 인식을 표현하고 자녀의 안전에 대해서 자녀가 확실하게 느낄 수 있도록 도와주는 계획을 수립하는 데 부모가 도와주도록 한다.

15. 이전의 건전한 활동에 관한 자녀의 새로운 관심, 약물 없는 또래 집단과의 사회적 상호작용 증가에 대해 지지한다. (31, 32)

31. 학생이 학교, 종교 단체, 지역사회에서 후원하는 마약을 하지 않는 특별교육 집단에 가입하도록 한다.

32. 약물을 사용하지 않는 친구 또는 단체와 함께 학교에서 제공하는 행사에 참여하거나 방과 후 또는 주말 활동을 위해 계획 세우는 것을 부모가 도와줄 수 있도록 지도한다.

16. 자녀의 회복과 약물 없는 생활 방식의 유지에 위협이 되는 것이 무엇인지를 확인한다. (33, 34)

33. 약물 사용 또는 중독에 영향을 미친 많은 요인을 부모가 자녀와 브레인스토밍하고, 회복을 위해 이러한 위협과 싸울 수 있는 전략을 나열하며 재발을 방지하기 위해 긍정적인 행동을 실천하는 방법에 대해 논의하도록 한다.

34. 부모가 *Parenting Skills Homework Planner* (Knapp)에 나오는 '회복을 지원하는 건강한 습관' 활동을 자녀와 함께 완수하여 재발에 대한 치료제가 될 수 있는 긍

17. 자녀가 향정신성 약물을 장기간 자제하는 것에 대한 계획을 세우는 데 참여한다. (35)

35. 자녀가 장·단기 회복 목표, 지원하는 사람들, 삶 속에서 의존에 비해 회복의 개인적 결과를 포함하는 약물 없는 생활 방식을 유지하기 위한 공동 합의에 서명하는 것을 부모가 요구하고 서명하도록 한다(또는 Knapp의 *Parenting Skills Homework Planner*에 나오는 '약물 없는 생활 양식에 대한 약속' 활동을 하도록 한다).

정적 행동 및 활동을 정의하도록 한다.

—. _____
_____

—. _____
_____

—. _____
_____

—. _____
_____

—. _____
_____

—. _____
_____

진단 제안

ICD-9-CM	ICD-10-CM	DSM-5 장애, 상태 또는 문제
305.00	F10.10	알코올사용장애, 경도
303.90	F10.20	알코올사용장애, 중등도 및 고도
305.20	F12.10	대마사용장애, 경도
304.30	F12.20	대마사용장애, 중등도 및 고도
304.20	F14.20	코카인사용장애, 중등도 및 고도
305.30	F16.10	펜시클리딘사용장애, 경도
313.81	F91.3	적대적 반항장애
313.82	F91.2	품행장애, 청소년기 발병형
_____	_____	_____
_____	_____	_____

자살 예방

행동 정의

1. 불안한 가족 관계, 비현실적인 기대치, 자녀를 위한 일관된 정서적 지지가 부족하다.

2. 자녀의 신체적·성적·학대를 포함한 공격적이고 학대적 행위가 드러난다.

3. 생활이 불안정했으며 다른 장소로 자주 이사한다.

4. 현재 가족들이 이혼, 결별 또는 부/모의 사망에서 회복하고 있다.

5. 가족 구성원들 중의 한 사람이 자살을 하거나 시도했다.

6. 부모 중 한 사람이나 두 사람 모두 정신질환 이력을 지니고 있거나 심각한 영향을 끼치는 정신질환 판정을 받았다.

7. 부모 중 한 사람이나 두 사람 모두 알코올 또는 약물남용을 하고 있다.

8. 우울증, 지속성 우울장애, 양극성장애 또는 자살성 사고 진단을 받은 자녀가 있다.

9. 자녀가 자살의 위협을 표현하거나 전에 자살 시도를 했다.

10. 자녀와의 대화, 자녀의 글, 그림, 음악, 도서 또는 비디오의 선택에서 죽음, 임종, 병적 상태의 주제를 자녀가 계속 되풀이한다.

11. 자녀가 개인 상실, 거절 또는 굴욕감을 극복하기 위한 도움 및 지원을 요청하는 능력과 문제해결 능력이 부족하다.

—. _____

_____

—. _____

_____

장기 목적

1. 자녀의 자살충동을 일으키는 생각을 분산시키기 위한 심리학적 · 의료적 치료법을 찾고 뚜렷한 자살의 위험을 제거한다.
2. 긍정적이고 협조적 부모-자녀 관계를 형성한다.
3. 모든 가족 구성원 사이에서 사회적 · 정서적 안정감을 형성한다.
4. 자녀의 자살충동을 일으키는 사고에 기여하는 숨겨진 요인을 이해한다.
5. 자녀의 책임감 있는 행동, 건강한 자아 존중, 미래에 대한 낙천적인 감정을 위한 긍정적이고 효과적이며 일관적인 자녀 양육 전략을 도입한다.

———. _____

_____

———. _____

_____

단기 목표

1. 가족력을 살펴보고 자녀의 자살 시도를 예방하기 위한 절차를 추진한다. (1, 2)

2. 앞으로 자해 행위를 하지 않고 자살충동이 들 경우 다른 어른과 상담사에게 연락한다는 약속에 서명하도록 자녀에게 요구한다. (3, 4, 5)

치료적 개입

1. 가족과 자녀의 사회적 · 정서적 기능, 우울한 사건에 대한 증상, 이전의 자살 생각 또는 자살 시도에 대한 정보를 수집한다.

2. 자살 시도를 방지하기 위해 계획을 구상함에 있어 부모와 협력한다(예 : 즉각적인 정신의학 개입을 찾고, 접근 가능한 곳에 자녀의 입장에서 치명적인 무기들을 모두 제거한다. 그리고 위기 기간 동안 24시간 자살 예방을 위한 감독을 실시한다).

3. 만약 자살 욕구가 일어날 때 자녀는 자살 행동을 억제하고 정신건강 전문가나 자살예방 핫라인에 연락하도록 서명할 것을 부모가 이끌도록 지원한다.

4. 부모에게 24시간 자살 예방 상담 전화번호 또는 다른 응급 번호를 제공한다.

이러한 번호는 자녀와 다른 책임 있는 가족이 항상 알고 있도록 강력히 권한다.

5. 자녀가 정신건강 전문가에게 구체적인 계획, 치명적인 약물의 사용 가능성, 서면 자살 정보 및 이전 시도를 포함한 자살 사고를 설명하도록 부모가 격려할 수 있도록 한다.

6. 현재 자녀의 자살에 대한 생각을 분석하고 적절한 치료법을 찾기 위해서 자녀를 위한 정신평가 일정을 정할 수 있도록 부모를 도와준다.

7. 자녀의 자해 행위를 미리 방지하고 정서적 안정감을 되찾기 위해서 필요하다면 입원을 할 수 있도록 부모와 자녀를 지지해준다.

3. 자살 시도를 예방하기 위해서 입원이 필요한지 결정하기 위해서 진료소나 정신병원에서 자녀를 위해 검사 날짜를 정한다. (6, 7)

8. 약물 복용의 필요성을 결정하거나 자녀의 우울증을 치료하기 위한 의학적 개입을 위해서 부모가 의사와 상담할 것을 조언한다.

9. 부모는 자녀의 사회적 · 정서적 적응에 있어서 항우울제의 효과를 모니터링한다(예 : 자살충동이 강하게 일어나는 것을 경계한다).

4. 항우울제 약물치료의 필요성을 결정하기 위해 자녀를 위한 의학적 개입을 찾는다. (8, 9)

10. 부모가 자녀의 치료 팀과 약속하도록 한다. 제안된 치료 전략을 검토하고 따른다.

11. 부모가 자녀의 자살 행동에 대해서 제안된 치료의 수준을 평가하도록 지원한다(예 : 입원, 시설입소, 부분입원 또는 외래진료).

5. 자녀의 치료 팀과 규칙적으로 의사소통하고 자녀가 모든 치료 권고를 수행하도록 지원한다. (10, 11)

12. 부모와 자녀가 자살 예방 지원 집단에 참여하도록 격려한다.

6. 자녀가 자해 행위, 행동 원인, 권고된 개입에 대해 잘 이해하고 있는지

말로 표현한다. (12, 13, 14)

7. 자살과 우울증에 관련된 자녀의 감
정을 알아보고 그러한 감정을 표현
하기 위한 적절한 방법을 모색하도
록 도와준다. (15, 16, 17)

8. 약물 재활 프로그램이나 약물남용
그룹 회기에 참석할 수 있도록 한다.
(18, 19)

9. 자녀를 위한 효과적인 의사소통 전
략을 도입한다. (20, 21, 22)

13. 청소년 자살 방지를 위해서 개입하는 기관
에 대해 자녀와 부모에게 알려준다(예 :
미국자살예방재단—www.afsp.org; 자살
예방지원 네트워크—www.spanusa.org).

14. 부모와 자녀가 청소년 자살과 그것의 원
인 및 대처 전략이 설명되어 있는 책을
읽도록 한다(예 : Conroy의 *Out of the
Nightmare,* Quinnett의 *Suicide: The For-
ever Decision,* Ellis와 Newman의 *Choosing
to Live*).

15. 자녀가 좌절감, 불안, 절망, 무력감을 그
림 그리기, 작사 또는 시를 써서 표현을
할 수 있게 부모가 격려하도록 권유한다.

16. 부모는 가족, 친구, 선생님, 멘토, 롤모델
을 포함한 친밀한 개인적 관계의 목록을
만드는 데 자녀가 참여하도록 돕는다.

17. 부모는 자녀와 합리적이고 논리적으로
사건을 논의함으로써 공포, 분노, 포기,
슬픔의 감정이 유발하는 상황을 자녀가
재구성하도록 돕기 위해 부모와 협의한다.

18. 약물남용에 대한 가족사를 알아보고 현
재 중독된 가족 구성원을 위해서 재활
프로그램과 상담을 찾아볼 수 있도록 부
모들을 격려한다.

19. 약물남용과 관련된 자녀 또는 다른 가족
구성원의 문제를 해결하기 위해서 부모
에게 익명의 알코올중독자모임, 알아넌,
지역사회 약물 재활 프로그램 또는 학교
에서 제공하는 교육을 알려준다.

20. 부모를 방해하는 행동에 대한 접근의 첫
단계로 '나' 전달법(예 : "나는 네가 ∼할

때 ~ 느끼는데 왜냐하면 ~.")을 사용하여 역할극을 하도록 한다(Gordon의 부모 역할 훈련 참조).

21. 자녀의 감정을 적극적으로 경청하는 법을 가르치기 위해서 부모 및 다른 지지적 가족 구성원과의 만남을 갖는다(또는 Knapp의 *Parenting Skills Homework Planner*에 나오는 '마음과 마음의 현명한 대화' 활동을 돕는다).

22. 자녀와 함께 긍정적인 의사소통 능력을 발전시키기 위해서 하루 10분 자존감을 높이는 기적의 대화(Faber, Mazlish) 또는 *Parent Talk*(Moorman)를 읽도록 한다.

10. 자녀의 감정에 대해 공감을 보여주기 위한 방법을 시도한다. (23)

23. 자녀의 자살 사고에 영향을 미치는 절망과 무기력감에 대한 공감과 인식을 표현하는 법을 가족 구성원 또는 부모에게 가르쳐준다.

11. 건강한 자존감을 촉진시키기 위한 활동에 자녀가 참여하도록 한다. (24, 25)

24. 학교, 종교 단체, 지역사회 기관에서 제공해주는 집단상담에 자녀가 참여할 수 있도록 부모에게 권유한다.

25. 건강한 자아 존중과 미래를 향한 긍정적인 목표를 지원하는 자녀의 행동을 칭찬하고 격려할 수 있도록 부모를 지도한다(예 : 운동하기, 낙천적이며 긍정적인 친구 만나기, 학업 활동에 집중하기).

12. 부모는 자녀가 성숙하고 책임감 있는 행동의 수준을 보여줄 때, 이에 따른 특권을 부여한다. (26, 27)

26. 자녀가 책임감을 행동으로서 보여줄 때만 자유를 줄 수 있도록 부모에게 강조하고 자녀가 누릴 수 있는 특권과 누릴 수 없는 특권 목록을 같이 생각해본다. 수용될 수 있거나 수용될 수 없는 특권에 대한 목록을 브레인스토밍한다(예 :

허용되는 보상–숙제를 끝낸 후 TV 시청하는 것; 허용되지 않는 보상–TV에 몰두하고 숙제에 대해서 잊어버리는 것) (또는 Knapp의 *Parenting Skills Homework Planner*에 나오는 '특권과 자유를 획득하기' 활동을 한다).

27. 자녀가 부모의 감독으로부터 자유를 얻도록 격려하기 위해서 부모에게 "곧 너 혼자 감당해야 해."라는 말을 사용하는 것을 가르친다. 그리고 자녀가 너무 많은 조언에 대하여 불만을 가질 때 "나에게 네가 건강하고 안전한 선택을 할 수 있다는 것을 보여주고 네 스스로 자신이 있을 때까지 나는 너를 감독해야 해."라고 반응하도록 한다(Moorman의 *Parent Talk* 참조).

13. 교실에서 자녀의 일상 참여와 매일의 학업 과제에 대한 수행을 점검한다. (28, 29, 30)

28. 부모는 자녀가 조화로운 협력 학습 집단에 참여하도록 하고, 자녀의 학교에서의 학업적·사회적 적응을 교사가 감독할 수 있도록 한다.

29. 부모는 자녀가 학급에서의 임무를 완수하기 위한 계획을 작성할 수 있도록 도우며, 일기나 과제계획에 대한 매주의 과정을 기록할 수 있도록 지도한다.

30. 자녀의 자부심을 유발할 수 있도록 완성된 과제를 사진 찍어놓거나 가정이나 가족사진을 전시함으로써 자녀의 학업적·가정적·사회적 성공을 강화하도록 부모를 격려한다.

14. 자녀가 학급 친구와 친구 간의 사회적 상호작용을 증가시킬 수 있도록

31. 자녀가 학교, 종교 단체, 지역사회에서 지원하는 흥미와 관련된 교과과정 이외

격려한다. (31, 32)

15. 자녀가 목표를 설정하고, 희망, 꿈을 묘사하고, 미래에 대한 낙관주의를 자녀가 표현할 수 있도록 지지한다. (33, 34)

의 집단이나 클럽에 참여하고, 긍정적 행동을 인식하도록 하고, 스스로 발전을 진심으로 축하하도록 돕는다.

32. 부모는 자녀가 지지하는 친구 또는 집단과 함께 방과 후 계획, 주말 활동, 학교 지원 활동과 관련한 계획 수립을 지원한다.

33. 자살 사고와 우울증에 영향을 주는 많은 요인을 자녀와 함께 생각해볼 수 있도록 부모에게 권유하고 회복하기 위해서 이러한 위협들과 싸울 수 있는 전략을 생각해보고 건강하고 생산적인 삶을 살기 위해 약속을 유지하기 위한 긍정적 행동을 어떻게 적용하는지 의논한다.

34. 우울증, 약물남용, 자살성 사고방식의 재발에 해독제 역할을 할 수 있는 긍정적 행동과 활동을 파악하기 위해서 *Parenting Skills Homework Planner*(Knapp)에 나오는 '회복을 위한 건강한 습관' 활동에 설명되어 있는 '치료를 돕기 위한 건강한 습관' 활동을 자녀와 함께 부모가 완수할 수 있도록 권유한다.

진단 제안

ICD-9-CM	ICD-10-CM	DSM-5 장애, 상태 또는 문제
296.xx	F33.x	주요우울장애, 재발성 삽화
296.89	F31.81	제II형 양극성장애
296.xx	F31.xx	제I형 양극성장애
309.0	F43.21	적응장애, 우울 기분 동반
311	F32.9	명시되지 않는 우울장애
311	F32.8	달리 명시된 우울장애
309.81	F43.10	외상후 스트레스장애
V62.82	Z63.4	단순 사별
_____	_____	_____
_____	_____	_____

참고도서

학대적 양육

Canfield, J., M. Hansen, and K. Kirberger (1993). *Chicken Soup for the Soul.* Deerfield Beach, FL: Health Communications.

Coloroso, B. (1994). *Kids Are Worth It!* New York: William Morrow and Company, Inc.

Dinkmeyer, D., and G. McKay (1989). *Systematic Training for Effective Parenting (STEP).* Circle Pines, MN: American Guidance Service.

Dreikurs, R., and V. Stoltz (1964). *Children: The Challenge.* New York: Plume Printing.

Moorman, C. (1996). *Where the Heart Is: Stories of Home and Family.* Merrill, MI: Personal Power Press.

Moorman, C. (1998). *Parent Talk: Words That Empower, Words That Wound.* Merrill, MI: Personal Power Press.

주의력결핍 과잉행동장애

Barkley, R. A. (1995). Taking Charge of ADHD: The Complete, Authoritative Guide For Parents. New York: Guilford Press.

Fay, J., F. Cline, and C. Fay (2000). *Becoming a Love and Logic Parent.* Golden, CO: The Love and Logic Press.

Hallowell, E., and J. Ratey (1994). *Driven to Distraction.* New York: Pantheoon Books.

Richfield, S. (1998). *Parent Coaching Cards.* Blue Bell, PA: Parent Coaching Cards, Inc.

Shapiro, L. (1994). *Jumpin' Jake Settles Down.* Secaucus, NJ: Childswork/Childsplay.

관심 끌기 행동

Dinkmeyer, D., and G. McKay (1989). *Systematic Training for Effective Parenting (STEP)*. Circle Pines, MN: American Guidance Service.

Dinkmeyer, D., and G. McKay (1996). *Raising a Responsible Child*. New York: Simon and Schuster.

Dreikurs, R., and V. Soltz (1964). *Children: The Challenge*. New York: Plume Printing.

Gordon, T. (2000). *Parent Effectiveness Training*. New York: Three Rivers Press.

Gardner, H. (1993). Intelligence Reframed: Multiple Intelligences for the 21st Century. New York: Simon and Schuster.

Moorman, C. (1998). *Parent Talk: Words That Empower, Words That Wound*. Merrill, MI: Personal Power Press.

Moorman, C., and S. Knapp (2001). *The Parent Talk System: The Language of Responsible Parenting*. Merrill, MI: Personal Power Press.

혼합가족

Fay, J., F. Cline, and C. Fay (2000). *Becoming a Love and Logic Parent*. Golden, CO: The Love and Logic Press.

Gorton, T. (2000). *Parent Effectiveness Training*. New York: Three Rivers Press.

Roosevelt, R., and J. Lofas (1976). *Living in Step*. Blue Ridge Summit, PA: McGraw-Hill, Inc.

Shomberg, E. (1999). Blending Families: A Guide for Parents, Stepparents, and Everyone Building a Successful New Family. Berkley, CA: Berkley Publishing Group.

Wisdom, S., and J. Green (2002) Stepcoupling: Creating and Sustaining a Strong Marriage in Today's Blended Family. New York: Three Rivers Press.

유대감/애착 문제

Barkley, R. (1998). Your Defiant Child: Eight Steps to Better Behavior. New York: Guilford.

Cline, F. (1991). *Hope for High Risk and Rage Filled Children*. Evergreen, CO: EC Publications.

Dinkmeyer, D., and G. McKay (1989). *Systematic Training for Effective Parenting (STEP)*. Circle Pines, MN: American Guidance Service.

Schooler, J. (1993). *The Whole Life Adoption Book*. Colorado Springs, CO: Pinon Press.

Thomas, N. (1997). *When Love Is Not Enough*. Glenwood Springs, CO: Families by Design.

Welch, M. (1988). *Holding Time*. New York: Simon and Schuster.

진로 준비

ACT Inc. (1994). *ACT Career Planning Program*. Iowa City, IA: The American College Testing Program.

Fiske, E. (2004). *The Fiske Guide to Colleges 2005*. Naperville, IL: Sourcebooks Inc.

Holland, J. (2001). *The Career Interest Game*. Tampa Bay, FL: Psychological Assessment Resources Inc. (http://career.missouri.edu/Holland/).

Michigan Occupational Information System (MOIS; 2004). Mason, MI: Ingham Intermediate School District. (www.mois.org).

인성 발달

Cline, F., and J. Fay (1990). *Parenting with Love and Logic*. Colorado Springs, CO: Navpress.

Gordon, T. (1989). *Teaching Children Self-Discipline.* New York: Random House.

Greer, C., and H. Kohl (1997). A Call to Character: A Family Treasury of Stories, Poems, Plays, Proverbs and Fables to Guide the Development of Values for You and Your Children. New York: HarperCollins

Pipher, M. (1995). Reviving Ophelia: Saving the Selves of Adolescent Girls. New York: Ballantine Books.

신체장애가 있는 자녀

Chapman, G. (1992). The Five Love Languages: How to Express Heartfelt Commitment to Your Mate. Chicago: Northfield Publishing.

Hickman, L. (2000). Living in My Skin: The Insider's View of Life with a Special Needs Child. San Antonio, TX: Communication Skill Builders.

Lavin, J. L. (2001). Special Kids Need Special Parents: A Resource for Parents of Children with Special Needs. New York: Berkley Books.

McHugh, M. (2002). Special Siblings: Growing Up with Someone with a Disability. Baltimore: Paul H. Brookes.

Meyer, D. (1997). Views from Our Shoes: Growing Up with a Brother or Sister with Special Needs. Bethesda, MD: Woodbine House.

Naseef, R. (1997). "Journaling Your Way Through Stress: Finding Answers Within Yourself." (article available at www.specialchild.com/family.html) Santa Clarita, CA: The Resource Foundation for Children with Challenges.

품행장애/비행

Barkley, R. (1998). Your Defiant Child: Eight Steps to Better Behavior. New York: Guilford Press.

Dinkmeyer, D., and G. McKay (1989). *Systematic Training for Effective Parenting (STEP)*. Circle Pines, MN: American Guidance Service.

Dreikurs, R., and V. Stoltz (1964). *Children: The Challenge.* New York: Plume Printing.

Forehand, R., and N. Long (1996) *Parenting the Strong-Willed Child.* New York: NTC Publishing Group.

Greene, R. (1998). *The Explosive Child.* New York: HarperCollins

Koplewicz, H. (1996). It's Nobody's Fault: New Hope and Help for Difficult Children. New York: Random House.

의존적인 자녀/과잉보호 하는 부모

Cline, F., and J. Fay (1990). *Parenting with Love and Logic.* Colorado Springs, CO: Navpress.

Dreikurs, R., and V. Stoltz (1964). *Children: The Challenge.* New York: Plume Printing.

Fay, J. (1986). *Helicopters, Drill Sergeants, and Consultants.* Golden, CO: The Love and Logic Press. (Audiotape)

Fay, J., F. Cline, and C. Fay (2000). *Becoming a Love and Logic Parent.* Golden, CO: The Love and Logic Press.

Moorman, C. (1998). *Parent Talk: Words That Empower, Words That Wound.* Merrill, MI: Personal Power Press.

우울

Cline, F. and J. Fay (1990). *Parenting with Love and Logic.* Colorado Springs, CO: Navpress.

Dubuque, S. (1996). *Survival Guide to Childhood Depression.* Secaucus, NJ: Childswork/
Childsplay.

Faber, A. and E. Mazlish (1982). How to Talk so Kids Will Listen and Listen so Kids Will Talk. New York: Avon Books.

Fassler, D., and L. Dumas (1998). 'Help Me I'm Sad': Recognizing, Treating, and Preventing Childhood and Adolescent Depression. New York: Penguin USA.

이혼/별거

Baris, M., and C. Garrity. (1988). Children of Divorce: A Developmental Approach to Residence and Visitation. Dekalb, IL: Psytec Corp.

Baris, M., and C. Garrity (1997). *Caught in the Middle.* San Francisco, CA: Jossey-Bass.

Fay, J., F. Cline, and C. Fay (2000). *Becoming a Love and Logic Parent.* Golden, CO: The Love and Logic Press.

Faber, A., and E. Mazlish (1982). How to Talk so Kids Will Listen and Listen so Kids Will Talk. New York: Avon Books.

Gordon, T. (2000). *Parent Effectiveness Training.* New York: Three Rivers Press.

Moorman, C., and S. Knapp (1998). *The Parent Talk System: The Language of Responsible Parenting.* Merrill, MI: Personal Power Press.

Stern, Z., E. Stern, and E. Stern (1997). Divorce Is Not the End of the World: Zoe's and Evan's Coping Guide for Kids. New York: Tricycle Press.

Teyber, E. (1992). *Helping Children Cope with Divorce.* San Francisco, CA: Jossey-Bass Publishers.

섭식장애

Faber, A., and E. Mazlish (1982). How to Talk So Kids Will Listen and Listen So Kids Will Talk. New York: Avon Books.

Siegel, M., J. Brisman, and M. Weinshel (1997). Surviving an Eating Disorder: Perspectives and Strategies for Family and Friends. New York: Perennial Press.

Waterhouse, D. (1997). Like Mother, Like Daughter: How Women Are Influenced by Their Mother's Relationship with Food and How to Break the Pattern. New York: Hyperion Press.

천재/영재 아동

Brown-Miller, A. (1994). Learning to Learn: Ways to Nurture Your Child's Intelligence. New York: Plenum Press.

Cline, F., and J. Fay (1990). *Parenting with Love and Logic.* Colorado Springs, CO: Navpress.

Dinkemeyer, D., and G. McKay (1989). *Systematic Training for Effective Parenting (STEP).* Circle Pines, MN: American Guidance Service.

Galbraith, J. (1996). *The Gifted Kid Survival Guide: A Teen Handbook.* Minneapolis, MN: Free Spirit Publishing.

Galbraith, J. (1998). *The Gifted Kid Survival Guide: Ages 10 and Under.* Minneapolis, MN: Free Spirit Publishing.

Moorman, C., and S. Knapp (2001). *The Parent Talk System: The Language of Responsible Parenting.* Merrill, MI: Personal Power Press.

Rimm, S. (1990). *How to Parent so Children Will Learn.* Watertown, WI: Apple Publishing Company.

조부모 육아 전략

Cline, F., and J. Fay (1994). *Grandparenting with Love and Logic.* Golden, CO: The Love and Logic Press.

Coloroso, B. (1994). Kids Are Worth It! Giving Your Child the Gift of Inner Discipline. Toronto: The Penguin Group.

Coloroso, B. (1999). *Parenting with Wit and Wisdom in Times of Chaos and Loss.* New York: William Morrow and Company.

Fay, J., R. Cline, and C. Fay (2000). *Becoming a Love and Logic Parent.* Golden, CO: The Love and Logic Press.

Linsley, L. (1997). Totally Cool Grandparenting: A Practical Handbook of Tips, Hints, Activities for the Modern Grandparent. New York: St. Martin's Press.

Wiggin, E., and G. Chapman (2001). The Gift of Grandparenting: Building Meaningful Relationships with Your Grandchildren. New York: Tyndale House Publishers.

슬픔/상실

Bissler, J. (1997). *The Way Children Grieve*. www.counselingforloss.com: Counseling for Loss and Life Changes.

Buscaglia, L. (1985). *The Fall of Freddie the Leaf*. Chatsworth, CA: AIMS Media.

Clayton, J. (1997). *Lessons from Geese*. www.counselingforloss.com: Counseling For Loss and Life Changes.

Coloroso, B. (1999). Parenting with Wit and Wisdom in Times of Chaos and Loss. Toronto, Ontario: Penguin Group.

Faber, A., and E. Mazlish (1982) How to Talk so Kids Will Listen and Listen so Kids Will Talk. New York: Avon Books.

Gardner, R. (1973). *The Talking, Feeling, and Doing Game*. Cresskill, NJ: Creative Therapeutics, Inc.

Grollman, E. (1967). *Explaining Death to Children*. Boston: Beacon Press.

Metzgar, M. (1996). *Developmental Considerations Concerning Children's Grief*. Seattle WA: SIDS Foundation of Washington (www.kidsource.com).

Maberly, K. (1993). *The Secret Garden*. Los Angeles, CA: Warner Studios (DVD)

Moser, A. (1996), *Don't Despair on Thursdays*. Kansas City, MO: Landmark Editions.

Walt Disney Home Entertainment. (2003). *The Lion King*. Burbank, CA: Buena Vista Home Entertainment, Inc. (Video)

Zakich, R. (1989). *The Ungame*. New York: Talicor.

적대적 반항장애

Abern, A. (1994). *Everything I Do You Blame on Me*. Plainview, NY: Childswork/Childsplay, LLC.

Barkley, R. (1998). Your Defiant Child: Eight Steps to Better Behavior. New York: Guilford.

Fay, J., F. Cline, and C. Fay.)2000). *Becoming a Love and Logic Parent*. Golden, CO: The Love and Logic Press.

Forehand, R., and N. Long. (1996). *Parenting the Strong-Willed Child*. New York: NTC Publishing Group.

Greene, R. (1998). *The Explosive Child*. New York: HarperCollins.

Koplewicz, H. (1996). It's Nobody's Fault: New Hope and Help for Difficult Children. New York: Random House.

Mannix, D. (1996). Life Skills Activities for Secondary Students with Special Needs. New York: Jossey-Bass.

Moorman, C. (1998). *Parent Talk: Words That Empower, Words That Wound*. Merrill, MI: Personal Power Press.

Moorman, C. and S. Knapp (2001). *The Parent Talk System: The Language of Responsible Parenting.* Merrill, MI: Personal Power Press.

Moser, A. (1988). *Don't Pop Your Cork on Mondays!* Kansas City, MO: Landmark Editions.

또래 관계/영향

Abern, A. (1994). *Everything I Do You Blame on Me.* Plainview, NY: Childswork/ Childsplay, LLC.

Giannetti, C., and M. Sagarese (2001). *Cliques: 8 Steps to Help Your Child Survive the Social Jungle.* New York: Broadway Books.

Gordon, T. (1989). Teaching Children Self-Discipline at Home and at School. New York: Random House.

Meyers, W. (1992). *Mop, Moondance, and the Nagasaki Knights.* New York: Delacorte Press.

Ogen, S. (2001). *Words Will Never Hurt Me.* Los Angeles, CA: Elton-Wolfe Publishing.

Thompson, M., C. O'Neill, and L. Cohen (2001). *Best Friends, Worst Enemies: Understanding the Social Lives of Children.* New York: Ballantine Books.

외상후 스트레스장애

Faber, A., and E. Mazlish (1982). How to Talk so Kids Will Listen and Listen so Kids Will Talk. New York: Avon Books.

Gordon, T. (2000). *Parent Effectiveness Training.* New York: Three Rivers Press.

Manassis, K. (1996). *Keys to Parenting Your Anxious Child.* New York: Barrons Educational Series.

Schmidt, F., A. Friedman, E. Brunt, and T. Solotoff (1996). *Peacemaking Skills for Little Kids.* Miami, FL: Peace Education Foundation.

Spencer, E., R. DuPont, and C. DuPont (2003). *The Anxiety Cure for Kids: A Guide for Parents.* New York: John Wiley and Sons.

빈곤 관련 문제

Alliance for Children and Families (1998). *FAST: Families and Schools Together.* Milwaukee, WI: Alliance for Children and Families.

Cline, F., and J. Fay (1990). *Parenting with Love and Logic.* Colorado Springs, CO: Navpress.

Fay, J., R. Cline, and C. Fay (2000). *Becoming a Love and Logic Parent.* Golden, CO: The Love and Logic Press.

Moorman, C. (1998). *Parent Talk: Words That Empower, Words That Wound.* Merrill, MI: Personal Power Press.

Payne, R. (1998). *A Framework for Understanding Poverty.* Highlands, TX: RFT Publishing Co.

Schmidt, F., A. Friedman, E. Brunt, and T. Solotoff (1996). *Peacemaking Skills for Little Kids*. Miami, FL: Peace Education Foundation.

출산 · 양육 준비

Brazelton, B. (1992). Touchpoints: Your Child's Emotional and Behavioral Development. Reading, MA: Addison-Wesley.

Churchill Films (1992). *Expect More Than a Baby!* Los Angeles, CA. (Video)

Curtis, G., and J. Schuler (2000). *Your Pregnancy Week by Week*. Cambridge, MA: Fisher.

Eisenberg, A., H. Mrukoff, and S. Hathaway (1996). *What to Expect When You're Expecting.* New York: Workman Publishing.

Lifestart Multimedia Corp. (1997). *The Baby System: Pregnancy and Birth* (Video and Book). Salt Lake City, UT: Lifestart Multimedia Corp.

Moorman, C., and S. Knapp (2001). *The Parent Talk System: The Language of Responsible Parenting*. Merrill, MI: Personal Power Press.

학교 적응의 어려움

Cline, F., and J. Fay (1990). *Parenting with Love and Logic*. Colorado Springs, CO: Navpress.

Darcey, J., L. Tiore, and G. Ladd.(2000). Your Anxious Child: How Parents and Teachers Can Relieve Anxiety in Children. San Francisco, CA: Jossey-Bass.

Dinkmeyer, D., and G. McKay (1989). *Systematic Training for Effective Parenting (STEP)*. Circle Pines, MN: American Guidance Service.

Fay, J. (1988). *Helicopters, Drill Sergeants, and Consultants.* Golden, CO: Cline/Fay Institute, Inc. (Audiotape)

McEwan, E. (1998). When Kids Say No to School: Helping Children at Risk of Failure, Refusal or Dropping Out. Harold Shaw Publishing.

Moorman, C. (1998). *Parent Talk: Words That Empower, Words That Wound.* Merrill, MI: Personal Power Press.

Moorman, C., and S. Knapp. (2001). *The Parent Talk System: The Language of Responsible Parenting.* Merrill, MI: Personal Power Press.

성적 책임감

Alfred Higgins Productions (1989). *Sex Myths and Facts* (rev.) Los Angeles, CA. (Video)

Alfred Higgins Productions (1995). *Teens at Risk: Breaking the Immortality Myth.* Los Angeles, CA. (Video)

Bell, R. (1998). Changing Bodies, Changing Lives: Expanded Third Edition: A Book for Teens on Sex and Relationships. New York: Three Rivers Press.

Copperfield Films (1981). *Dear Diary.* Boston: Copperfield Films. (Video)

Gordon, S., and J. Gordon (1989). Raising a Child Conservatively in a Sexually Permissive World. New York: Fireside Books.

Hansen, G. (1996). *Sexual Integrity for Teens.* Lexington, KY: Kentucky Cooperative Extension Service. www.agnr.umd.edu/nnfr/adolsex/fact/adolsex_integ.html.

Mercer, R. (2001). *Adolescent Sexuality and Childbearing.* Sunnyvale, CA: Video Productions. (Video)

M.L. Video Productions. (1997). *Everyone Is Not Doing It.* Durham, NC: M.L. Video Productions. (Video)

Scott, S. (1997). *How to Say No and Keep Your Friends.* Highland Ranch, CO: HRC Press.

United Learning. (1990). *Matter of Choice: A Program Confronting Teenage Sexual Abuse.* Niles, IL: United Learning. (Video)

형제자매 간 대립

Blume, J., and I. Trivas (1984). *Pain and the Great One.* New York: Simon and Schuster.

Covey, S. (1997). The Seven Habits of Highly Effective Families: Building a Beautiful Family Culture in a Turbulent World. New York: Golden Books Publishing Co.

Crary, E., and M. Katayama (Illustrator) (1996). *Help! The Kids Are at It Again: Using Kids' Quarrels to Teach "People" Skills.* Seattle, WA: Parenting Press.

Faber, A. and Mazlish, E. (1982). How to Talk so Kids Will Listen and Listen so Kids Will Talk. New York: Avon Books.

Faber, A., and Mazlish, E. (1998). Siblings Without Rivalry: How to Help Your Children Live Together so You Can Live Too. New York: Avon Books.

Mario, H. (1998). *I'd Rather Have an Iguana.* Watertown, MA: Charlesbridge Publishing.

한부모 양육

Fay, J., F. Cline, and C. Fay (2000). *Becoming a Love and Logic Parent.* Golden, CO: The Love and Logic Press.

Moorman, C., and S. Knapp (2001). *The Parent Talk System: The Language of Responsible Parenting.* Merrill, MI: Personal Power Press.

Noel, B., A. Klein, and A. Klein (1998). *The Single Parent Resource.* New York: Champion Pr. Ltd.

Peterson, M. (2003). *Single Parenting for Dummies.* New York: For Dummies.

Richmond, G. (1998). *Successful Single Parenting.* New York: Harvest House.

Teyber, E. (1992). *Helping Children Cope with Divorce.* San Francisco, CA: Jossey-Bass.

배우자 역할 및 갈등 관계

Carlson, R. (1998). Don't Sweat the Small Stuff with Your Family. New York: Hyperion.

Chapman, G. (1995). The Five Love Languages: How to Express Heartfelt Commitment to Your Mate. Chicago: Northfield Publishing.

Covey, S. (1997). The Seven Habits of Highly Effective Families. New York: Golden Books.

Gordon, T. (2000). *Parent Effectiveness Training*. New York, NY, Three Rivers Press.

Henry, O. (1988). *The Gift of the Magi.* New York: Simon and Schuster.

McGraw, P. (2001). *Relationship Rescue.* New York: Hyperion Press.

취학 전 자녀를 위한 전략(0~6세)

Brazelton, T. (1992). *Touchpoints: The Essential Reference*. New York: Addison-Wesley.

Cline, F., and J. Fay (1990). *Parenting with Love and Logic*. Colorado Springs, CO: Navpress.

Covey, S. (1997). The Seven Habits of Highly Effective Families: Building a Beautiful Family Culture in a Turbulent World. New York: Golden Books Publishing Co.

Dinkmeyer, D., G. McKay, and Dinkmeyer (1989). *Parenting Young Children*. Circle Pines, MN: American Guidance Service.

Dreikurs, R., and V. Stoltz (1964). *Children: The Challenge*. New York: Plume Printing.

Fay, J. (1988). *Helicopters, Drill Sergeants, and Consultants.* Golden, CO: Cline/Fay Institute, Inc. (Audiotape)

Fay, J., and C. Fay (2002). *Love and Magic for Early Childhood.* Golden, CO: The Love and Logic Press.

Fay, J., F. Cline, and C. Fay (2000). *Becoming a Love and Logic Parent.* Golden, CO: The Love and Logic Press.

Gordon, T. (2000). *Parent Effectiveness Training*. New York: Three Rivers Press.

Ilg, F., and L. Ames (1985). The Gesell Institute's Child Behavior: From Birth to Ten. New York: HarperCollins.

Moorman, C. (2003). Parent Talk: How to Talk to Your Children in Language That Builds Self-Esteem and Encourages Responsibility. New York: Fireside.

Moorman, C., and S. Knapp (2001). *The Parent Talk System: The Language of Responsible Parenting.* Merrill, MI: Personal Power Press.

Walt Disney Pictures. (2003). *Finding Nemo.* Burbank, CA: Buena Vista Home Entertainment. (Video, DVD)

취학 자녀를 위한 전략(7~12세)

Cline, F., and J. Fay (1990). *Parenting with Love and Logic*. Colorado Springs, CO: Navpress.

Dinkmeyer, D., and G. McKay (1989). *Systematic Training for Effective Parenting (STEP)*. Circle Pines, MN: American Guidance Service.

Fay, J. (1988). *Helicopters, Drill Sergeants, and Consultants*. Golden, CO: Cline/Fay Institute, Inc. (Audiotape)

Fay, J., F. Cline, and C. Fay (2000). *Becoming a Love and Logic Parent*. Golden, CO: The Love and Logic Press.

Gordon, T. (2000). *Parent Effectiveness Training*. New York: Three Rivers Press.

Moorman, C. (1998). *Parent Talk: Words That Empower, Words That Wound*. Merrill, MI: Personal Power Press.

Moorman, C., and S. Knapp (2001). *The Parent Talk System: The Language of Responsible Parenting*. Merrill, MI: Personal Power Press.

10대 자녀를 위한 전략(13~18세)

Cline, F., and J. Fay (1992). *Parenting Teens with Love and Logic*. Colorado Springs, CO: Navpress.

Covey, S. (1997). The Seven Habits of Highly Effective Families: Building a Beautiful Family Culture in a Turbulent World. New York: Golden Books Publishing Co.

Dinkmeyer, D., G. McKay, J. McKay, and D. Dinkmeyer (1998). *Parenting Teenagers: Systematic Training for Effective Parenting of Teens*. Circle Pines, MN: American Guidance Service.

Dreikurs, R., and V. Stoltz (1964). *Children: The Challenge*. New York: Plume Printing.

Ginott, H. (1985). *Between Parent and Teenager*. New York: Avon.

Gordon, T. (2000). *Parent Effectiveness Training*. New York: Three Rivers Press.

Moorman, C., and S. Knapp (2001). *The Parent Talk System: The Language of Responsible Parenting*. Merrill, MI: Personal Power Press.

Tainey, D., B. Rainey, and B. Nygren (2002). Parenting Today's Adolescent: Helping Your Child Avoid the Traps of the Preteen and Teen Years. Nashville, TN: Thomas Nelson.

약물남용

Cline, F., and J. Fay (1992). *Parenting Teens with Love and Logic*. Colorado Springs, CO: Navpress.

DiPrisco, J. (2000). Field Guide to the American Teenager: A Parent's Companion. New York: Perseus Book Group.

Jalil, G. (1996). *Street Wise Drug Prevention*. Reading, PA: No More Drugs Inc.

Moorman, C. (1998). *Parent Talk: Words That Empower, Words That Wound*. Merrill, MI: Personal Power Press.

Wachel, T., D. York, and P. York (1982). *Toughlove*. Garden City, NJ: Doubleday.

자살 예방

Arena, J. (1996). Step Back from the Exit: 45 Reasons to Say No to Suicide. New York: Zebulon Press.

Blauner, S. (2003). How I Stayed Alive When My Brain Was Trying to Kill Me: One Person's Guide to Suicide Prevention. New York: Quill.

Conroy, D. (1991). Out of the Nightmare: Recovery from Depression and Suicidal Pain. New York: New Liberty Press.

Ellis, T., and C. Newman.(1996). *Choosing to Live: How to Defeat Suicide Through Cognitive Therapy.* Oakland, CA: New Harbinger Publications.

Faber, A., and Mazlish, E. (1982). How to Talk so Kids Will Listen and Listen so Kids Will Talk. New York: Avon Books.

Gordon, T. (2000). *Parent Effectiveness Training.* New York: Three Rivers Press.

Moorman, C. (1998). *Parent Talk: Words That Empower, Words That Wound.* Merrill, MI: Personal Power Press.

Quinett, P. (1989). *Suicide: The Forever Decision.* New York: Continuum.

회복 모델 목적 및 개입

다음에 기술된 목적과 개입은 미국 약물남용 및 정신건강청(SAMHSA, 2004)에 의해서 개최된 정신건강 회복과 정신건강 체계 변환에 관한 2004년 전국합의회의의 다학문적 패널에 의한 열 가지의 핵심 원칙에 근거하여 작성되었다.

1. **자기 권유** : 스스로 결정한 삶을 살기 위해서 자원의 제어와 자립, 그리고 자율성을 최대화하여 자신만의 회복의 길을 결정하고 선택을 하며 제어하고 이끌어간다. 의미상 회복 절차는 자신의 삶의 목표를 설정한 개인에 의해 스스로 결정되어야만 하며 목표를 위한 특별한 경로를 설계해야 한다.
2. **개별화와 인간 중심** : 개인의 특별한 장점과 회복력, 욕구, 선호도, 경험(과거 트라우마 포함), 문화적 배경에 의거하여 회복에 대한 여러 경로가 있다. 또한 개인은 건강과 최적의 정신건강을 달성하기 위한 전반전인 패러다임뿐만 아니라 계속되는 여정과 마지막 결과까지 회복으로 생각한다.
3. **권한 부여** : 독자들은 삶에 영향을 주며 교육과 지지를 받을 수 있는 자원을 포함하여 모든 결정에 참여할 수 있고 다양한 선택에서 결정을 할 수 있는 권한을 가지게 된다. 독자들은 욕구, 바람, 욕망, 열망에 대해서 자신이 직접 효과적으로 그리고 총괄적으로 말하기 위해서 다른 독자들과 함께할 수 있는 능력을 가지고 있다. 권한 부여를 통해서 개인은 운명을 통제할 수 있고 삶 속에서 조직 또는 사회 구조에 영향을 줄 수 있다.
4. **전체론** : 회복은 마음, 신체, 영혼, 커뮤니티를 포함한 개인의 모든 삶을 포함한다.

회복은 개인이 결정할 수 있는 주거, 취업, 교육, 정신건강 및 건강관리의 치료와 서비스, 상호 보완적이며 자연적 서비스, 중독치료, 정신성, 창의력, 사회 연결망, 사회 참여, 가족 부양을 포함한 모든 삶의 측면을 포함한다. 가족, 제공자, 기관, 시스템 커뮤니티, 사회는 독자들이 지원에 접근하기 위한 의미 있는 기회를 유지하고 형성하는 데 결정적인 역할을 한다.

5. **비선형** : 회복은 단계별 절차가 아니지만 지속적인 성장, 일시적인 차질, 경험으로부터의 배움에 근거하고 있다. 회복은 한 사람이 긍정적 변화가 가능하다는 인식을 하게 됨으로써 시작된다. 이러한 자각은 재활치료에 완전히 참여할 수 있도록 독자들을 움직일 수 있다.

6. **장점 기반** : 개인의 고유한 가치, 대처 능력, 재능, 회복력, 다중 수용력을 형성하고 가치 있게 생각하는 것에 초점을 맞춘다. 이러한 장점을 형성하게 되면서 독자들은 좌절스러운 삶의 역할을 뒤에 놓고 새로운 역할에 참여하게 된다(예 : 동반자, 돌보는 사람, 친구, 학생, 직원). 재활 절차는 다른 사람들과 지지적 신뢰 기반의 관계를 통해서 앞으로 전진하게 된다.

7. **또래 지원** : 경험으로 얻은 지식과 기술, 사회적 학습을 포함한 상호 지원은 재활에 있어 매우 귀중한 역할을 한다. 독자들은 다른 독자들을 재활에 참여시키고 격려하여 소속감과 지지적 관계, 가치 있는 역할과 커뮤니티를 서로 제공한다.

8. **존중** : 커뮤니티, 시스템, 사회적 수용, 독자들의 권리를 지키고 오명과 차별을 없애는 것을 포함해 독자들의 공감은 회복을 달성하는 데 중요한 역할을 한다. 자아 수용과 자신에 대한 믿음을 다시 얻는 것은 특히 중요하다. 존중은 독자들이 그들의 삶의 모든 측면에 참여할 수 있도록 한다.

9. **책임감** : 독자들은 자기 관리와 재활의 여정의 개인적 책임감을 가지게 된다. 목적을 향해 발걸음을 옮기는 것은 큰 용기를 필요할 수도 있다. 독자들은 경험에 의미를 부여하고 이해하려고 노력을 해야 하며 건강을 고취시키기 위해서 대처 전략과 치유과정을 발전시켜야만 한다.

10. **희망** : 회복은 사람들이 앞으로 마주할 방해물과 장애물을 극복할 수 있다는 점에서 더 나은 미래에 대한 필수적이고 동기부여하는 의의를 제공한다. 희망은 내면화되지만 또래, 가족, 친구, 제공자, 다른 사람들에 의해서 발전될 수 있다. 희망은 회복 절차의 촉진제이다. 정신건강 회복은 살고 일하고 배우며 사회에 참여하기 위한 능력에 초점을 맞춤으로써 정신건강 장애를 가진 사람들에게 도움될 뿐만 아니라 미국 커뮤니티 삶의 질을 풍요롭게 한다. 미국은 정신장애를 가진 사람들이 받을 도

움을 수용하여 결국에는 더욱더 강하고 건강한 국가를 이룩한다.[*]

다음의 치료계획 목적을 위해 사용된 숫자는 열 가지의 핵심 원칙의 숫자와 일치한다. 10개의 목적은 각각에 부합하는 핵심 원칙의 중요한 주제를 파악하여 작성된 것이다. 목적 후에 나온 괄호 안에 숫자는 독자들이 각각의 목적에 도달할수록 도와주기 위해서 계획한 개입이다. 임상가는 내담자의 치료계획에 적어도 하나 이상 선택할 수 있다.

다음에 제시된 하나의 포괄적인 장기 목적 진술은 임상가가 내담자의 치료계획에서 회복 모델을 적용하여 강조한 것이다.

장기 목적

1. 재활 및 변화 기간에 모든 잠재력을 달성하기 위한 노력을 하면서 자신이 정한 사회에 서 의미 있는 삶을 추구한다.

단기 목표

1. 어떤 재활 경로를 선호하는지 치료 사, 가족, 친구들에게 분명하게 한 다. (1, 2, 3, 4)

2. 치료 절차 동안 심사숙고해야 할 문 화적 선호도와 특별한 요구를 명시 한다. (5, 6)

치료적 개입

1. (우울증, 조울증, 외상후 스트레스장애, 그 외) 재활치료 경로에 관련된 내담자 의 생각, 욕구, 선호를 파악한다.

2. 회복을 도와줄 수 있는 사회 지원 자원 과 대체 치료법을 내담자와 의논한다.

3. 앞으로 받을 치료 방향에 대해서 내담자 가 무엇을 원하는지 알고, 이러한 내용 을 가족 및 중요한 사람들에게 알린다.

4. 내담자의 결정으로 인하여 나올 수도 있 는 가능한 결과에 대해서 의논하고 진행 한다.

5. 상호적으로 동의하는 치료계획을 수립 하기 위해서 반드시 고려되어야 하는 문 화적 고려사항, 경험, 다른 욕구를 내담

---

* 출처 : Substance Abuse and Mental Health Services Administration's (SAMHSA) National Mental Health Information Center: Center for Mental Health Services (2004). *National consensus statement on mental health recovery.* Washington, DC: Author. Available from http://mentalhealth.samhsa.gov/publications/allpubs/sma05-4129/

3. 치료를 하는 동안 의사결정 능력은 내담자에게 달려 있는 것을 이해시킨다. (7, 8)

4. 치료 절차에서 통합해야 하는 정서적·신체적·영적·사회적 욕구를 표현한다. (9, 10)

5. 치료 절차 동안 성공과 실패, 진보와 후퇴를 겪을 수 있다는 점을 알려준다. (11, 12)

6. 치료과정에서 제시되는 개인적 강점과 자원에 대한 평가에 협조한다. (13,

자와 함께 알아본다.

6. 내담자의 문화적·경험적 배경과 선호도에 맞출 수 있도록 치료계획을 변경한다.

7. 치료받는 동안 내담자에게 모든 결정에 참여할 수 있고 자신이 결정할 수 있는 권리를 가지고 있다는 것을 내담자에게 분명하게 알려주어야 한다.

8. 권한 부여, 격려, 치료 의사결정에 내담자의 참여를 강화하는 것을 도와주기 위해서 치료가 진행되는 동안 내담자에게 지속적으로 선택권을 제공하고 설명해준다.

9. 치료자의 개인적·대인관계적·의료적·정신적인 그리고 커뮤니티의 장점과 단점을 평가한다.

10. 내담자의 특별한 정서적·신체적·영적·지역사회적 필요와 자산계획을 통합하여 치료계획에 대한 거시적 접근 방법을 유지하고 어떻게 통합을 할 것인지를 내담자와 함께 합의점에 도달한다.

11. 긍정적인 변화가 가능하지만 성공이 선형적으로 일어나지 않는다는 사실을 알려주어 현실적 기대감과 희망을 내담자가 갖도록 하고 성장과 배움, 회복 절차에는 장애물이 있다는 것을 강조하며 회복 절차에 남을 수 있도록 한다.

12. 좌절과 지연의 어려운 상황에서도 당신이 그 과정에 함께할 것이라는 것을 내담자에게 전해준다.

13. 내담자에게 **행동 및 감정평정척도 : 강점 기반의 평가 접근**(Behavioral and Emotional

14, 15)

Rating Scale, BERS: A Strength-Based Approach to Assessment, Epstein)을 적용한다.

14. 삶의 사회적 · 인지적 · 관계적 · 영적 측면을 포함한 평가 분석을 통하여 내담자의 장점을 알아내고 문제를 극복하기 위해서 과거에 효과적이었던 치료 방법이 무엇인지, 내담자의 일상을 특징짓는 재능과 능력은 무엇이 있는지 알아내도록 도와준다.

15. 내담자의 강점에 대해서 피드백을 제공해주고 앞으로 있을 단기 및 장기 회복 계획에 이것이 어떻게 통합될 수 있는지 의논한다.

7. 치료 절차 동안 또래 지원의 이점을 설명해준다. (16, 17, 18)

16. 또래와의 활동에 참여할 수 있도록 내담자의 동의를 얻기 위해서 또래 지원의 이점(예 : 공통 문제를 해결하고 성공적인 해결 방법에 관련된 조언얻기, 격려받기, 도움되는 지역사회 자원에 대해서 배우기 등)을 내담자와 함께 의논한다.

17. 내담자가 선택한 범주 내에서 사회적 또래 지원 단체들을 알려주고 경험할 수 있도록 한다.

18. 내담자의 사회 활동을 통해서 마주친 문제를 해결하고 배움으로써 소속감, 협조적 관계 형성, 사회적 가치, 사회 통합을 형성하고 강화한다.

8. 치료를 하는 도중 직원, 가족, 자신, 또는 사회로부터 존경을 느끼지 못하는 경우가 언제인지 밝히는 데 동의한다. (19, 20, 21)

19. 내담자가 겪었던 미묘하고 분명했던 무시당한 경험을 살펴보고 회복에 있어 존중이 중요한 역할을 한다는 점에 대해서 내담자와 의논한다.

9. 치료과정에서 자기관리에 대한 책임과 의사결정 참여를 받아들이는 것에 대해 표현한다. (22)

10. 미래에 더욱 나아질 수 있다는 희망을 표현해준다. (23, 24)

20. 과거에 내담자가 겪었던 무시에 대해서 검토하고 그 근원을 파악한다.

21. 존중받을 만한 사람으로서 내담자의 자아상을 격려하고 강화시키며 사회 또는 가족 내에서 존중받을 수 있도록 도와준다.

22. 치료를 통제하는 사람으로서 내담자의 역할과 일상에 적용하는 책임감을 형성해주고 격려해주며 지원해주고 강화시켜주고 회복 절차를 도와주는 책임자로서 지지적인 역할에 적응할 수 있도록 한다.

23. 동기와 희망을 형성하기 위해서 사회에 참여하고 배우며 일하고 살기 위해서 사회적 지원 기술과 개인의 장점을 활용하여 더욱더 만족하는 삶을 성취한 롤모델에 대해서 내담자와 의논한다.

24. 삶의 만족감을 달성하고 장애물을 극복할 수 있는 사람으로서 내담자의 자기 개념을 내면화할 수 있도록 의논한다. 또는 이를 지지하는 과거와 현재의 예를 활용하여 지속적으로 자아 개념을 형성하고 강화한다.